"2012 年重庆师范大学学术专著出版基金" 资助项目

西南地区商贸中心
体系研究

徐孝勇 寸家菊◎著

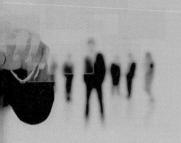

中国社会科学出版社

图书在版编目（CIP）数据

西南地区商贸中心体系研究/徐孝勇，寸家菊著.—北京：中国社会科学
出版社，2016.3

ISBN 978-7-5161-7610-8

Ⅰ.①西…　Ⅱ.①徐…　②寸…　Ⅲ.①区域经济发展—研究—西南地区
Ⅳ.①F127.7

中国版本图书馆 CIP 数据核字（2016）第 025273 号

出 版 人	赵剑英
责任编辑	喻　苗
责任校对	钟小杰
责任印制	王　超

出　　版	中国社会科学出版社
社　　址	北京鼓楼西大街甲 158 号
邮　　编	100720
网　　址	http://www.csspw.cn
发 行 部	010-84083685
门 市 部	010-84029450
经　　销	新华书店及其他书店

印　　刷	北京君升印刷有限公司
装　　订	廊坊市广阳区广增装订厂
版　　次	2016 年 3 月第 1 版
印　　次	2016 年 3 月第 1 次印刷

开　　本	710×1000　1/16
印　　张	18.25
插　　页	2
字　　数	290 千字
定　　价	66.00 元

序　言

　　本书是作者在博士论文基础上修改、补充和扩展而成的。作者曾在西南大学随我攻修博士学位，因而是在我的指导下完成这篇论文，并以此申请获得管理学博士学位。论文从选题到完成，都是在我的指导和督促下推进和完成的。作为其"授业"导师，很高兴看到这一成果最终以"纸质媒体"形式出版，也很高兴为其作序。

　　作者是2002年秋考入我门下攻读管理学博士学位。入校一年后，我开始着手确定他的博士毕业论文选题。经过一番探寻和权衡，最后从我当时正研究的一个课题中启发、提炼他的博士学位论文选题。当时，我正带领他开展"渝东南商贸中心发展规划"的课题研究。在我指导下，他参与课题的调研、资料搜集和课题研究报告撰写与评审的全过程。在该课题的研究过程中，我们认识到欠发达地区商贸中心体系研究具有重要的理论价值和实际应用价值，因此我为他确定了博士学位论文的选题为"西南地区商贸中心构建与发展对策研究"。该选题的研究背景包括以下六个方面：第一，西南地区自古就是一个统一的地缘整体和区域整体形成。西南地区自秦汉时期纳入中央王朝的统一政治建制以来，建制管理范围均无大的变动。新中国成立后，西南地区属西南局管辖。1999年，我国实施西部大开发战略，西南地区属西部地区。2004年，国务院发展研究中心发表报告提出的中国八大综合经济区划分构想，其中西南地区（四川、重庆、云南、贵州和广西）被划为我国八大经济区之一。第二，商贸业在一国或地区经济发展中的战略地位。商贸业是国民经济发展的先导产业，是生产与消费之间的桥梁与纽带，是不断启动市场和促进消费需求增长的推进器，是反映一个国家或城市经济发展程度的重要窗口。最近 10 年，发达国家商贸业对国民经济的贡献率一般为 20%—25%，而新兴市场经济国家和发展中国家在 10%左右。第三，中国—东盟自由贸易区的建立为西南地区商贸业发展创造了良好的外部条件。中国—东盟自由贸易区的建立，促使地处我国西南边陲、交通落后、经济欠发达、商贸业发展滞后的西南地区走到世界面前，成为我国 21 世纪商贸经济发展的前沿阵地和新兴核心区域。第四，新一轮西部大开发和中国加入 WTO 为西南地区商贸中心的建设与发展创造了良好的外部环境。第五，两江新区（2010 年）和贵安新区及天府新区（2014 年）等三个国家级新区的设立提升了重庆、贵阳和成都区域商贸经济地位，为以重庆、成都、贵阳、昆明和南宁为核心区域的西南地区商贸中心体系构建提供了环境空间、经济基础和优惠政策等现实基础条件。第六，西南地区商贸业发展落后，更凸显西南地区商贸中心体系构建与发展理论研究和实际应用研究的现实意义。西南地区商贸中心体系构建与发展的目的，是为了更好推进西南地区商贸经济发展。市场意识淡薄、观念落后、市场体系建设滞后是造成西南地区商贸中心发展滞后的主要原因。而商贸业与商贸中心发展滞后已成为当前阻碍西南地区经济的发展重要因素。从这个意义上说，西南地区更加迫切需要发展商贸中心带动式新型经济。

研究选题有了，下一步的重点就是找到论文的主攻方向和突破点。纵览以往商贸产业和商贸中心发展研究发现，已有的研究存在以下不足之处：第一，理论研究尚未注意到经济欠发达地区区域商贸中心的协同发展问题；第二，一些研究尽管注意到了地区商贸中心建设对地区经济发展的促进作用，但未从宏观与实证的角度来探讨我国和西南地区的城乡居民内需不足引致商贸中心和商贸产业发展滞后的内在机理；第三，关于商贸中心发展研究的多思路、多角度有益于对我国商贸中心发展问题根源的认识，但亦表现出现有的研究缺乏一个统一的理论分析框架，没有总结出我国经济欠发达地区商贸中心建设与发展的理论依据和模式对策。因此，在选题确定以后，本书的预期主攻方向和突破点为：第一，研究地区居民收入与地区居民消费及地区商贸业与商贸中心发展之间的关系；第二，研究欠发达地区——西南地区商贸业和商贸中心协同发展；第三，研究西南地区商贸中心的竞争力；第四，研究西南地区商贸中心体系布局与运营对策；第五，研究西南地区商贸中心体系信息化建设及其与外部区域间商贸交流与合作。

从本书的完成结果来看，作者在很大程度变现上述预期。就作者完成本书来看，创新主要有以下六点：第一，构造了商贸中心发展理论框架。本书通过借鉴发达国家和我国东部沿海经济发达地区商贸中心发展经验及相关研究，从地区商贸中心构建可行性分析、商贸中心竞争力分析、地区商贸中心与其他五中心的相互关系分析等方面总结出欠发达地区商贸中心发展理论。第二，提出了区域商贸经济协同发展理论。区域商贸经济协同发展，是指区域内各地域单元和商贸产业经济组成部分之间协和共生，自成一体，达到高度整合，实现区域内各地域单元和商贸经济组织的"一体化"运作与共同发展的区域或区域合作组织商贸经济发展方式。第三，分析了西南地区商贸中心体系发展与西南地区经济发展的内在机理。通过实证研究发现，建设发展西南地区商贸中心体系是发展西南地区商贸业和促进西南地区经济协同发展的有效途径。第四，构建了西南地区商贸中心竞争力评价指标体系，总结出系统评价商贸中心竞争力的定量分析方法。第五，提出了商贸中心建设应实现从"行政区商贸"向"经济区商贸"转变。商贸中心不是通过行政命令规划出来的，商贸中心建设要打破按行政区区划范围，实现从"行政区商贸"向"经济区商贸"转变，按照建设区域共同市场和区域商贸经济协同发展的要求来构建。第六，界定了西南地区商贸中心体系与其他"五中心"的关系。西南地区商贸中心与西南地区的交通物流中心、工业中心、金融中心、旅游服务中心、科教文化中心之间存在着相互依存、相互影响和相互促进的关系。建设西南地区交通物流中心是建成西南地区其他"五中心"的前提条件和必备条件之一。西南地区工业中心建设发展，为其他"五中心"的建成奠定了基本的物质基础，为商贸中心的建成提供了必要的物流、商流和资金流。金融中心则是从资金融通、信息传递，促进资源优化配置及分散实体经济经营风险和降低交易成本等方面服务于其他中心。旅游服务中心则是建设和发展西南地区商贸中心的支撑条件之一。建设西南地区科教文化中心，为西南地区商贸中心信息化建设提供了技术和智力支撑，推进西南地区商贸中心的 CBD 提升为 E-CBD。反之，西南地区商贸中心的建成也会促进其他五个中心的建设和发展。总之，只有实现"六中心"的良性互动，才能使"六中心"建设互相促进，也才能将"六中心"聚合优化为"经济中心"，从而推动西南地区经济中心建设和西南地区区域经济协同发展。

以上可谓是本书的亮点，也是本书出版的价值所在。当然，作为一篇博士论文，带有初作的天然印迹，书中难免存在一些研究的不足和缺点。

总之，我相信，该书的出版可以为学术界深化欠发达地区商贸中心发展理论与商贸经济协同发展研究提供新的思路和分析方法，也为有关决策部门提供科学决策依据。

赖景生

2015 年 8 月于重庆

文献综述

任何具有创新性的研究都不是孤立的，更不可能是"凭空臆造出来的"。西南地区商贸中心体系研究，极富挑战性和开拓性。但这些只不过是在既有研究基础之上，开展的更进一步的研究而已，也唯有对前人研究成果的继承和扬弃，才能有更新的发现。基于此，本书跟踪和研读了已有的相关文献发现：尽管鲜有关于本书明确而系统的文献报道，特别是有关建立一个地区商贸中心体系的理论研究就更少见，但围绕在经济中心城市建立商贸中心、商贸业发展与城市经济发展的关系的研究不仅由来已久、文献浩如烟海，而且，近年来，我国城市商贸中心建设理论研究和城市商贸中心建设实践又呈星火燎原之势，有些研究已"凸显"本书主题。

一　商贸流通理论研究

（一）国外关于商贸流通理论的研究

当代西方经济学源于古典政治经济学，而古典政治经济学正是始于流通的研究。然而，为分析市场对资源配置的有效性，新古典经济学假设生产者和消费者直接见面，舍去两者之间的媒介——流通。17世纪20年代初，英国重商主义代表托马斯·孟（Thomas Mun）在《英国得自对外贸易的财富》一书中，将流通视为"财富的源泉"。

古典政治经济学奠基人亚当·斯密（Adam Smith，1776）分析了分工与交换的内在规律和本质要求，认为"分工会产生普遍的富裕"。西方古典经济学家大卫·李嘉图（David Ricardo，1815）认为，各国应按照"两优取其重，两劣取其轻"原则进行分工，生产比较成本低的产品，通过自由贸易各国都将获得好处。马克思主义政治经济学也提到了商贸流通的作用。在马克思《资本论》中，市场与流通领域基本上是同义词语，市场贯穿整个流通领域，市场的本质就是商品所有者之间全部相互关系的总和。

自19世纪70年代起，新古典经济学脱离了古典政治经济学的基本轨道，开始转向一般生产均衡研究。新古典经济学代表马歇尔（Alfred Marshall，1890）在《经济学原理》中建立了一个以完全竞争为前提、以均衡价格论为核心的经济学体系。自此，流通与商品流通市场不再作为一个单独研究内容被抽象和淡化，逐渐从西方主流经济学中消失。

20世纪30年代"凯恩斯革命"后，随着新制度经济学、新兴古典经济学和区位理论等非主流经济学的兴起，古典经济学理论开始被重新思考和复兴。从古典学派的角度来看，经济发展的过程实质上就是专业化和分工发展的过程，生产专业化分工和市场分工的不断深化最终促成统一大市场的形成。斯密定理揭示了统一大市场在一国经济发展中的重要作用——分工是经济增长的源泉，分工取决于市场的大小，市场的大小又取决于运输条件。Young，Allyn（1928）进一步指出市场的大小也取决于分工的程度，统一大市场的形成与分工的发展相互决定、互为因果。在新兴的古典经济学理论框架中，交换的产生、贸易的形成、批发与零售的分工、流通渠道的演化等流通经济学中的一些重要的问题被以规范的形式进行阐述，为流通理论的研究提供了新的分析工具和理论依据。新制度经济学从制度安排的角度分析如何降低交易费用，提高商品流通效率。

从19世纪20年代相继兴起的区位理论、中心地理论和城市经济学进一步研究流通市场建设和商业中心与零售业布局。杜能（V. Thünen，1826）创立了农业区位论。韦伯（A. Weber，1909）提出了工业区位理论。克里斯塔勒（W. Christaller，1933）从贸易的角度提出了中心区位理论，用来解释城市增长的原因。廖什（A.

Losch，1940）提出了中心市场理论，认为城市实际上起到的是一种中心市场功能。对于城市内部和城市间的商品流通，戴维·F. 巴滕（David F. Batten）和戴维·E. 博伊斯（David E. Boyce）建立了空间相互作用、运输和区域间商品流通模型（彼得·尼茨坎普，2001）。这些理论又被称为"商圈"理论，是流通经济学研究商业规模和布局的重要理论。布莱恩·J. L. 贝里（Brian J. L. Berry）则把理论与实践相结合，对商业中心与零售业的布局做了系统的研究。

自 1995 年以来，西方经济学界开始从边界效应的视角度量区域贸易与市场一体化程度，如 McCallum（1995）、Helliwell（1997）等。众多的研究者以 Dixit 与 Stiglitz（1977）的 CES 效用函数为基础，在 Krugman（1980）垄断竞争框架下推导出诸多消费者偏好的引力模型，用于估计贸易的边界效应，如 Anderson（1979）、Head（2000）、Poncet（2003）和 Daria（2004）。

进入 21 世纪，西方经济界开始关注中国市场一体化问题，如 Young（2000）、Park（2003）和 Poncet（2005）等。美国《财富》双周刊认为：贸易是发展中国家经济发展、繁荣昌盛的主要原因。美国的麦格·希尔（DRI MCCRAW HILL）公司在 1994 年就对中国未来 15 年的市场消费进行了研究，并发表了题为"中国消费市场：诞生与膨胀"的研究报告，称"中国消费市场正进入一个规模庞大和长期的持续的热潮，估计未来十五年内，中国的民间消费开支将会增加两倍，中国的商贸业将得到前所未有的发展"。Park（2003）通过研究得出了中国市场一体化程度加深的结论。Poncet（2005）研究认为，在 1992—2005 年，中国国内贸易对省份以外地区依赖程度较低。

（二）国内关于商贸流通理论的研究

改革开放前，我国宏观经济政策以"重生产，轻流通"为主要基调，商贸流通业一直未得到重视。随着改革开放的深入，这一思想理念逐步得到纠正。孙冶方（1980）对"无流通论"进行了理论性批判。刘国光（2001）提出"推进流通改革，加快流通业从末端行业向先导性行业转化"的开创性观点，确立了流通业在国民经济中的先导地位。李品媛（2001）认为，我国西部地区在实施西部大开发的过程中，要调整经济发展思路，将商贸业培育成西部经济发展的增长点。徐从才（2001）指出，流通业的战略重点在于推进流通业的制度创新、组织创新与技术创新。

加入 WTO 之后，我国商贸流通业面临着严峻的挑战，传统的流通模式已不能适应新的社会经济发展形势，这正促使了商贸理论研究视角转向商贸流通业的改革与创新问题上来。宋则（2002）认为，流通业对整个社会资源配置、结构调整都发挥着不可替代的作用。流通创新理论与对策研究课题组（2003）认为，商贸流通业是国民经济发展的先导产业。商贸流通业的兴旺发达是现代经济的一个重要特征。宋则（2004）指出，流通创新的核心思路是确立流通产业的先导地位，促进国民经济从静态化、慢节奏、高成本、低效率向动态化、快节奏、低成本、高效率转变。中国要从排斥市场的体制走向依靠市场的体制，面临流通产业落后、市场体系缺失等问题，需要进行流通创新，加速流通现代化。商务部"十一五"专项规划课题组（2006）认为，制约我国流通现代化和流通业竞争力水平的因素包括缺乏统一战略规划与布局、立法滞后、基础设施建设相对滞后、缺乏高素质人才和企业规范化管理程度低等因素。

由此可见，在经济全球化的大背景下，认清商贸业在国民经济发展中的重要地位，大力推进商贸业现代化的进程，使商贸业活动积极融入国际市场竞争的体系，是我国商贸业领域的当务之急。

二　地区商贸中心发展的理论研究

（一）商贸中心理论研究

商贸中心理论研究是本书的理论基础。第一，国外商贸中心研究（纳丁·贝丁顿，1991；彼得·布朗，2003；海斯伯特·胡戈多恩等，2011）。英国建筑师和购物中心研究专家纳丁·贝丁顿（Na-dine Beddington，1991）研究了商贸中心的重要构成部分——购物中心的相关理论和其规划布局原理。美国 NBBJ 公司副总裁彼得·布朗（2003）指出，CBD 不只是住房经济，还需提供国际都市所有重要的人类活动，不应只是城市中心的潜力，而应成为刺激整个地区和国家发展的代表，曼哈顿中心区和中国香港就是这方面的典范。海斯伯特·胡戈多恩、古斯塔夫·菲瑟等（2011）研究了南非布隆方丹的中央商务区重振面临的前景和阻碍因素。

第二，国内关于商贸中心理论研究（赖景生、徐孝勇，2003；庄崚、经一平，2002；陈伟新，2003；朱子瑜，2003；米锦新，2011；汪亮，2011；李作聚、胡丽霞，2011；青舟，2011；高丽敏，2012；周佳，2012）。赖景生、徐孝勇（2003）对商贸中心构成要素和功能及商贸中心规划布局原理进行了相关研究，指出商贸中心的要素构成是：商品交易市场、中央商务区、物流中心、信息服务中心、会展中心、组织管理机构、规章制度等要素；商贸中心的功能有：购物、物流、商务、会展、信息、商品聚合辐射、带动、市场龙头示范、旅游休闲。庄崚、经一平（2002）则重点研究了商贸中心的主要组成部分——中央商务区（Central Business District，CBD）的功能、发展原理，并着重研究了在信息时代，电子化国际金融中央商务区（E-CBD）功能、特征、规划的相关理论。针对我国目前出现各地城市盲目建设 CBD 的情况，陈伟新（2003）指出，中国城市 CBD 热的重要原因除了政府以外，还有房地产商借此炒作，以提高房地产价格，形成 CBD 泡沫；朱子瑜（2003）认为，当城市经济发展到一定程度，如北京、上海，内在的需求加上政府引导自然就会形成 CBD。米锦新（2011）研究了国际商贸中心城市的演变路径与特质。汪亮（2011）研究了全球性国际贸易中心城市（如伦敦、纽约、东京）和区域性国际贸易中心城市（新加坡和中国香港地区）崛起的经验以及对我国国际贸易中心城市发展的启示。高丽敏（2012）分析了国际商贸中心总部基地建设规律和建设模式。周佳（2012）分析了国际商贸中心的消费特征。

第三，国内研究城市商贸中心构建对策。研究广州建设国际商贸中心建设条件分析、战略规划、会展产业发展及相应的政策建议（张强、李江涛，2011；王先庆，2011；陈建、张强，2011；刘奕、夏杰长、李治，2012；王兴，2013；马鹏、李文秀，2014）。张强、李江涛（2011）研究了广州建设国际商贸中心历史传承与现实条件，认为"国际商贸中心"建设是广州现阶段经济发展和城市化进程的核心引擎。刘奕、夏杰长、李治（2012）实证分析了商业零售、住宿和餐饮、金融、运输等产业对广州国际贸易中心建设的贡献率。马鹏、李文秀（2014）分析了广州建设国际商贸中心的基础条件、机遇、挑战与路径选择。研究北京建设国际商贸中心城市的产业发展、商贸文化、税收（王成荣，2010；李作聚，2011；徐枫、张宁馨，2012；闫小彦，2012；张慧，2013；曹丽婷、耿钰等，2013）。李作聚（2011）提出了北京国际商贸中心城市建设与物流业发展的关系及其物流业发展建议。徐枫、张宁馨（2012）提出了构建北京国际商贸中心国际贸易服务体系的目标与对策建议。张慧（2013）在分析纽约、伦敦和东京国际商贸中心特色商业文化的基础上，研究了北京在建设国际商贸中心过程中京商文化内涵及其继承与创新对策。于青元（2005）提出构建兰州商贸中心。韩扬（2005）提出建设华中商贸中心——武汉商贸中心。易正兰（2011）分析了乌鲁木齐国际商贸中心批发市场物流模式。此外，人们还对西部地区的西安、昆明、贵阳和南宁建设商贸中心进行了研究。

（二）西南地区的商贸业发展和商贸中心发展研究

第一，西南地区区域经济研究（赖景生，1999；廖元和、林凌，2003；雷享顺，2003；刘伟、张周来，2002；涂妍，2004）。赖景生（1999）论证了发展商贸流通业对推进我国西部地区经济发展的重要作用。廖元和、林凌（2003）提出了成都、重庆通过区域经济合作，联合构建川渝经济区。雷享顺（2003）提出了由成都、重庆和昆明所在区域构成"西南金三角"。刘伟、张周来（2002）和涂妍（2004）提出了滇黔桂三省区携手，共建南贵昆经济区。这些理论研究和构想，不仅推动了西南地区的区域一体化和区域共同市场的建设，而且也影响到了国家对西南地区的区域开发政策。2005年10月，国家发改委正式将成渝经济区纳入国家"十一五"前期规划。王涵（2005）、李杰（2007）、黄奇帆（2009）、张宝通

（2009）等提出了以西安—成都—重庆三大城市为核心"西三角"经济区概念，并探讨了西三角经济区市场一体化问题。

第二，西南地区和商贸中心发展理论研究（柏群，2001；曾庆均、干勤，2001；辛华，2003；王鹏，2011）。柏群（2001）提出了把重庆建成中国西部商贸中心的构想。曾庆均、干勤（2001）提出了建立重庆现代商贸中心的主张，指出构建重庆商贸中心是建设和长江上游经济中心——重庆的重要组成部分。成都商贸业发展战略研讨会与会专家（1997）认为，"中国西部地区建立大型贸易中心城市，把成都建设成为中国西部最大的商贸中心，是中国大地上出现的'西部效应'重要的组成部分"。辛华（2003）认为，重庆作为我国长江上游的特大经济中心城市，处在我国东部经济发达地区和西部资源富集地区的接合部，具有对长江经济带和西南地区的双重辐射、带动功能，加之水、陆、空交通发达，奠定了其在西部地区的物资集散地和商贸中心地位。目前，西南地区经济协作和区域商贸合作所产生的效果已使"联手大开发，共建大西南"成为西南地区各省区市的共识。王鹏（2011）提出，按照比较优势原理可将四川建设成为西部商贸中心。

第三，西南地区统一市场体系构建（周力等，2005；李富忠等，2007；刘修岩等，2007；徐孝勇，2007）。在区域经济和市场一体化进程中，由于地方政府追求行政边界内的利润最大化，致使省界成为缩小省区经济增长差距和实现省区协调发展的主要障碍。因此，打破省际边界、实现跨省区协调成为区域市场一体化的主要目标，如我国长三角、泛珠三角当前一体化进程实践。2006年年底，西南六省区市经济协调会第21次会议上通过的意在打破省区界限的《关于共同构建统一开放市场的协议》，彰显了构建西南地区商贸中心体系理论和政策研究的必要性。

三   简要的评论

尽管尚无关于我国西部地区几个省区合作建设区域商贸中心和

欠发达地区商贸中心发展理论的直接研究，但相关的研究还是从不同角度上涉及这一问题，并且有相当丰富的理论和经验研究文献。无疑关于区域分工理论、后发优势理论、区域协同发展理论和商贸产业发展理论探讨是本书的理论来源，它为研究提供了理论视角和分析工具；关于商贸中心建设与发展和商贸产业发展的现实研究，则为研究展示了丰富的经验资料。但已有的研究不足之处是：第一，理论研究尚未注意到经济欠发达地区区域商贸中心的协同发展问题；第二，一些研究尽管注意到了地区商贸中心建设与发展对地区经济发展的促进作用，但未从宏观与实证的角度来探讨我国，尤其是西南地区的城乡居民消费不足和内需增加乏力与商贸中心和商贸产业发展滞后的相关机理，未从产业结构决定收入分配结构、收入结构决定消费结构的机理中探讨商贸中心和商贸产业建设对经济社会发展建设的重要功能和作用；第三，关于商贸中心发展研究的多思路、多角度有益于对我国商贸中心发展问题根源的认识，但亦表现出现有的研究缺乏一个统一的理论分析框架，难以对我国经济欠发达地区的商贸中心建设进行全面而深入的解释和分析，也难以归纳总结我国经济欠发达地区商贸中心建设与发展的系统的理论主张、规划布局和对策建议。

目　录

第一章

导 论

第一节 研究背景与研究问题展示

西南地区包括四川省、云南省、贵州省、重庆市和广西壮族自治区三省一市一区，位于我国西南部，西依青藏高原，北邻黄土高原，东临南海，地跨东经 97°22′—110°08′之间，北纬 20°54′—34°20′之间，面积为 144.9 万平方公里，占全国总面积的 15.09%。西南地区在我国的地理位置如图 1—1 所示。2012 年年末，该区的总人口达 23846 万人，占全国总人口的 17.61%；2012 年，西南地区的生产总值为 65479.17 亿元，占全国 GDP 的 12.68%，而该区的社会消费品零售总额为 23358.1 亿元，占我国社会消费品总额的 11.11%；西南地区的人均生产总值和人均社会消费品零售总额分别为 27459 元和 9795 元，是全国平均水平的 71.47% 和 63.06%。西南地区地处偏远，交通落后，贫困人口多，市场化程度较低，经济不发达，商贸业发展落后，但西南地区具有面向东南亚、南亚开展商贸活动得天独厚的区位条件。

一 研究背景

西南地区是一个多民族共同居住、经济欠发达的区域。西南地区从古代就重视商贸业的发展，"南方丝绸之路"开辟，早在 1023 年的宋代成都就创造并使用了世界上最早的纸币"交子"等见证了古代西南地区商贸业发展的辉煌成就，古代马帮商贸反映了西南地区人民发展商贸业的艰辛与伟大。当历史的车轮驶进 21 世纪，西

南地区商贸业发展面临新一轮西部大开发和中国加入 WTO 的机遇
和挑战。

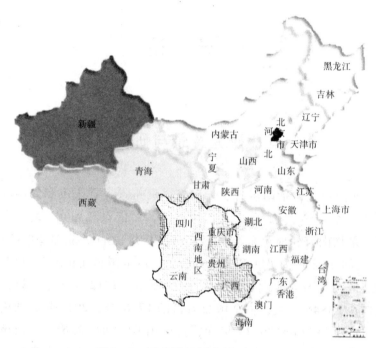

图1—1　西南地区的地理位置

（一）西南地区商贸经济区形成的背景

从历史建制来看，西南地区自秦汉时期纳入中央王朝统一的政
治建制以来，其间虽多经历史的变动，但其建制管理的地域范围均
无大的改变。历代建制基本上反映了西南地区作为一个地缘整体和
区域整体的自然、经济、人文特征。新中国成立后，西南地区曾属
西南局管辖。改革开放后，在我国东中西经济区域划分中，西南地
区的五省市区同属西部地区。1999 年 11 月，我国开始实施西部大
开发战略，西南地区五省市区同属西部大开发的重点省区。

据香港《文汇报》2004 年 6 月 5 日报道，国务院发展研究中心
发展战略和区域经济研究部部长李善同表示，中国"十一五"区域
发展政策制定的基础将改变以往太粗的东、中、西划分方法，而以

八大经济区来取代，令政策制定更符合经济发展的实际要求。这八大经济区域是：南部沿海地区、东部沿海地区、北部沿海地区、东北地区、长江中游地区、黄河中游地区、西南地区（广西、云南、贵州、四川、重庆）和西北地区。李善同指出，今后的政策制定将以这八个经济区区划为基础来进行经济区的统一规划，加强区域间的联系，健全区域协调互动机制。这进一步从国家经济发展战略的高度明确了西南地区作为一个经济区域整体的定位，也为我国西南地区商贸中心建设与发展创造相应的宏观环境和发展框架。目前，西南地区经济协作和区域商贸协同发展所产生的效果已使"联手大开发，共建西南地区商贸中心"成为西南地区各省区市的共识。

（二）商贸业在一国或地区经济发展中的战略地位

商贸业是国民经济发展的先导产业，是生产与消费之间的桥梁与纽带，是不断启动市场和促进消费需求增长的推进器，是反映一个国家或城市经济发展程度的重要窗口。从国外的统计数据来看，最近10年，发达国家商贸业对国民经济的贡献率一般为20%—25%，而新兴市场经济国家和发展中国家在10%左右。在我国30多年的改革开放实践中，商贸业对第一、第二产业的结构调整也是功不可没的。商品流通规模的扩大使商贸业自身及相关的行业得到快速的发展，使其成为第三产业的主体。同时，作为从计划体制向市场体制转型的国家，中国同发达市场经济国家的最大区别在于商贸流通产业和市场体系等传导产业、传导机制的缺失。为此，中国不仅面临经济体制和经济增长方式的"两个转变"，而且迫切需要借助流通创新和构建商贸中心，塑造传导机制，提高流通效能，优化产业结构，完成以加快经济节奏、商品流通和资本周转为核心，促进国民经济从静态化、慢节奏、高成本、低效率向动态化、快节奏、低成本、高效率的"第三个转变"。因此，商贸是一国或地区现代经济的核心。商贸的核心地位表现为：（1）市场经济的本质即市场实现问题是通过流通得以实现的。（2）商贸业是一国或地区经济发展的先导产业。（3）商贸业发达是现代经济的一个重要特征。

（三）中国—东盟自由贸易区的建立为西南地区商贸业发展创造了良好的外部条件

2002 年 11 月，中国与东盟各国签署了《中国—东盟全面经济合作框架协议》，正式启动了建立中国—东盟自由贸易区进程。2004 年 11 月 29 日，在第八次中国—东盟领导人会议期间，中国与东盟 10 国经贸部长分别代表各自政府签署了中国—东盟自由贸易区《货物贸易协议》和《争端解决机制》。这两个协议的签署，标志着中国—东盟自由贸易区建设进入实质性全面启动的阶段。2005 年，中国—东盟自由贸易区建设开始进入全面实施阶段。

中国—东盟自由贸易区的建立，使作为地处我国西南边陲、交通落后、经济欠发达、商贸业发展滞后的西南地区逐步走到世界面前，成为我国 21 世纪商贸经济发展的新兴核心区域和国内外商贸企业竞相投资的热土。作为我国与东盟国家联系前沿的我国西南地区的云南、广西两省区已成为我国南向国际贸易大通道的桥头堡，直接面向拥有 10 个国家、5.98 亿人口的东盟市场。中国与东盟国家在资源禀赋、产业结构、产品结构、经济发展水平等方面存在很大差异，西南地区不仅可以直接与东盟国家进行互补式的整合，而且还可以作为前沿地带"传递"与"连接"整个中国与东盟各国之间互补性的资源与要素。西南地区的五省市区要充分利用这个机会，建设跨行政区的区域商贸经济协作区和西南地区商贸中心体系，并以之为突破口和载体，以协同发展的方式实施开放型商贸经济发展战略，进一步扩大与东盟国家的商业贸易与经济技术合作，拓展商贸与经济发展的空间，赢得区域开放型商贸与经济的快速发展。

（四）西部大开发和中国加入 WTO 为西南地区商贸中心的建设发展带来了巨大的机遇

中国加入 WTO 和新一轮西部大开发，给西南地区商贸业和商贸中心的发展带来的机遇多于挑战。新一轮西部大开发使西南地区商贸业应对后 WTO 时代挑战和把握机遇的能力大大提高。加入 WTO 后，中国融入世界经济的步伐加快，这为西南地区加快商贸经济发展提供了新的机遇。我国与西南边界接壤国家相互间贸易的快速发展，使西南地区从过去国家经济发展的边缘转变为商贸经济发展的前沿阵地，为西南地区商贸中心的发展创造了良好的外部环境和条件。

但是，应当看到，加入 WTO 和新一轮西部大开发对西南地区商贸中心和商贸业的发展提出了更高的要求。后 WTO 时代，西南地区的商贸业必须从"盆地""山地"商贸业封闭、分割发展模式中跳出来，利用国内和国际资源，从长远和大局出发，以区域分工和协同发展原理为指导对西南地区的商贸业结构进行战略调整，建设特色显著、功能完备、体系完善、竞争力强的西南地区商贸中心体系。

（五）两江新区、贵安新区和天府新区的设立，为西南地区商贸中心体系构建提供了现实基础

在西部大开发进入第二个 10 年之际，2010 年 6 月 18 日国务院批准重庆设立我国第三个国家级新区——两江新区。改革开放前 30 年，国家实施了深圳特区、浦东新区、滨海新区 3 个大的开发开放战略，撬动了珠三角、长三角、环渤海经济圈的三次大开发高潮，勾勒出国家改革开放前 30 年从南到北的大开放进程。两江新区的设立标志着中国大开发大开放进程从东到西的战略大转移。这既是对邓小平同志"两个大局"的政治呼应，也是中国改革开放由沿海发达地区向中西部地区梯次推进的必然。国务院在同意设立重庆两江新区批复函中指出，设立重庆两江新区，有利于探索内陆地区开发开放新模式，对于推动西部大开发，促进区域协调发展具有重要意义。两江新区定位于统筹城乡综合配套改革试验的先行区、中国内陆重要的先进制造业和现代服务业基地、长江上游地区的金融中心和创新中心、内陆地区对外开放的重要门户。

2014 年 1 月 6 日，国务院批复同意设立国家级新区——贵州贵安新区。国务院在同意设立贵州贵安新区的批复函中指出，要把建设贵安新区作为深入实施西部大开发战略、探索欠发达地区后发赶超路子的重要举措，加快推进体制机制创新，发展内陆开放型经济。贵安新区发展目标为建成内陆开放型经济示范区，形成以航空航天为代表的特色装备制造业基地、重要的资源深加工基地、区域性商贸物流中心和科技创新中心。

2014 年 10 月 2 日，四川天府新区获批成为国家级新区。天府新区的发展目标为将天府新区打造成为内陆开放经济高地、宜业宜商宜居城市、现代高端产业集聚区、统筹城乡一体化发展示范区；到 2025 年，天府新区基本建成以现代制造业为主、高端服务业集聚、宜业宜商宜居的国际化现代新区。

因此，两江新区、贵安新区和天府新区的设立提升了重庆、贵阳和成都区域商贸经济地位，为以重庆、成都、贵阳、昆明和南宁为核心区域的西南地区商贸中心体系构建提供了环境空间、经济基础和优惠政策等现实基础条件。

（六）西南地区商贸业发展落后，更凸显西南地区商贸中心体系建设发展的必要性

商贸业是国民经济的先导产业，而商贸中心是商贸业发展的载体。西南地区商贸中心体系建设发展的目的，正是为了更好推进西南地区商贸经济的发展。由于地处西南边陲和内陆交通落后，市场发育不完善，经济发展水平相对落后于我国东部沿海地区，致使西南地区的商贸业发展落后于我国的东部沿海经济发达地区。目前，西南地区的商贸业发展存在市场化程度较低，缺少商贸业孕育发展的土壤等不足。造成这种情形的主要原因有：一是受西南地区的区位特点影响，该区大多数省份处于我国西南边陲、自然条件恶劣、交通不发达、信息闭塞、生产方式落后，这些因素成为阻碍商贸业发展的“瓶颈”。二是该区非农业人口超过 200 万人（2013 年）的大城市仅有重庆、成都、昆明、贵阳、南宁五个。“商业依赖于城市发展，而城市发展也要以商业为条件。”① 商贸业发展的基础是城市的发展及规模。三是低产出效率使西南地区人均收入水平较低，许多在东部地区市场化的交易行为在西南地区还只是家庭内部的分工劳作，西南地区的人们还很少消费服务类产品。商贸流通业发展滞后已成为阻碍西南地区经济发展的重要因素。

此外，西南地区的人们缺乏市场经济意识，传统观念作祟也是造成西南地区商贸业发展和商贸中心发展建设落后的重要原因。其

---

① 马克思：《资本论》第 3 卷，人民出版社 2004 年版，第 371 页。

主要表现在五个方面：（1）许多人安于现状，不思改变。（2）人们热衷到政府部门工作，不愿到市场中闯荡。（3）地方政府计划经济意识浓重。（4）重义轻利。西南地区的人们，尤其是少数民族地区的人们豪爽热情、重朋友、讲义气，少有功利色彩。但这种价值观念也使得这里的人们缺乏市场意识，缺少商人的精明和企业家的胆识。（5）西南地区普遍存在"上经济就是上工业"的传统观念。显然，这种"重生产，轻流通"的传统思想极大地阻碍了流通业在结构调整中应有的导向作用和商贸业的发展。从这个意义上说，西南地区更加迫切需要发展商贸中心带动式新型经济。

二 研究问题展示

（一）中国加入WTO，对西南地区商贸中心和商贸业发展提出严峻挑战

从2004年12月11日起，为履行加入WTO承诺，中国零售业告别保护期，这给西南地区商贸经济发展带来了严峻挑战。在后WTO时代，国内企业和外资企业除了加大开店数量外，将在并购和扩大经营规模方面展开大比拼，国内零售企业将迎来全面竞争时代。外商进入中国零售流通业，投资兴建商业企业，最终受影响和冲击的不仅是流通业，还有制造业。这是因为，巨型外资商业集团"大进大出"的能力及其所给出的批量和价格"订单"，事关众多制造商产品的销路和生死，牵涉和控制到我国制造商的供销命脉，直至向产业链的上游延伸。西南商贸中心的商贸企业规模小、竞争力弱、抗风险能力差。因此，西南地区商贸中心商贸企业应在新的形势下，进行体制和生产经营变革，提高核心竞争力，加快发展，做好迎接后WTO时代新挑战的准备。

（二）西南地区商贸中心和商贸业发展缺乏统一规划，造成商贸设施重复建设

如今，江苏、浙江、安徽和江西正在实施接轨"大上海"的经济战略，珠三角地区正在围绕香港、澳门升级制造业和发展现代服务业，环渤海地区正在推进京津冀一体化，东北正在振兴老工业基地，中部地区正在实行中部崛起战略。而此时的西南地区又在做什

么呢？川渝之争、各自为政、地区封锁、争当"中国西部商贸中心和经济中心"，西南地区之间缺乏团结协作的例子和事端时常见诸报端和相关网站。西南地区许多中小城市竞相规划建设商贸中心。这股缺乏统一规划的商贸中心建设热，已造成了许多重复低水平商贸设施建设。例如，为建设泸州商贸中心，四川省和泸州市耗巨资在泸州市的长江与沱江交汇处兴建了长江泸州港，该港投资1亿元人民币，设计年吞吐量为5万标箱。业界普遍认为，此港是四川省为了不受制于重庆港的物流非常之举。然而，泸州港的致命弱点是必须经过180多公里的浅水航道才能进入长江，这一段航道每年只有半年左右的洪水期才能通航1000吨左右的轮船，这种吃水浅的航船不但载量小、成本高，而且进入长江还存在抗风能力弱的问题。① 事实上，四川的商品货物可以通过重庆港以更经济实惠的运费转运至东部沿海地区乃至出口国外。在西南地区，类似的例子不胜枚举，不但造成了大量的资金浪费，还严重制约了西南省市区的商贸、经济社会的发展。而造成这一局面的主要原因是，人为的行政分割和地方保护。为此，西南地区商贸中心的建设和发展，要通过西南地区商贸网点的统一规划、布局和管理，通过西南地区商贸业的协同发展，使西南地区形成一个大、中、小型相结合，以一、二、三级商贸中心城市为中心，县（市）区商业中心城镇为枢纽，乡村为依托，综合与专业相结合，多层次、多门类的面向全国，辐射整个西南地区商贸中心网络体系。

（三）地区区域经济发展存在体制障碍和市场封锁

当前，西南地区区域经济发展存在着许多体制障碍和市场封锁问题：（1）地方保护主义严重，行政壁垒和贸易壁垒阻碍地区市场的开放。（2）地区利益难以协调，产业结构趋同现象普遍，地区比较优势难以发挥。（3）区域经济发展中难以形成企业规模经济、地区集聚规模经济。（4）地区发展差距问题得不到解决，甚至有不断扩大的趋势。（5）区域经济"封闭式"发展与经济全球化和区域经济一体化的趋势严重相悖。（6）区域商贸中心和区域共同市场难以

---

① 马凌：《成渝双城记》，《南方周末》2003年12月28日。

建立，商品与生产要素难以在区域之间自由流通与优化组合。在区域商贸和区域经济发展中，西南地区各省市区之间协调和合作不足、竞争有余。西南地区商贸城市之间缺乏有效的合作和协同发展，商贸城市集群之间相互矛盾大：广西、贵州产生矛盾；重庆市、贵阳市和成都市之间竞争与合作。（7）西南地区五省市区内还存在地方行政性垄断、市场分割和行政区外企业进入本地市场的高进入壁垒。造成了西南地区市场分割的主要原因是一些地区地方政府的政绩竞争。这种政绩竞争已成为约束西南地区产业分工合作和商贸中心建设的主要体制障碍。目前，由于西南地区还缺乏一个政府间协调机制，地方政府官员为了向上级充分显示政绩，在区域经济增速度、地方基础设施建设、项目投资、争取中央优惠政策支持等方面展开竞争，这进一步强化了西南地区商贸中心发展的制度障碍。

因此，在构建西南地区商贸中心过程中，要按市场经济规律办事，打破行政区划的局限，通过区域内各省市区的商贸统一规划和商贸发展分工合作，遵循 WTO 的相关规定，努力消除地方保护主义、市场封锁和条块分割，协同发展西南地区商贸业，协同构建区域共同市场和西南地区商贸中心体系。

（四）西南地区商贸中心和商贸业发展可带动西南地区区域经济的发展

商贸是一个国家或一个地区经济发展的引擎。现代商业的发展伴随着经济现代化的过程，对经济和社会的发展产生重要的推动作用。发展西南地区商贸业和合理规划建设西南地区商贸中心带动西南地区经济发展的作用如下：（1）实现西部大开发战略计划的需要。以重庆市中心区①、成都市、昆明市、南宁市和贵阳市商贸中心的建设来推动西南广大落后地区的经济发展，促进西南广大农村地区经济市场化、产业化，缩小西南地区和东部沿海经济发达地区

---

① 重庆市中心区，即是"一圈地区"，其地域范围包括都市核心功能区、都市功能拓展区和城市发展新区共 19 区 2 县，具体包括渝中区、大渡口区、江北区、沙坪坝区、九龙坡区、南岸区、北碚区、渝北区和巴南区重庆主城 9 个区与城市发展新的涪陵区、江津区、长寿区、合川区、永川区、南川区、綦江区、大足区、铜梁区、璧山区和潼南县、荣昌县。

的经济差距。(2) 有利于调整、优化西南地区的产业结构,推动西南地区经济发展。(3) 有利于塑造西南地区良好的城市形象,以促进西南地区内外贸发展和城市经济的现代化。建设和发展西南地区商贸中心,是一条推进西南地区商贸产业快速发展的有效途径,也是实现西南地区区域经济协同发展的"商贸带动型"经济发展途径。

(五) 商贸业发展和区域一体化的加强,为西南地区商贸中心发展创造了条件

1. 西南地区经济的发展,为建设和发展西南地区商贸中心奠定了物质基础

(1) 西南地区生产总值和人均生产总值的较大增长,为西南地区商贸中心的建设和发展奠定了物质基础。西南地区五省市区的生产总值从 1991 年的 2714.86 亿元,增长到 2012 年的 65479.17 亿元;人均生产总值从 1991 年的 1216 元,增长到 2012 年的 27459 元。经济规模的扩大相应带动了西南地区生产品市场和消费品市场规模的扩大,为西南地区商贸中心的建设和发展创造了物质基础。

(2) 西南地区城乡居民收入的稳步增长,为建设和发展西南地区商贸中心开辟了市场空间。一个地区商贸中心的建设,必须以一定市场购买力和市场容量为前提条件。随着西南地区经济的发展,西南地区市场销售量不断增长,从而为西南地区商贸中心的发展开辟了广阔的市场空间。促使西南地区市场销售增长的首要因素是西南地区城乡居民收入的增长和购买力的提高。

2. 西南地区商贸业已发展到一定的水平,为西南地区商贸中心建设创造了必要条件

在国内贸易方面,1990—2012 年,西南五省市区的社会消费零售总额,从 878.96 亿元增长到 23358.1 亿元,年平均增长率为 16.08%。在对外贸易方面,1992—2012 年,西南地区的进出口商品总值从 1992 年的 45.1236 亿美元,占我国西部地区商品进出口总值的 57.90%,增长到 2012 年的 1694.7693 亿美元,占西部地区进出口商品总值的 75.27%,年平均增长率为 19.88%。西南地区商贸业的发展为西南地区商贸中心的建设和发展创造了必要条件。

3. 西南六省区市七方协作区合作发展经济的成果为西南地区商贸中心的发展打下了良好的基础

西南六省区市七方协作区包括云南、贵州、四川、广西、西藏、重庆市和成都市。2004 年 7 月 10 日，在成都召开的西南六省区市七方经济协调会第 19 次会议上通过决议，决定"六省区市"将在"六省区经济协调会"新的行动纲领下携手向前，打造特色商贸经济区域，推动西南地区商贸中心建设和发展。西南六省区市七方协作区对西南地区商贸业发展的主要贡献为：（1）形成了大西南地区稳定的区域商贸合作机制。（2）联合推动区域市场的建设，在促进区域横向联合方面取得了初步成效。（3）西南地区商贸基础设施的联合建设取得了良好效果。（4）西南地区联合对外开放打开了良好局面。

此外，"川渝黔"经济区协作加快了西南地区的重庆中心区商贸中心和成都商贸中心发展；"南贵昆经济区"建设促进了西南地区昆明商贸中心和南宁商贸中心发展。2005 年 10 月，国家发改委将成渝经济区纳入国家"十一五"前期规划。随着中国经济的波浪形梯度式发展，中国区域经济呈现出由南往北、由东向西、由四周到中部的推进格局。在由东向西路线上，从东部沿海区优先发展到西部大开发，再到今天具体的成渝西南经济区（西三角）。将成渝地区列入"十一五"规划，显然是加快西部发展和协调区域发展的重要一步。这些都表明西南地区区域一体化的加强，这为西南地区商贸中心的建设和发展创造了条件。

因此，西南地区商贸中心体系构建必须从大流通、大市场的观念来考察商贸中心的功能，区域商贸中心的建设应和区域市场一体化目标相一致。大流通、大市场的观念就是从西南地区经济总体发展来考察，逐步把分割的市场融合起来，形成一个整体性较强的市场。西南地区的重庆市中心区、成都、昆明、贵阳和南宁商贸中心的市场辐射能力已能影响覆盖西部相当一部分地区。然而，这五个商贸中心如何围绕大流通、大市场、大商贸塑造商贸中心功能？如何通过西南地区商贸中心建设来促进西南地区和西部地区市场的一体化建设和区域共同市场的建立？……总之，西南地区商贸中心的建设和管理运营是一项庞大的系统工程，西南地区商贸中心体系构建有许多理论与实践问题有待研究和解决。为此，本书力图从理论与实证的角度为西南地区商贸中心体系建设提供理论基础和政策建议。

第二节　相关概念

一　商贸产业

商贸主要是指商品交换活动的全部现象，以及相关的服务活动。商贸产业是商贸流通产业的简称，其是指商业、贸易业和商贸服务业的总称。本书所讲的商贸业则专指零售业、批发业、流通业①和商业服务业。商贸产业属于第三产业。随着我国加入 WTO 过渡期的结束，我国的国内市场和国外市场已融为一体，内外贸也将逐步实现一体化。在这种情形下，用商业产业这个概念来概括我国的国内商贸流通业已不能全面地体现其内涵和外延，因此笔者主张用"商贸业"术语来概括商贸产业。

二　区域商贸

区域商贸是指一个地区零售业、批发业、流通业和商业服务业的总和。这里的区域主要是指省级行政区及其下一级行政区，同时也指经济地理区域，如我国西南地区、东北地区等。

三　商贸中心

商贸中心是商贸产业、商贸企业、商贸信息服务业集中分布的

---

① （1）流通。本书中，流通的含义是指在实体经济范畴内，由商品流通直接引起或与商品流通直接有关，直接由其派生并直接为其服务的商流、物流、信息流和资金流的总和或总称。其主要包括：农产品流通、工业消费品流通和工业投资品流通。（2）流通业。根据中国对三次产业的分类方法，流通产业属于第三产业，包括交通运输、邮电通信、商业、饮食业、物资供销业和仓储业。为了便于论述，本书中流通产业特指商品流通业，其包括商业、物资供销业和仓储业。

场所，是商贸产业和商贸企业发展的载体和平台。商贸中心是指在横向实现多元化买卖行为过程中形成的大规模服务性综合体，它以大量的商品流通、商业信息流通及货币流通为主要活动内容。商贸中心凭借较雄厚的物质基础、较强的经济实力，以及各类信息特别是商业信息等优势，发挥其组织一定区域范围内的商品、资金、信息的大量流通的主要功能，形成区域经济活动的核心，对周边地区产生较强的带动力和影响力。

本书所研究的商贸中心是指综合性商贸中心，包含多种商贸职能和多类商品交易，并且这种商贸中心通常都是一些具有较强综合实力的大中城市。其构成要素是：商品交易市场、中央商务区、物流中心、信息服务中心、结算服务、组织管理机构、规章制度等。现代商贸中心是指在采用现代技术的基础上，以专业化协作的组织方式和不断更新的经营形态，大规模、低成本、高效密集地实现商贸的流通功能，从而对大范围的经济活动产生重大影响的集中区域或中心城市。①

四　商贸中心结构

商贸中心结构的要素主要有：商品交易市场、中央商务区、物流中心、会展中心、信息服务中心、结算服务、组织管理机构、规章制度等。

（1）商品交易市场。商品交易市场包括批发市场和零售市场。商品交易市场是商贸中心的主体要素，其又由多个要素构成。从层次结构上来看，由商品交易中心市场、边界市场和边贸市场②两个层次组成，商品交易中心市场包括批发市场和零售市场。零售市场又分为购物中心、商业街、步行街等形态。

（2）中央商务区。中央商务区又称商务中心区，其英文名称是

---

① 曾庆均、干勤、周文兴：《重庆商贸发展研究——重庆商贸中心的历史、现状与前景》，重庆出版社 2001 年版，第 157—159 页。

② 本书的边界市场是指西南地区各省市区之间和西南地区各省市区与我国其他省之间交界处的商贸市场；边贸市场，即边境贸易市场，指的是西南地区的云南、广西与东南亚国家边境接壤地区的开展边境国际贸易的商贸市场。

Central Business District，简称 CBD。CBD 的形成和发展离不开现代城市，特别是现代经济史上的城市聚集区（Urban-Glomeration）和大都市（Metropolis）的出现和成长。中央商务区是指在一个现代都市（城市）内集中有大量金融、商业、贸易、信息及中介服务机构，拥有大量商务办公楼、酒店、会展中心、文化娱乐等配套设施，具备完善交通与通信条件，市场机会多、运作成本低，便于开展商务活动的核心区域。[①] CBD 的一个基本功能是，借助于 CBD 内的要素市场、跨国公司总部、采购中心、配送中心及大量贸易公司的共同作用来促进各类生产资源在全球范围内实现最优配置。

（3）物流中心。广义的物流中心包括港湾、货运站、运输仓库业者、公共流通商品集散中心、企业自身拥有的物流设施等。狭义的物流中心概念侧重的是物流管理效能和行为。本书从广义的角度来定义物流中心，即指区域物流中心，其是以交通运输枢纽为依托，建立起来的经营社会物流业务的货物集散场所，是构成社会物流网络的节点。这类物流中心也是构筑区域物流系统的重要组成部分。

（4）会展中心。会展中心是指举办大型博览会和大型会议的场所。会展中心有一流的会展设施、场馆，良好的会展周边环境、会展业管理运作组织机构和会展企业。现代会展产业是市场经济发展的产物，是集商务活动、信息交流、观光旅游、文化娱乐于一体的综合性服务产业。

（5）信息服务中心。信息服务中心是指为运用现代的电子信息技术和网络通信技术为商贸中心提供商贸流通信息服务的信息系统平台、技术平台及服务机构的综合体。

五　西南地区商贸中心

西南地区商贸中心是西南地区商贸中心体系的简称。西南地区商贸中心体系是指通过选择西南地区的一级、二级、三级商贸中心

---

① 庄崚、经一平：《E-CBD——21 世纪国际金融贸易中心模式创新》，上海人民出版社 2002 年版，第 5—6 页。

为大节点，以联系这些节点的铁路、公路、河运通道为干线及这些干线上的中小商贸城市和商贸城镇为小节点，按照"点轴"开发理论的要求构成大、中、小商贸节点结合、空间结构合理、功能完备的由点线结合交织而成的商贸中心网络体系。西南地区商贸中心体系中的一级商贸中心有重庆市中心区和成都市；二级商贸中心有昆明市、贵阳市和南宁市。

第三节 研究的目标与思路

一 研究的目标

本书的总体目标：用科学的理论和方法，系统地探索市场经济条件下我国西部经济欠发达地区区域商贸和商贸中心发展的机制与模式，为西南地区商贸业和商贸中心协同发展战略提供理论和实证依据。为此，本书必须解决以下问题：（1）回顾和借鉴国内外已有理论和相关研究，确立本书的逻辑起点。（2）确立研究范式，界定地区区域商贸和商贸中心协同发展的基本范畴。（3）分析商贸中心发展的概念、内涵、基本特征、构成要素，西南地区商贸中心建设必备条件，西南地区商贸中心体系中主要商贸中心竞争力状况，建立西南地区商贸中心发展理论与实证研究的理论框架。（4）探索总结我国西部经济欠发达地区（如西南地区）区域商贸和商贸中心发展规律。（5）为西南地区商贸中心体系规划布局与管理运营、信息化建设及西南地区商贸中心与我国其他地区的合作提供对策建议。（6）研究成果既要符合区域商贸中心和区域商贸业发展的客观规律，又能为我国欠发达地区的商贸中心、商贸业良性发展和商贸业与其他产业及国民经济发展良性互动提供理论支持。

二 研究的思路

本书的研究思路为：（1）以现有的商贸理论、区域经济分工与合作理论和区域经济发展理论为基础，探索我国区域商贸，尤其是欠发达的西南地区商贸中心和区域商贸业良性发展的理论依据，揭示区域商贸业良性发展的历史必然性、现实紧迫性和必要性。（2）用计量经济学研究方法研究西南地区商贸中心和区域商贸发展的现状、存在的问题、良性发展的可行性及障碍。（3）借鉴发达国家商贸业发展和商贸中心发展的经验，分析我国西南地区商贸流通业和商贸中心发展滞后的影响和根源，探索我国西南地区商贸中心体系和商贸业发展的目标模式、运行机制、区域商贸和商贸中心布局、制度设计与战略，并提出针对性的对策建议。

第四节　研究的方法、资料、基本假设及内容构架

一　主要研究方法

利用科学可行的方法研究经济问题是研究成功的关键。本书将采用以下研究方法：（1）定性分析：以制度分析和历史分析方法为主的多种分析方法结合，引入商圈、比较优势系数、区域协调发展理论、区域商贸理论、区域分工与合作理论及系统工程学的分析方法、"极化效应"等分析工具。（2）定量分析：强调数据可靠、方法实用、手段先进的原则，注意时序分析与截面分析的结合，以因子分析评价法、回归分析方法等现代研究手段为主，多方法综合运用于理论模型和西南地区商贸中心竞争力评价的实证研究上。（3）调查方法：以重庆市、四川、云南、贵州和广西为总体，以重庆市中心区、成都市、昆明市、贵阳市和南宁市为重点，收集直接和间接资料，研究西南地区商贸中心发展的战略与对策，注意比较与归纳的结合。

本书是涉及贸易经济学、商业经济学、区域经济学、发展经济学、经济地理学、制度经济学、可持续发展理论、系统工程、政策学等多学科的边缘性研究课题，其研究需要广泛借鉴各门学科的相关研究方法。首先是广泛查阅文献资料，对已有研究成果进行归纳总结、综合分析，以把握对商贸中心和商贸业与经济协调发展以及商贸中心规划建设等相关问题的研究动态和前沿，采取系统分析、比较分析等方法去分析具体问题。总之，在研究中力求做到理论与

实践相结合、定性与定量相结合、国内与国外相结合、现状与未来相结合、实证研究与规范研究相结合，以保证研究目标的实现。

二　研究资料选用

本文所涉及的数据资料主要来源于《中国统计年鉴》（1989—2013 年）、《中国经济贸易年鉴》（2000—2013 年）、《重庆统计年鉴》（2000—2013 年）和《四川统计年鉴》（2013 年）、《云南统计年鉴》（2013 年）、《贵州统计年鉴》（2013 年）、《广西统计年鉴》（2013 年），重庆、云南、贵州和广西及成都、昆明、贵阳、南宁的 2012 年与 2013 年国民经济和社会发展统计资料，以及中国西部开发办公室、商务部、国家统计局、重庆市统计局、成都市统计局、昆明市统计局、贵阳市统计局、南宁市统计局等相关网站。部分数据参考了权威性学术期刊的研究成果和政府有关部门的相关报告，并进行必要的说明和解释。

三　基本理论假设

按传统的经济思想，贸易与经济的关系是经济决定贸易，贸易影响经济。目前经济体制下，政府"重加工制造业，轻商贸流通业"，企业"重生产，轻流通"，结果导致我国商贸流通业发展落后、商贸中心布局不合理、商贸企业竞争力弱、物流成本居高不下、市场分割与封锁，致使落后的商贸流通业成为阻碍我国经济发展的瓶颈，特别是可能引致加入 WTO 后中国竞争力低的流通业与大规模进入的巨型外资商业集团竞争失利和因之产生巨型外资商业集团控制我国大大小小制造商的供销命脉直至向产业链的上游延伸的风险。为此，本书提出的基本假设有以下几种：（1）在市场经济条件下，商贸流通业是国民经济发展的先导产业，是不断启动市场和促进消费需求增长的推进器。（2）总体上来看，西南地区五省市区商贸经济和商贸中心建设是没有协同发展的[①]，商贸经济落后，

---

① 协同发展是指区域内各地域单元（子区域）和经济组成部分之间协和共生，自成一体，达到高效和高度有序化的整合，实现区域内各地域单元和经济组织的"一体化"运作与共同发展的区域（或区域合作组织）经济发展方式。

商贸中心布局不合理。其主要依据有：其一，西南地区五省市区处于经济欠发达的西部地区，经济发展上各自为政。其二，渝、川、滇、黔、桂五省市区虽然名属我国"十一五"区域发展规划的八大经济区之一的西南地区，但是五省市区从未真正意义上建立起区域共同市场，各省市区之间地方保护严重，市场分割。其三，西南地区五省市区目前在商贸中心规划和建设上缺乏统一规划和协调，在交通、商贸港口、物流基地建设方面存在许多重复建设。其四，西南地区五省市区内部存在地区经济差距拉大、商贸中心和商贸设施建设偏重省会中心城市而忽视边远、边界地区，进而导致商贸中心体系布局与地区经济发展不协调的问题。（3）西南地区五省市区可合作建设和发展西南地区商贸中心，西南地区商贸中心体系可从地理空间进行规划布局。（4）西南地区五省市区建设西南地区商贸中心可发挥"1+1+1+1+1>5"的整合功能。西南地区商贸中心的建设能够推动西南地区商贸经济的协同发展和区域共同市场的建设，改善西南地区市场流通效能，提升流通业竞争力，从而推进西南地区经济快速协调发展。对这些假设理论，笔者在书中将予以论证。

四 研究的内容及基本结构

本书的内容从结构上可分为理论研究、实证研究和对策研究三大部分共10章。理论研究部分共3章，包括：第一章 导论，第二章 理论借鉴与探讨，第三章 世界与中国商贸业和商贸中心发展特点及趋势。实证研究部分共3章，包括：第四章 构建西南地区商贸中心体系的目标模式与可行性分析，第五章 西南地区商贸中心竞争力实证分析，第七章 西南地区商贸中心体系与其他"五中心"的相互关系分析。对策研究部分共4章，包括：第六章 西南地区商贸中心体系布局与管理运营的建议，第八章 西南地区商贸中心体系信息化建设分析，第九章 西南地区商贸中心体系与西北地区协同构建西三角商贸中心体系，第十章 研究结论与政策运用。

第二章

理论借鉴与探讨

理论创新来源于前人理论与客观现实的有机结合，经济理论的产生和发展要以客观经济行为的发展规律为条件，以前人的理论成果为基础。

第一节　理论借鉴

一　区域分工理论

区域分工是区际联系与合作的主要方式。[①] 区域分工产生的根本原因在于各区域在发展条件、发展基础、经济结构、资源禀赋、生产效率等方面存在较大的差异。在这种客观现实面前，为了以最有利的条件、最低的成本和最佳的效益来满足各地区经济发展和社会生活的实际需要，就必须在区际关系格局中按照比较成本的原则，选择最适合自己和最具有优势的产业或项目来发展。在这样的逻辑机理下就必然会也应该进行区域之间的分工。

（一）比较优势理论

比较优势理论是区域分工理论的主体，由绝对比较优势理论和相对比较优势理论组成。

1. 绝对比较优势理论

绝对比较优势理论源于英国古典经济学家亚当·斯密（Adam Smith）的地域分工学说。1776年，亚当·斯密发表了代表作《国

---

① 黎鹏：《区域经济协同发展研究》，经济管理出版社2003年版，第42—46页。

民财富的性质和原因研究》。在这一著作中，他提出了实行自由贸易的绝对利益学说。① 首先，亚当·斯密从人具有交换的本性出发，认为人类经济活动的动力是人类的利己心，人类具有"互通有无，物物交换，相互交易"的倾向。斯密认为，各人追求自己利益的活动，是符合社会利益的，且会促进社会利益。社会上有一只"看不见的手"对社会利益进行控制，从而使社会经济获得进步和稳定。其次，斯密根据人具有交换的特性，采用由个人到家庭再到国家的逻辑论证的方法，提出了"地域分工理论"。该理论认为各国都应按照本地区有利的自然条件进行国际分工，所生产的商品由于自然条件的优越性必然比其他地区生产这类产品的生产效率高，成本低，价格也便宜。无论这种自然条件是先天存在的，还是后天才具备的，一旦分工的形成，就应该进行这种分工格局。各国按照绝对有利的生产条件进行专业化生产，然后彼此进行交换，则对所有交换国家都有利。斯密认为，对外贸易发生的原因主要有两个：一是互通有无；二是增加社会价值。

　　亚当·斯密的"绝对利益说"有其积极的一面，但也存在不足。斯密的自由贸易理论为西方学者所普遍接受，后来经历了二百多年的不断补充和发展，形成了一套完整的自由贸易理论体系。亚当·斯密的理论存在的不足主要是：（1）过分夸大了"看不见的手"的作用；（2）"地域分工"是初步的、静态的，没有反映贸易不断发展变化的本质特征；（3）"绝对利益说"不能很好地解释国际贸易发生的原因。事实上，有些国家始终不存在具备比别国具有绝对优势的产品，那么，这些国家或地区就不能参加这样的国（区）际分工。由此，大卫·李嘉图（David Ricardo）对其修正和发展，提出了"比较成本学说"。

　　2. 相对比较优势理论

　　西方古典经济学的集大成者大卫·李嘉图的比较优势原理提供了如何进行区域分工的原理。李嘉图在 1815 年提出了"比较优势

---

　　① 赖景生：《国际贸易理论基础与实务》，西南师范大学出版社 2001 年版，第64—73 页。

理论"。面对上述亚当·斯密"绝对利益学说"不能解释不具有任何绝对优势产品的国家开展国家贸易的问题,李嘉图从劳动价值论的观点出发,论证了两个国家只要生产成本比较低的产品,进行自由贸易,双方都将获利。劳动价值论是李嘉图的经济理论的基石。

李嘉图从地域分工角度做了进一步论述。各国应按照"两优取其重,两劣取其轻"的原则进行分工,生产比较成本低的产品,通过自由贸易各国都将获得好处。李嘉图的比较成本学说,是古典学派的国际贸易理论体系的核心,后来发展成国际贸易的纯理论。李嘉图的比较成本说一直到今天仍然为西方经济学界所推崇,美国经济学家萨缪尔森在他的《经济学》一书中认为,李嘉图的"比较成本说"的全部理论证明,只要两国按照各自的比较优势实行专业化分工和协作,并进行交换,两国都可得到更多的使用价值。今天该理论在西方国家发展对外贸易方面仍起指导作用,同样对我国的贸易发展亦有重要的指导意义。

当然,李嘉图的"比较成本学说"仍存在以下不足:(1)用静态的方法看待动态世界,着重微观分析,缺乏宏观考虑;(2)在交换中比率和国际价格如何决定,李嘉图没有说明,后来的约翰·穆勒提出了"相互需求学说"对于这一问题加以补充和发展;(3)在产品的生产中,是否分析考虑劳动要素的投入,对于这一问题,后来许多经济学家加以补充和发展,特别是赫克歇尔—俄林的生产要素禀赋论。

总之,绝对优势理论和相对比较优势理论(统称"古典贸易理论")都认为,国(区)际经贸合作(贸易)能够更经济有效地利用与配置本国或本地区资源,更充分有效地利用其他国家或地区的资源,节约成本,提高效率与效益,对推动本国或本地区的发展都是有利的。

(二)赫克歇尔—俄林的生产要素禀赋理论

亚当·斯密、大卫·李嘉图和约翰·穆勒是古典学派的自由贸易论者,其核心是比较成本学说。但是,仅仅考虑劳动成本,即以劳动工资差异作为计算比较利益(成本)的基础的计算方法与实际相去甚远。因此,后来西方有不少学者进行补充、修正和发展,其中比较著名的是赫克歇尔—俄林生产要素禀赋理论。生产要素禀赋理论是用生产要素（土地、资本和劳动力）的丰缺变化来解释国际贸易产生的原因和发生的结果，这一理论产生于 20 世纪二三十年代。这一学说更接近于国际贸易实际，对各国制定对外贸易政策都有一定的指导意义。这一学说的创立标志着西方国际贸易理论进入了现代国际贸易理论阶段。

赫克歇尔—俄林学说在各国参加分工进行专业化生产的依据上，比李嘉图按"比较成本说"进行分工更为全面。它正确地指出生产要素在各国进出口贸易中的重要地位，为各国制定对外贸易和确定进出口商品结构有重要意义，从而达到国际分工合理化，促进国际贸易的发展。

赫克歇尔—俄林学说的核心思想实际上也是一种比较优势理论。然而，它在区域经济合作与协同发展实践中是具有指导意义和可借鉴之处的。运用这一理论来指导和组织区际经济与产业的合作，可使区域合作的内容和结构取得优化，进一步提高由合理的区际经贸合作所带来的比较利益和综合效益，使我们在实施区际合作和协同发展过程中，时时懂得把握区际生产要素禀赋的差异，深入研究区际之间的互补性和比较优势，不断地去实现区际合作和协同发展所包含的巨大效益。

（三）劳动地域分工理论

马克思主义经济理论认为，劳动地域分工是社会生产力发展到一定阶段的产物，是人类经济活动按地域空间进行的一种分工形式，分工与合作相互依存、相互促进，并通过分工与合作提高效率，获取效益。其直接原因是区域之间的资源禀赋、发展基础、经济结构、生产效率等方面存在较大的差异与比较优势，其根本目的是为了实现优势互补，获得最佳整体效益。[①] 劳动地域分工理论发展到今天，其基本观点可归纳为地域分工发展论、地域分工竞争论、地域分工协调论、地域分工合作论、地域分工效益论和地域分

---

① 黎鹏：《区域经济协同发展研究》，经济管理出版社 2003 年版，第 45 页。

工层次论 6 个方面。① 其中，地域分工发展论主要强调地域分工是为了最大限度地发挥区域比较优势，确定（或调整）区域产业结构和区域发展方向，有效地避免地区产业结构趋同问题；地域分工竞争理论主要认为区际之间必然会为了自身的利益而对有限的资源及市场展开竞争，从而促进区域资源优化配置和整体效益的提高，但前提条件是要有统一的区域市场与保证公平竞争的政策、制度等"规则"；地域分工协调论强调由合理分工实现资源配置在区域之间的重组和优化，使区际之间、行业之间及区域人口、资源、环境与经济社会发展保持高度和谐统一和自组织状态，有利于形成高级有序的区域产业结构和空间结构；地域分工合作论认为分工与合作是相辅相成的，在分工的基础上的合作使区域之间实现优势互补、优势共享或叠加，由此获得整体大于部分的"合成效益"，同时也有利于提高协作（或一体化）区域在上一级区域中劳动分工的地位和作用；地域分工效益论强调以发挥区域优势为前提的区域分工与合作，这种分工合作有利于提高效率和整体效益；地域分工层次论强调建立有序的地域分工层次体系，高层次上的地区分工对低层次上的地域分工有指导和制约作用，使地域分工实现纵向的有序性和有效性。

以上资源禀赋差别与区域比较优势是区域之间进行劳动地域分工、优势互补与联合发展的重要依据。在资源禀赋差异与比较优势清晰或可预见的基础上，就可以科学地组织合理的区际分工与经济或产业的合作，进行区际优势互补的资源整合，实现区域、区际"共同体"效益或利益的同向增加及走向"最大化"。西南地区的各省市区的商贸资源禀赋差别与区域比较优势差别，决定了科学地组织西南地区区域统一规划、商贸中心地域分工与商贸产业的合作，进行区际的商贸资源整合，就可实现西南地区区域商贸"共同体"效益或利益的同向增加及走向"最大化"。

二　区域经济发展理论

区域经济发展理论主要分为均衡发展理论、非均衡发展理论和

① 方创琳：《区域发展规划论》，科学出版社 2000 年版，第 13 页。

协调发展理论。

（一）均衡发展理论

均衡发展理论主张将资源均衡配置，以保证区域经济均衡发展。该理论强调区域经济发展的相互依存性，同时将区域发展的"平等"作为资源配置的首要目标。均衡发展包括两个方面的内容：一是部门间的均衡。在这种理论指导下，各个产业部门的生产、销售要相互保持衔接，才能使国民经济发展没有缺口，减少"瓶颈"部位。在计划经济和受国际市场封锁时代，这种思想显得特别重要。它在新中国经济发展的前30年发挥了重要作用，促使我国建立了一个比较完整的工业体系。现在这种思想仍有一定的参考价值。二是地区间的平衡关系。在资源的配置和发展经济过程中，把缩小地区差距作为首要目标之一。由于历史和地理上的原因，中国的经济发达程度呈现由东向西梯度递减的特征。过去我国强调地区平衡，经济原因只是其中一部分，最重要的是政治和社会原因，如我国20世纪六七十年代的"三线建设"。从经济上来看，地区平衡可以使落后地区的经济有所发展，从而使不发达地区在一定工业基础上开发自己的资源，向发达地区提供更多的资源和市场，为发达地区的新一轮发展和产业升级创造了前提。但是，地区平衡逐渐被人们曲解为，每一个地区都应该建立一个完整的工业体系，使自己可以不依赖其他地区而能独立的生存和发展。

（二）非均衡发展理论

非均衡发展理论又称为集中发展理论，其大体可分为两类，即无时间变量的非均衡增长理论和有时间变量的非均衡增长理论。无时间变量的非均衡增长理论主要有"发展极"理论、"点轴"开发理论和梯度转移理论。有时间变量的非均衡发展理论以倒"U"型理论为代表。

区域经济发展理论和世界各国区域经济发展实践表明，区域经济非均衡增长是经济发展的必然选择。区域经济发展的主要目标就是增长和均衡。如何实现增长和均衡则是一个动态的过程。区域经济发展表明，在区域经济发展之初为了追求区域整体利益增长这一主要目标，就不可避免地导致区域间的不平衡。这时，增长和均衡是一对矛盾，也就是说，要获得较高的增长率，就得暂时牺牲均衡目标；反之，若过早地追求公平与均衡，则只能以区域的整体利益和长远利益为代价。因此，在经济落后的地区，相对于区域经济发展初期阶段的整体最大增长目标，就必须选择非均衡增长方式，从而有效地进行区域内整体经济实力的积累，为后期的均衡发展创造条件。在多数发展中国家和地区不仅普遍存在着生产力发展水平落后、人均收入低的现象，而且还普遍存在着经济发展不平衡、相对发达地区与贫困地区差距不断扩大的现象。为了解决区域经济发展不平衡的问题，发展经济学家们探讨提出了通过非均衡发展最后实现区域经济均衡发展的战略主张。属于非均衡发展的区域经济发展战略主要有："发展极"理论、"区域经济发展梯度"理论、"点轴"开发理论、"回浪效应"理论和倒"U"型理论。

1. "发展极"理论

"发展极"（Development Poles）概念是法国经济学家佩鲁于1955年提出的。佩鲁认为主导产业和有创新能力的行业增长速度最快。这些主导产业和有创新能力的行业在空间上的集聚，会形成一种中心，这种中心就是资本与技术高度集中、具有规模经济效应、自身增长迅速，并对邻近地区产生强大辐射作用的一些地区和区内中心城市。这些中心地区就是所谓的"发展极"。通过这些中心的优先增长，可以带动周边地区的经济发展，然后通过不同的渠道向外扩散，最终对整个经济产生影响。佩鲁认为这种非均衡增长现象产生于少数地区对其他地区的支配效应。一般来说，支配效应的主要决定因素是创新能力在地区间的差异，经济规模、交易能力、技术水平和经营性质的差别决定了各个地区创新能力的不同。一个支配性地区产生的外部经济效应的能力越大，其推动作用越强。由于创新、支配和推动等活动的出现、强化和消失，经济增长可以视为一系列不平衡机制构成的过程。发展极实际上是主导产业和具有创新能力的企业在空间上的集中。它对其他地区的辐射作用主要表现在：（1）技术创新、制度创新的示范和扩散效应。（2）资本的集中与扩散功能。（3）产生规模效益。发展极地区的高速发展和技术进步，促使企业不断追求规模经济效益，而规模经济效益又会推动发展极更快地发展。

2. "点轴"开发理论

伴随着我国全国性和地区性国土开发的深入以及宏观区域经济发展战略研究的深化，我国的经济地理工作者从空间角度提出了和梯度开发结合与互补的一种区域经济发展理论，第一次把"点""轴"这两个因素结合在同一空间开发模型中，运用网络分析方法，把国民经济看作点、轴组成的空间形式，提出了点轴开发理论。该理论认为我国目前仍处于落后阶段，非均衡发展是区域开发的战略思想，而点轴开发是现阶段最有效的形式。

点轴开发系统由点与轴在一定的区域内有机组合而成。点是指一定地域的各级中心城镇，一般具有一定的基础设施水平，形成某几个方面的突出优势，如产品优势、市场优势等，组成以主导产业为核心并与周围地区产业高度相关的产业综合体。轴通常是处于水陆交通干线之上的不同种类和层次的若干资源开发、产品和劳务生产的流通基地，其实质是依托沿轴各级城镇的产业开发带。在二者相互关系中，点处于主导地位，轴则对新增长点的形成和老增长点的兴衰产生深刻的影响。点轴开发理论重点论述了经济的空间移动和扩散是通过点对区域的作用和轴对经济发展的影响，采取空间差距的跳跃式的转移来实现的。其基本含义为：第一，在一定区域范围内，选择若干位置、资源较好，具有开发潜力的重要交通干线经过地带，作为发展轴予以重点开发。第二，在各发展轴上确定重点发展的中心城市，规定它们的发展方向和功能。第三，确定中心城镇和发展轴的等级关系。首先集中力量重点开发较高级的中心城市和发展轴，随着区域经济实力的增强，开发重点逐步转移和扩散到级别较低的发展轴和中心城市。[①]

3. 倒"U"型理论

有时间变量的非均衡增长理论以美国经济学家威廉姆森的倒"U"型理论为代表。这种理论认为：在经济发展早期阶段，区域间

---

① 周毅：《跨世纪国略：可持续发展》，安徽科学技术出版社 1997 年版，第 238—239 页。

增长差异会扩大，倾向不均衡增长，非均衡过程即区域发展差异的扩大是经济增长的充分条件；之后，随着经济的增长，区域不平衡程度将趋于稳定，当区域经济发展到一定水平，区域经济增长差异将逐渐缩小，倾向均衡增长，均衡过程即区域经济发展差异的缩小又构成经济增长的必要条件。区域经济增长从非均衡到相对均衡再到均衡的演变过程是极化效应和扩散效应相互作用、相互转化的结果。在区域经济增长初期，极化效应较扩散效应显著，区域经济差异呈拉大趋势，这种不平衡发展与聚集经济和规模经济紧密相关，即生产要素首先集中在少数点或地区（发展极）可以获得较好的经济效益和发展速度，而在区域经济发展后期，扩散效应变得更为重要，新区域发生发展，聚集经济向周围扩散渗透，并导致区域经济差异的进一步缩小，最后实现各区域的协调均衡发展，实现区域的发展目标。

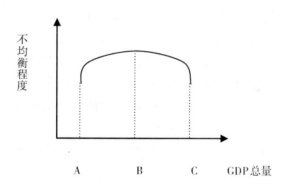

图 2—1 威廉姆森的倒 "U" 型理论示意

具体地说，若以 GDP 总量变化代表一国经济的增长，以人均 GDP 的区际差异或 GDP 总量在空间的集中程度衡量经济的均衡程度，上述观点可表示如图 2—1 所示。在 A、B 阶段即经济发展初期，经济发展客观上要求必须以非均衡的扩大为代价。但是，当经济发展水平达到转折点 B 以后，进一步的发展则必须以区域差距的缩小为前提条件。由此可见，非均衡倒 "U" 型理论的特征在于均衡与增长之间的替代关系依时间的推移而呈非线性变化。

（三）协调发展理论

在均衡与效率的选择中，均衡发展理论突出了前者。非均衡发展理论正视了经济增长同效率的矛盾，强调效率优先。但是，无论是均衡发展理论还是非均衡发展理论，都从未真正有效解决过经济增长（效率）同区域平等发展问题。[①] 在区域经济发展理论中，人们一直在思考和研究如何解决区域经济的公平问题，这即是区域经济的协调理论。区域协调发展是指在充分发挥各区域的比较优势，在逐步缩小地区发展差距基础上，促进经济效率的最大化。

1. 区域经济协同发展理论

这里所讨论的区域经济协同发展理论，就是指区域内各地域单元（子区域）和经济组成部分之间协和共生、自成一体，达到高效和高度有序化的整合，实现区域内各地域单元和经济组织的"一体化"运作与共同发展的区域（或区域合作组织）经济发展方式。

当前，我国区域经济发展，尤其是区域商贸发展过程中，存在着许多问题：第一，地方保护主义严重，区域市场难以建立，商品与要素难以在区域之间自由流动与优化组合。第二，地区利益难以协调，产业结构趋同现象普遍，地区比较优势难以发挥。第三，区域经济发展中难以形成企业规模经济、地区集聚规模经济（或区域外部规模经济）。第四，地区发展差距问题得不到解决，甚至有不断扩大的趋势。第五，区域经济"封闭式"（或地区保护）的发展与经济全球化和区域经济一体化的趋势严重相悖。区域之间（或一个大区域内若干子区域）的协同发展，对解决这些问题所起的作用将是根本性的。[②] 区域商贸中心和区域共同市场难以建立。

2. 系统理论

系统理论的基本思想是系统思想，它把一定环境中由若干相互联系、相互作用的要素组成的具有相应特定结构和功能的要素集合看成一个有机的整体，并全面地而不是局部地、开放地而不是封闭地、持续地而不是间断地、发展和动态地而不是静态地看待这个整

---

① 谢家智：《区域资金配置的理论及实证研究》，博士学位论文，西南农业大学，2001 年，第 7 页。

② 黎鹏：《区域经济协同发展研究》，经济管理出版社 2003 年版，第 1 页。

体和有关问题。系统理论有如下基本原理：第一，整体性原理——强调要素与系统之间是一个整体；要素与环境及各要素之间相互联系与作用，而使系统呈现出各单一要素所不具备的"整体功能"，表现出"整体大于各部分之和"。第二，联系性原理——强调系统内部各要素之间的联系，并通过这种联系与相互作用来实现其整体功能；强调系统与外部环境之间的联系，系统在和外部环境相互联系与作用的过程中会发生物质、能量和信息的交换。第三，有序性原理——认为系统的有序性是纵向有序、横向有序和动态有序过程共同综合构成；系统内部各层次的有序性是高层次系统支配低层次系统、低层次系统从属于大系统。第四，动态性原理——主要揭示系统状态与时间系列之间的关系，强调系统随时间而变化的规律，要求人们必须以动态的和发展的眼光和思维去认识、考察和把握一个系统及其分要素和子系统。第五，调控性原理——认为系统的稳定性是系统存在的基本条件，而这种稳定性是通过调节、控制实现的，任何有序的稳定性系统都具有自我调节、自我控制的能力。第六，最优化原理——认为达到最优（功能最优）是系统理论的根本目的，要求在动态中协调整体与部分之间的关系，使整体功能达到最优，同时也包括系统形态最优、运动过程最优和性质最优。①

在前面已论及，各国、各地区在当今全球经济一体化的背景下，都已被涵盖于"世界空间经济系统"之中。系统理论告诉我们，在世界空间经济系统里，各国、各地区是相互依存和相互依赖的不可分割的整体。当然，在这一大系统之下，存在着许多层次的子系统，每一个子系统同样具有系统的一般特性。因而，提示我国各区域之间必须"协同"运作、共同发展，以获得系统原理中的"达到功能最优""整体大于各部分之和"等效应。

各区域都处于相互依赖的网络之中而形成"系统"，使区域之间经济与社会不可能独立发展，而必然的彼此依存和相互联系。同时，各区域之间不仅是相互依赖，而且都处于其上一级区域所构成

① 王淑荣、吴显悦、郭光虎：《系统科学与成功管理》，中国物资出版社 1993 年版，第 37—38 页。

的系统整体之中。例如，把我国西南地区看成一个系统，则其第二层次上的区域单元（四川、重庆、云南、贵州和广西）就是其子系统。因此，必须充分重视这些原理，为区际商贸产业和区际经济的联合与协同发展提供指导。

三　商贸发展理论

（一）商贸信息化理论

1. 信息化的概念

日本著名学者梅棹忠夫 1963 年发表的《信息产业论》一文中首次提出了信息化的问题。1967 年，日本科学技术和经济研究团体首次提出"信息化"定义，信息化是指从物质生产占主导地位的社会向信息产业占主导地位的社会发展的过程。[①] 另一种观点认为，信息化就是指信息技术和信息产业在经济与社会发展中的作用日益加强并发挥主导作用的过程。与工业化相比，信息化是经济和社会形态从物质生产为主向信息资源开发利用和创造价值为主的转变过程，这是人类社会发展过程中一个极其重大的转折。

2. 信息化战略下商贸中心流通创新的本质分析

在马克思《资本论》中，市场与流通领域基本上是同义词语。市场是检验商品价值能否实现、完成马克思所称的"惊险跳跃"的领域。信息网络技术的发展和应用几乎使流通的时间和空间距离趋近于零。互联网和物联网的出现为商贸中心流通创新理论和政策研究的新突破提供了技术保障。现代信息技术对商贸中心流通业发展最根本的影响在于流通效能的提高。

商贸中心流通实现的本质特征就是为生产和消费的实现解决时空限制，保证货畅其流，减少停顿与耽搁，使稀缺资源的配置达到最有效率的状态。而商贸中心流通创新的本质就在于"将流通过程中的一切停顿尽可能地消灭，全面加快经济运行的节奏、效率和质量"（宋则，2002）。信息化建设一方面对商贸中心流通创新提出新的要求；另一方面则为流通创新的进行提供技术支持和保障，并带

---

① 韩建新：《信息经济学》，北京图书馆出版社 2000 年版，第 211—212 页。

动商贸中心管理与运营绩效的全面提升。

（二）电子商务理论

1. 电子商务的概念

电子商务（Electronic Commerce）是当今世界经济发展的重要推动力。世界电子商务会议对电子商务权威的概念为：其是指对整个贸易活动实现电子化。另一种定义为：电子商务是指采用数字化电子方式进行商务数据交换和开展的商务业务活动。电子商务基于互联网［包括内联网（Intranet）和外联网（Extranet）］等通信网络来进行，内容包括商品的查询、采购、展示、订货和电子支付等交易行为，以及资金的电子转拨、股票的电子交易、网上拍卖、远程联机服务等服务贸易活动。电子商务交易过程一般分为交易前、交易中和交易后三个阶段。电子商务的目的是实现企业商务信息流的电子化和网络化，其优势突出表现在能够降低生产和交易成本、实现个性化服务上。

2. 电子商务的应用领域

（1）EDI 业务。EDI（Electronic Data Interchange）的中文意思是电子数据交换。它是电子商务发展早期的主要形式。EDI 旨在票据传送的电子化。

（2）互联网金融（Internet Finance，即 IT FIN）。互联网金融是指以依托于支付、云计算、社交网络以及搜索引擎等互联网工具，实现资金融通、支付和信息中介等业务的一种新兴金融。互联网金融的发展已经历了网上银行、第三方支付、个人贷款、企业融资等多个阶段，并且越来越在融通资金、资金供需双方的匹配等方面深入传统金融业务的核心。

（3）网上购物。网上购物利用先进的通信和计算机网络的三维图形技术，把现实的商业街搬到网上。目前在网上已开通了书店、花市、电脑城、超级市场、网络报刊、网上直销及 O2O 等服务。

（4）网络广告。网络提供的多媒体平台和通信费用低，对于组织或公司而言，利用其进行产品宣传。

此外，电子商务的应用还有网上股票交易、网上订票、网上租赁等。

（三）商贸流通组织结构理论

根据产业组织学的理论，商贸流通组织就是商品流通企业市场关系的集合体。流通组织结构是流通产业内部的资源配置结构及其关联性，也是流通产业内大、中、小企业间的相互关系格局。流通产业组织结构的合理化是产业结构高级化的重要内容。① 流通产业组织结构一经确定，便具有相对稳定性，先进合理的组织结构将对企业的发展起到积极的促进作用。不同类型企业组织结构的调整都将依据自身经营环境的变化而进行，有其特定的内涵。分析一个国家或地区商贸流通产业组织结构的现状可以用美国经济学家贝恩（J. S. Bain）、凯维斯（Cawes）、席勒（Scherer）等人为代表的哈佛学派产业组织理论中的产业组织模式——SCP 范式②，即"市场结构（Structure）—市场行为（Conduct）—市场绩效（Performance）"范式来进行。

1. 市场结构

市场结构是一国或一个地区经济中市场和产业的特点及其构成要素。市场结构决定企业行为，从而决定产业组织的竞争性质及效果好坏。对一国或一个地区商贸流通组织状况的考察可以从产业集中、规模经济、进入壁垒三个主要方面来开展。

2. 市场行为

市场行为是企业在既定的市场结构的具体形态下为赢得更高的市场占有率和更大利润而采取的行为。通过分析一国或一个地区商贸企业的市场行为的特征，可以进一步探析该国或该地区商贸流通产业组织的专业化协作水平、竞争态势，进而分析该国家或该地区的市场进入壁垒的高低、市场一体化程度及政府对市场监管和控制程度。

3. 市场绩效

从发达国家经济增长阶段与产业组织演变的特征来看，市场绩效与商贸流通存在以下关系：（1）工业化前阶段。这一阶段，产业资源密集度以劳动密集型为主，相应地，产业组织形式素质低，呈

---

① 郭冬乐、方虹：《中国流通产业组织结构优化与政策选择》，《财贸经济》2002年第 3 期，第 59 页。

② 杨公朴、夏大慰：《产业经济学教程》，上海财经大学出版社 2002 年版，第 155 页。

小型化、分散化的特点，小企业居主体地位，产业间关联作用弱，几乎不存在技术创新对经济增长的推动。（2）工业化的实现和经济高速增长阶段。在产业部门日益增多、交易复杂、产业技术关联趋紧的格局下，产业组织形式演进为以专业化协作为特征的托拉斯，大批量生产体系充分享有规模经济效益，保持了低成本的竞争优势，产业国际竞争力、国际市场占有率和国内经济增长速度迅速提高。（3）工业化后的经济稳定增长阶段。这一阶段以信息业、高科技制造业与其他新兴服务业为主导，相应地，产业组织形式向多样化方向演变，集中度与分散度适当，大、中、小企业关系协调，规模经济与有效竞争共存，国民经济持续稳定地发展。将一个国家或地区的商贸流通产业组织放入世界主要发达国家产业组织结构的一般趋势中进行分析，可能看出该国或该地区所处的经济增长阶段与产业组织演变的特征是否与发达国家的经验的一致性和不一致性，从而展现出该国或该地区商贸流通产业组织结构变化的特征和存在的问题，以便促进和保证该国或该地区在进行商贸流通产业组织结构优化过程中能够制定正确合理的目标、找准优化的重点和方向及采取合理的政策选择。

第二节　商贸中心发展理论探讨

任何理论创新都是极富挑战性和开拓性的。本书跟踪和研读了已有的相关文献发现：系统地提出地区商贸中心体系发展理论框架的著作基本上没有。为此，笔者在借鉴前人相关理论和结合商贸中心发展客观现实的基础上提出了商贸中心发展理论框架，并以此作为指导本书研究的理论基础。

一　区域商贸经济协同发展理论

（一）协同发展与协调发展的联系与区别

1. 协同发展与协调发展的联系

协同发展是在协调发展的基础上产生的，它本身就是协调发展的重要组成部分。区域经济只有在协调发展的基础上才能实现协同发展。在自组织理论中，协调与协同是同义的。自组织理论认为一个不受外界影响或影响很小的孤立系统，由于其发展、演化只能是内部相互作用而自发引起的，因此是一种趋于消亡的死系统，系统的开放是促进系统由低级向高级，由原始向现代不断进化、不断产生新功能的决定性力量，系统控制的目标是使系统或系统要素间实现协同（Synergism），即协调一致，共同合作，进而产生新的更高的系统结构和功能。协同发展理论，就是指区域内各地域单元（子区域）之间协和共生，自成一体，达到高效和高度有序化的整合，实现区域内各地域单元"一体化"运作与共同发展的区域发展方式。协调发展（Coordination Development）是"协调"与"发展"的交集，是系统或系统内要素之间在和谐一致、配合得当、良性循环的基础上，由低级向高级、由简单向复杂、由无序向有序的总体演化过程。① 此外，协同发展和协调发展的理论来源中都有一般系统科学理论。

2. 协同发展与协调发展的区别

协同发展产生于协调发展，但其高于协调发展。协同发展不仅包括"协调"之义，而且还有"共同""整体"之义。在区域经济发展过程中，区域协同发展的整合程度高于区域协调发展。协调发展只要求区域内各组成部分之间要相互依存、相互促进、互为对方发展的积极因素，消除影响彼此间交流、合作的阻碍因素，建立彼此之间良性互动关系。而协同发展最终目的是要建立区域共同体或区域共同市场，将区域内的各组成部分整合成一个整体。协同发展与协调发展的区别还在于二者理论来源不同：（1）协同发展理论来源于协同学。协同学（Synergetics）是由原联邦德国科学家赫尔曼·哈肯（Harmann-Haken）在 20 世纪 70 年代创建的一门新兴的交叉学科，它是研究系统间的协同作用形成的有序结构的机理和规

---

① 熊德平：《农村金融与农村经济协调发展的机制与模式研究》，博士学位论文，西南农业大学，2005 年，第 30 页。

律的学科。① 协同学的理论核心是自组织理论（着重研究产生与调控等问题，其也属于一般系统科学理论），这种自组织是伴随"协同作用"而进行的。所谓"协同作用"，实际上就是系统内部各要素或子系统相互作用和有机整合的现象。在此过程中强调系统内部各要素（或子系统）之间的差异与协同，强调差异与协同的辩证统一必须达到的整体效应等。（2）协调发展理论来源主要包括经济发展理论与系统科学理论。其一，经济发展理论关于协调发展的表述。在经济发展理论的早期阶段，协调发展理论主要是以哲学形式出现。亚当·斯密在《国富论》中认为"看不见的手"是协调的最好工具，"自由放任"是协调发展的最好政策。在马歇尔的新古典经济学中，均衡价值论成为协调发展的主流理论，协调就是均衡，协调意味着资源配置最优，协调的标准是"帕累托最优"，协调发展是从局部均衡到瓦尔拉一般均衡的过程。此外，虽然自马歇尔后，新兴的不同经济学流派都对协调发展做了不同的诠释。其二，系统科学理论关于协调发展的表述。系统科学理论中的协调发展理论更多的是侧重于协调方法论。一般系统论（General System Theory）从"整体大于局部之和"的命题和系统的整体性、开放性和动态性原理，揭示了系统运动与系统协调的内在机理，从全局和整体上认识协调发展，从系统内部结构、功能和外部关系角度把握协调发展，提供了新的思路、方法和分析框架。控制论则认为协调是一个控制过程。

（二）区域商贸经济协调发展理论

笔者认为，区域商贸经济协同发展，是指区域内各地域单元和商贸产业经济组成部分之间协和共生、自成一体，达到高效和高度有序化的整合，实现区域内各地域单元和商贸经济组织的"一体化"运作与共同发展的区域或区域合作组织的商贸经济发展方式。协同发展的区域体系有着统一的发展目标和统一的规划，区际之间有着高度的协调性和整合性，共同形成统一、开放、规范的区域共

---

① 王维国：《协调发展的理论与方法研究》，中国财政经济出版社 2000 年版，第 71—72 页。

同市场，商品及生产要素可以自由流动与优化组合，具有严谨和高效的组织协调与运作机制，内部各区域之间是平等和相互开放的，同时也向外部开放。从而使协同发展的区域商贸经济体系形成一个协调统一的系统，既有利于内部子系统的发展，也有利于与外部系统（如全国性经济系统）的对接和互动。这里讲的区域共同市场，是以区域资源共享、共融、多赢为理念，区域规划相互协调、服务体系彼此配套，打破区域内部壁垒，使生产要素、商品在区域内得以自由流动和优化配置，最终实现区域内经济结构互补、区域经济一体化良性发展的一种制度框架。

建立区域共同市场是构建地区商贸中心的基本目标之一和必要条件，而区域共同市场的建立又会反过来促进地区商贸中心的进一步发展。建立地区区域共同市场的作用如下：（1）推进地区商贸中心网络体系的建成。（2）降低地区产业结构调整成本、公共物品配置成本以及资源流动的交易成本。（3）促进地区都市商贸经济圈的发展和地区城市化水平的提高。（4）作为地区区域商贸的协同发展的平台。区域商贸经济协同发展理论是指导区域商贸发展的理论基础，也是建设发展地区商贸中心的理论基础。

二 商贸中心类型和功能

（一）商贸中心类型

商贸中心按不同的分类标志可分为如下几类。

（1）从职能划分，可分为单一商贸中心和综合商贸中心。单一商贸中心包括单一职能商贸中心、商流中心、商务信息中心和单一对象商贸中心。单一职能商贸中心，如物流中心。商流中心，如批发中心、零售中心。商务信息中心，如商务会展中心、电子商务信息中心。单一对象商贸中心，如汽车交易中心、技术交易中心。综合商贸中心包含多种商贸职能和多类商品交易的商贸中心，通常指具有较强综合实力的大城市。

（2）从影响范围而言，可分为地区商贸中心、国家商贸中心和国际商贸中心。天津、重庆、武汉、大连、成都、西安等可谓地区商贸中心，上海、北京、广州可谓国家商贸中心，纽约、伦敦、东京、巴黎、中国香港、新加坡等可谓国际商贸中心。

（二）商贸中心功能

1. 商贸中心的一般功能

（1）购物功能。商贸中心是所在城市商业集约化程度最高、业态多元化、经营手段最先进、经营和服务品种齐全的场所，购物环境好，是购物的最好去处。购物功能是现代商贸中心的首要功能。

（2）物流功能。物流功能是商贸中心的重要功能。商贸中心通过建设发展物流中心，不仅可以节约流通成本，加速商贸流通，而且通过物流中心建设发展促进商贸中心的先导性发展。

（3）商务功能。商务功能是商贸中心的重要功能和高级功能，这主要体现在其所属的CBD。

（4）会展功能。商贸中心区是客流、商家、业态、商品和信息汇聚的场所，也是商家推广企业形象、商品和服务的最佳展示场所。商贸中心通过建立会展场馆及高规格会议场所，发展会展经济和会议经济，来加强商贸中心城市与周边地区以及外界的交流，从而扩大商贸中心城市的影响力和辐射力。

（5）信息功能。商业信息化是建设商贸中心的基础，是提升商贸中心质量，增强商贸中心聚合辐射功能，实现流通现代化的根本途径。

2. 商贸中心的核心功能

（1）商品聚合和辐射功能。上述的一般功能中，商品交易是居于中心地位，也就是通过商品交易功能的实现，发挥商贸中心的商品聚合和辐射功能。商贸中心的商品聚合和辐射功能，具有"承上启下"的作用，聚合即启下，就是把优势特色产品聚合起来，通过商贸中心这个窗口向外展示和输出，实现其价值。辐射即承上，就是把外地产品通过商贸中心渠道输进来并扩散到各地，以满足市场需求。

（2）带动和促进功能。商贸中心的发展具有带动商贸中心所在地区第三产业的发展功能，从而带动该地区经济中心城市产业结构调整优化、升级及其经济发展。

（3）市场龙头示范功能。商贸中心作为现代的高级形态的市场，是地区市场经济建设、完善的切入点和突破口，对这一区域其他中小城市和广大乡村的市场经济发展具有市场龙头示范带动作用。

（4）旅游休闲功能。商贸中心区必定是一个城市最为繁华的核心区域，多具有城市观瞻和旅游功能。商贸中心区文化氛围浓郁、环境优美、餐饮服务等配套服务设施齐全，往往集休闲娱乐于一体。

三　商贸中心竞争力理论

（一）产业竞争力理论

产业竞争力是一个国家或地区要素和资源的配置效率、产业结构层次、技术水平，以及企业战略的综合体现。它反映了一个国家或地区在国际贸易、国际生产体系及全球经济体系中的地位与作用。

1. 产业竞争力的概念

产业竞争力是国际竞争力的核心内容。它是指某一产业在国际或区域竞争中，所能够提供有效产品和服务的能力。产业竞争力在本质上是产业的生产能力、市场份额和盈利能力的综合。[①]

2. 产业竞争力的评价指标体系

迈克尔·波特指出，一个产业的竞争状态取决于该产业的最终利润能力。[②] 产业竞争力可用以下三个指标来衡量：（1）市场占有率。（2）资产和技术水平。（3）生产率水平。

（二）商贸中心竞争力理论

1. 商贸中心竞争力的概念

商贸中心竞争力是指一个商贸中心的地区要素和商贸资源的配置效率、商贸产业结构层次、技术水平，以及商贸企业战略的综合体现。它反映了一个商贸中心在对外贸易、现代物流、商贸中心所在地经济社会发展以及在全球商贸经济体系中的地位和作用。

---

① 盛世豪：《产业竞争优势》，杭州大学出版社1999年版，第16页。
② ［美］迈克尔·波特：《竞争战略》，中国财政经济出版社1998年版（中文版），第16页。

2. 商贸中心竞争力的内涵

（1）商贸产业竞争力。商贸产业竞争力是指商贸产业在国际或区域竞争中，能够提供有效商贸产品和服务的能力。商贸产业竞争力在本质上是商贸产业的生产能力、营销能力、资金融通能力、市场份额和盈利能力的集成和综合。

（2）商贸企业核心竞争力。核心竞争力（Core Competence）是指对组织未来成功有关键作用的那些少数强势。它可以是组织中进行多项产品开发所共享的某种关键技术或技能，也可以是组织所拥有的某项独一无二的资源或系统，甚至可以是竞争对手无法拥有的销售网络或供货渠道。核心竞争力对于任何一个组织而言都是至关重要的，就如加里·哈默（Gary Hamel）和 C. K. 普拉哈德（C. K. Prahalad）在《哈佛商业评论》（*Harvard Business Review*）中所强调的，今天的企业必须围绕核心竞争力进行设计。商贸企业竞争力是商贸中心竞争力的基础。笔者认为，商贸企业核心竞争力是指商贸企业的营销、渠道、市场服务和盈利等能力和市场份额集合而成的综合竞争力。商贸企业的核心竞争力主要表现在其特有的经营理念、企业文化、供应链、物流配送和价值链等。

（3）商贸环境竞争力。所谓商贸环境竞争力，是指由商贸中心所在的自然环境、经济环境、人文环境、政治环境和政策环境所共同体现出的商贸中心系统外部环境竞争力。商贸中心同样是一个由输入、存贮、处理、输出、控制等要素构成的社会子系统和人工—自然复合系统。商贸环境是商贸中心系统的外部环境。作为开放系统的商贸中心系统需要不断地与外部环境发生物质、信息和能量的交换。

四　商贸中心与其他"五中心"相互关系理论

地区商贸中心与地区交通物流中心、工业中心、金融中心、旅游服务中心、科教文化中心之间存在着相互依存、相互影响和相互促进的关系。建设地区交通物流中心是建成地区其他"五中心"的前提条件和必备条件之一。地区工业中心建设发展，为其他"五中心"的建成奠定基本的物质基础，为商贸中心的建成提供必要的物流、商流和资金流。金融中心则是从资金融通、信息传递、促进资源优化配置及分散实体经济经营风险和降低交易成本等方面服务于其他中心。旅游服务中心则是建设和发展地区商贸中心的支撑条件之一，以旅游服务业的发展带动商贸业的发展，进而建设旅游购物型商贸中心。建设地区科教文化中心，为地区商贸中心信息化建设提供技术支撑和智力支持，推进地区商贸中心的 CBD 提升为 E-CBD。反之，地区商贸中心的建成也会促进其他"五中心"的建设和发展。总之，只有实现"六中心"的良性互动，才能使"六中心"建设互相促进，也才能将"六中心"聚合优化为"经济中心"，从而推动地区经济中心的建设和地区商贸业与区域经济的发展。

第三章

世界与中国商贸业和商贸中心
发展特点及趋势

商贸产业的兴旺发达是现代经济的一个重要特征。最近 10 年，发达国家商贸产业对国民经济的贡献率为 20%—25%，发展中国家在 10% 左右，我国为 11.26%（2012 年）。目前，商贸产业已成为我国第三产业的主体。世界与中国商贸产业和商贸产业发展平台——商贸中心的发展特点及发展趋势影响和决定西南地区商贸产业和商贸中心体系的发展模式与特点。

第一节　世界商贸业发展特点及趋势

迄今为止，世界商业运行模式的主要变化并不是出现了中国这样的竞争力量，而是对全球供应链管理的挑战——跨国公司抢占重要的国际、国内市场制高点。全球范围内削减成本是这一趋势的一个附带结果，这种发展趋势正在对重视生产率的公司的全球经营战略产生深远的影响。[①]

一　世界商贸业发展特点

西方发达国家商贸业发展特点代表着世界商贸业的最新发展特点。因此，考察世界商贸业发展，关键在于考察西方发达国家商贸业的发展。在世界商贸零售业的发展史上，西方发达国家商贸零售

[①]　薛彦平：《未来二十年印度不可能超过中国》，《参考消息》2004 年 10 月 21 日第 13 版。

业在过去的 130 多年里经历了百货商店、连锁商店、超级市场、购物中心、无店铺销售 5 次流通革命。20 世纪 50 年代以来，随着新技术革命的深入发展，新能源、新材料在生产领域中的广泛采用，新产品开发、制造能力的迅速提高，社会物质财富的空前积聚，加之商贸流通领域内部的激烈竞争，促使世界各国正在进行着一场深刻的流通领域革命。这场流通领域革命使得世界各国的商贸业，尤其是西方的商贸业得到迅速的发展，其呈现出以下特点。[①]

（一）商贸业形式多样化

在西方发达国家，商贸业形式随着社会化大生产和市场营销环境的变化而变化。一方面，原有的传统商业形式逐步走向成熟并得到进一步发展；另一方面，新的商贸业形式不断涌现。批发商贸业形式主要有：专职批发商，包括完全职能批发商和有限职能批发商；代理商和经纪商；生产商的销售分支机构和办事处；其他批发商业组织，包括农产品批发商、石油批发商和拍卖行等。尤其是零售业，多样化形式更为突出。西方零售商贸业形式多样，从经营商品来看，有专业店、综合店、百货店、超级市场、巨型超级市场（大卖场）、便利店、杂货店、精品店、专卖店、旧货店、跳蚤市场、家庭生活改善中心等；从价格特点来看，有折扣商店、仓库商店、目录廉价展销商店、一价店、会员店和消费合作社等；从店铺形式来看，有店铺零售商和无店铺零售商（如网购、邮购、直销、自动售货机）；从管理形式来看，有独立零售商店、连锁商店、购物中心、商店街、摩尔等。

（二）商贸业组织联合化

在西方发达国家，商贸业组织联合化是商贸业机构为适应流通领域竞争、垄断加剧的新特点而形成的一种新型的商贸业联合体，其目的在于增强企业综合竞争能力、实现规模效益。商贸业组织联合化可以最大限度地进行资源优化配置，在资金、设备、信息等经营要素方面发挥较大的整合优势。西方发达国家的商贸业组织联合

---

① 刘建堤：《西方商业发展趋势对我国零售商业发展的启示》，《科技进步与对策》2001 年第 3 期，第 174—175 页。

化的形式有工商一体化、综合商社和商业集团等。

（三）销售方式多样化

在西方发达国家，销售方式多样化是商贸业企业依据目标市场的消费要求，细分或改变传统销售方式所实施的对策。在日益加剧的商贸业竞争中，西方商贸业的销售方式出现了许多新的销售方式，如自助服务、网络销售方式和电子商务等。

（四）经营战略多角化

在西方发达国家，经营战略多角化是商业企业在区域结构、行业结构、商品结构等环节进行的全方位开发，借以实现利润最大化目标。西方大型商贸企业为适应风险管理的要求，主要进行跨区域、行业和多品种的多角化经营，如经营跨业化方式和经营兼业化方式等。

二　世界商贸业发展趋势

西方发达国家的商贸业的发展趋势代表着世界商贸业的最新发展趋势。在西方发达国家，商贸业已进入相对成熟时期，在社会经济中占有极其重要的地位。目前，西方商贸业发展呈现以下趋势。

（一）业态多元化，但产业集中度高、组织机构趋向大型化

经过多次流通革命，西方商贸业基本上形成了以百货公司和超市这两种业态为骨干的商贸零售经营体系，按照不同的业态可以分为以下几种类型：（1）以配送中心为基础的大型连锁超市，主要是通过配送中心辐射一批超市形成的区域化经营网络。（2）以大型超市为核心，在城乡接合部或高速公路边、连接众多专卖店的规模化购物中心（Shopping Mall）。（3）以大型百货商店为主，包括餐饮、娱乐、住宿等为一体的综合性商场。（4）以中小型超市、便民店、折扣店、专卖店等形成的零售经营网络。（5）以邮购、直销、电话订货、电视销售为主的无店铺经营。（6）电子商务。（7）仓储式商场。（8）品类杀手店、品牌直销购物中心等新型业态。

这些业态经过长期的相互竞争逐渐成熟并找到自己的生存空间。从近几年的发展来看，在不同的业态间，行业集中度日益提高，零售企业的组织机构趋向大型化和规模化。在美国，大型零售

商占美国零售重要市场份额，1998 年，美国 100 家顶尖零售商销售总额占全国零售总额的 42%，仅沃尔玛一家就占全国的 6.7%，产业集中度极高。在英国，前 20 名零售商销售总额占零售业销售总额的 3/4。在日本、西欧等国也呈现类似情况。

（二）经营灵活多样，管理水平现代化

1. 连锁经营成为西方发达国家商贸零售业的主流形态，并且向国际化发展

全球著名的大型商贸零售企业几乎全部采取连锁经营方式。据美国商务部统计，美国所有大型商贸零售商都实行连锁经营。连锁经营已占社会零售总额的 60% 以上。近些年发展更为迅速，形成了跨国性的连锁。连锁经营成为美国商贸零售业占绝对优势的经营组织形式。连锁经营也是英国商贸零售业发展的最重要方式之一，涵盖超市、百货商店、专卖店、便利店等业态，在整个商贸零售业的市场份额中超过 1/3。目前，日本连锁商店的销售额已占到零售额的近 30%。

目前，商贸零售业连锁经营已呈全球化发展趋势。这是因为：一方面，随着商品流通和生产的国际化，国际市场需求呈多样化趋势；另一方面，由于本国市场的局限性和饱和性，只有实行国际化经营，才能实现销售的持续增长。

2. 多业态经营成为大商贸零售企业普遍采用的方式，并成为其经济增长引擎

据统计，全球商贸零售行业百强企业中大多经营两种到三种业态，有的甚至在四五种业态中同时开展业务。以美国最大零售商沃尔玛为例，2013 年其全球销售额为 4739.79 亿美元，超过美国前 2—6 名零售商销售额的总和，占最大 100 家零售商全球总销售额的 19.55%。其实，沃尔玛最初只是个折扣店，真正成为其增长引擎，并使之成为美国最大食品杂货零售商的是其进入经营仓储式山姆会员店和大型超级购物中心，也就是说在多业态经营后。另外，从全球来看，2014 年《财富》杂志所统计的 500 强中的 48 家商贸零售企业，有 38 家选择多业态经营模式。

3. 运用电子信息技术，实行自动化管理

商贸业自动化的精髓在于以电子信息技术为基础，使之合理化、制度化、规范化，通过商流、物流、资金流、信息流的畅通无阻，确保供应商、零售商的高度配合与精密合作，方便快速地满足不同消费者的不同需求。目前国际各种新型商贸零售业态之所以发展迅速，一个重要的原因在于采用大量现代信息技术和管理系统，如客户关系管理系统（CPM）、供应链管理系统（SCM）和管理信息系统（MIS）等。通过信息化建设，建立起商贸企业内外部的动态联盟，实现经营的网络化、自动化管理。

4. 大力开发自有商业品牌

自英国玛莎百货开创"自有品牌"（Private Brand，PB）概念以来，世界知名商贸业集团都培育了自家独有品牌产品，并且有相当数量的市场份额。英国主要超市 30% 以上的商品为自有品牌。玛莎百货公司经营的所有商品都用一个"圣米高"牌，是世界上最大的"没有工厂的制造商"。美国超市 40% 以上的商品为自有品牌，从美国十大超市自有品牌产品的销售来看，自有品牌产品的份额一般在 20% 左右。日本 20 世纪 80 年代末就有近 40% 的大百货公司开发了自有品牌。

（三）适应消费者市场需求变化，适时创新商贸业概念

近年来，国际商贸零售市场上消费者的购物行为正在发生着变化，其中最明显的是消费者用于购物的时间大大减少。为适应消费者市场需求的变化，国际商贸零售业不断创新商业概念。

1. 一站式购物

一站式购物（One-stop Shopping）是通过增加顾客可选择的产品种类和数量来实现的，其方法主要有：增加商品类别的种数（产品细化），或增加现在没有经营的商品类别（多样化），或通过不同零售业态的合并（业态创新），如超级购物中心，将传统超级市场这种零售业态与廉价商品商店结合在一起，有的还包括药店、园艺店、餐馆等。

2. 顾客忠诚

研究表明，吸引一个新的顾客达到现有老顾客的购买量的成本

比维持一个现存顾客的成本要高 5 倍。满意的老顾客平均会将他对公司的良好印象告诉 5 个人。所以，美国商贸零售业将顾客协助提到重要的位置，以保持顾客忠诚和吸引新顾客。英国玛莎百货公司就以"为目标顾客提供他们有能力购买的高品质商品"为服务宗旨，实行以顾客能接受的价格来确定生产成本的方法。

3. 便利省时

近年来国际商贸零售商发展出服务指引台、快速付账和自行结账、汽车通道售货、网络购物、电视购物、邮购订货、电话订货、计算机互动购物体系、一站式购物服务等，都与便利省时有关。

4. 跨行业合作

国际商贸零售商根据顾客行为变化采取的手段主要有：发展无店铺销售、将顾客服务延伸到顾客购物之前和之后，增加购物娱乐和人情味。在跨行业合作方面，一是引进各种属于其他行业的服务项目。如沃尔玛已经在其超级购物中心提供支票兑现和复印服务。二是加强购物与文化娱乐的结合。除前面提到的购物中心的情况外，不少单独的个体商店也运用购物、娱乐、就餐相结合的概念。麦当劳在美国的相当一部分店铺开有儿童游乐场。

三　世界商贸业发展与世界经济发展

（一）早期世界商贸业发展与世界经济发展

早在英国工业革命以前，新航路的开辟和新大陆的发现，促进了世界商贸业的大发展。而世界商贸业的大发展为世界经济的发展注入活力和推动力，加速早期资本主义生产关系的萌芽和发展，从而促成了 17 世纪末和 18 世纪中期的欧美资产阶级革命和第一次工业革命。随着西方早期的英国、美国、法国、德国、意大利和日本等主要资本主义国家先后完成了工业革命，实现工业化。这些国家的经济和科技的发展与造船技术、远洋航海技术的发展，进一步推动了世界贸易和商贸业的发展。

（二）经济全球化与世界商贸业和世界经济的发展

进入 20 世纪 80 年代以来，世界商贸业的发展，掀起了经济全球化的浪潮，商贸业也因此成为推进世界经济产业发展的最为重要的产业之一，对世界经济发展产生着巨大的促进作用。经济全球化是指世界各国和经济社会发展在全球范围内的日益融合，是各国各地区在生产、制造、金融、贸易、企业文化领域中越来越强烈的相互依存。如果从内涵上加以细分，经济全球化包括贸易全球化、直接投资全球化、金融资本全球化及人才流动全球化等一系列各有侧重又相互联系的领域。[①] 例如，联合国发展计划署的统计表明，从2000年到2013年的13年间，全球各国之间"跨界"进出口贸易额以每年平均8.41%的速度增长，高于同期全世界GDP年平均增长速度1.52个百分点。外国直接投资则从占全球GDP的4.49%增长到1.95%。1970年，越过边界的股票和债券交易额占GDP的比例在美国、德国和日本都在5%以下，到1996年分别增加到152%、197%和83%。以上各个领域的迅猛增长，再加上国际通信、运输、旅游业等迅速增长，把世界各国更加紧密地联系在一起，这大大加快了经济全球化的步伐，并使经济全球化的内涵逐步延伸和扩大。尤其在以下几个方面，对现代国际经济中心城市及其CBD的功能拓展具有较为密切的关系。

1. 世界统一大市场的逐渐形成

据世界贸易发展组织统计，到2000年年底，全世界已经有71个具有一定经济活动当量的地区经济圈，其中60%以上是20世纪90年代建立的，这说明，近20多年来地区经济走向一体化的速度加快。世界贸易组织的建立，区域集团化进展加快都有利于世界贸易的增长，推动着国际贸易全球化进程。

2. "越界金融交易"急剧膨胀，全球化的金融大市场正在形成

据国际货币基金组织（IMF）统计，1996年全球流动的私人资本达6.5万亿美元，是1990年1万亿美元的6倍多。全球外汇市场平均日交易额已从1989年的6200亿美元，增加到2002年的1.7万亿美元。随着互联网的延伸，全球外汇市场每天24小时都可以进行交易。近年来，国际私人资本流动的规模更大、频率更高。据

---

① 庄崚、经一平：《E-CBD——21世纪国际金融贸易中心模式创新》，上海人民出版社2002年版，第59—60页。

国际金融协会统计，2013 年新兴市场地区私人资本净流入达 1.118
万亿美元，比 2012 年增长 3.1%。

3. 跨国公司崛起成为国际经济活动的主体之一

随着经济全球化的发展，世界经济日益成为跨国公司主导的经
济。跨国公司既是经济全球化进程加快的主要推动力，又是全球市
场大舞台上的主要竞争者和重要的市场主体。据 2009 年《世界投
资报告》统计，全球 8.2053 万家跨国公司通过它们的 80.7363 万
家国外子公司已经渗透到世界各国和各地区的各个产业领域，进行
跨越国界的生产要素和资源的优化组合，以跨国公司为核心的"国
际生产体系"正逐步形成。联合国有关统计显示，目前跨国公司控
制了世界生产的 40%，跨国公司的产值已占世界总产值的 30% 以
上，跨国公司内部和相互贸易占世界贸易的 50%—60%，跨国公司
控制全球技术贸易的 60%—70%，跨国公司的直接投资已占全球直
接投资总额的 80%—90%。因此，全球贸易、投资、人才和技术市
场竞争，主要是跨国公司之间的竞争。从另一种角度来看，一个国
家所拥有的跨国公司的数量和规模已成为显示该国经济实力最重要
的标志。据统计，2003 年全球最大的 10 家跨国公司中美国就占了
8 家，全球公司 100 强中美国公司占了 56 家，这从一个侧面反映了
美国雄霸世界的经济实力。[①] 2014 年《财富》全球 500 强的前 10
强企业中美国占了 2 家，前 100 强中美国公司占了 31 家，这显示美
国在全球经济中仍处于霸主地位，但其相对经济实力有所下降。

跨国公司依靠其优势通过内部贸易、对外投资和跨国兼并，在
全球范围内实施最佳的资源配置和生产要素组合。例如，2011 年正
式交付使用的美国波音公司生产波音 787 客机，所需要的零部件来
自 13 个国家的 400 家大公司和 1.5 万家中小企业。跨国公司的大
发展，还在更深层次上引发了一系列的变化，如越来越多的世界跨
国公司在互相激烈竞争中结成"战略联盟"；跨国公司本身的国际
化（即国外资产、国外销售额占其总资产和总销售额的比重）程度

---

① 万丽娟、徐孝勇：《我国企业跨国经营存在的问题与发展战略研究》，《国际贸易
问题》2004 年第 10 期，第 56 页。

趋于提高；跨国公司的经营领域不断扩大，从传统制造业进入金融、商业、通信、交通运输、旅游等现代服务业。

（三）商贸业发展与我国经济发展

商贸业是国民经济发展的先导产业，是社会再生产的重要环节，是生产与消费之间的桥梁与纽带，是不断启动市场和促进消费需求增长的推进器，是反映一个国家或城市经济发展程度的重要窗口。商贸流通业的兴旺发达是现代经济的一个重要特征。2012 年我国的社会零售总额达 210307 亿元，比 1979 年增长了 122.6 倍。商品流通规模的扩大使商贸流通业自身及相关的行业得到快速的发展，使其成为第三产业的主体。有鉴于此，作为商贸流通业的载体的商贸企业已成为国民经济的重要组成部分，成为对国民经济发展有举足轻重影响的产业集群。有关商贸业发展与我国经济发展的关系，在本书第五章中将进一步论述，这里不再赘述。

第二节　世界商贸中心发展特点及趋势

一　世界商贸中心发展特点

如今，世界商贸中心已发展成为现代商贸中心。而作为现代商贸中心具备以下六个特点。[1]

（一）大规模地采用现代商贸技术

现代商贸中心是通过大规模地采用现代商贸技术，使商贸业务在一个较为狭小的地域大规模集中而形成的。由于大规模地采用现代机械化、自动化的仓储、装卸技术，大规模地采用现代大吨位高速运输技术，广泛采用门到门的现代先进服务技术，大量采用现代交易方式（如期货交易、电子商务等），使商贸业务量在一个集中区域内急剧增加，从而使其成为现代商贸中心。

（二）"三流"分工与协作

以商流、物流、信息流等"三流"分工与协作的方式来实现商

---

[1]　曾庆均、干勤、周文兴：《重庆商贸发展研究——重庆商贸中心的历史、现状与前景》，重庆出版社 2001 年版，第 157—158 页。

贸职能。由于采用现代技术，商贸业务在现代商贸中心里大规模集中，使得商贸职能广泛地以商流、物流、信息流的专业化分工的方式，并由独立的企业来组织完成，而这些专业化企业之间又相互协作，共同完成整个商贸职能。

（三）经营形态不断创新，商贸业态丰富、现代

在现代商贸中心里，由于商贸业务的大规模集中，以及商贸需求的不断细分化，商贸企业的经营形态也在不断创新，物流配送、连锁经营、特许经营、货仓式卖场、多式联营等新型业态不断涌现，使商贸经营的效率不断提高。

（四）拥有现代化的硬软商务环境

现代化的基础设施、良好的政务环境和法制环境、宜人的生活环境和各种专业化配套服务（如金融、财务、通信、律师等），能够吸引大量投资，使大量现代商贸组织定居，引进大量现代化的商贸技术，带来大量的业务和收入，使当地成为现代商贸中心。

（五）拥有得天独厚的地理位置

现代商贸中心一定是靠近交通枢纽、政治中心、经济中心、生产中心、消费中心等。在这些地区大量投资，推动商贸业务的现代化，容易收到更好的经济效果。

（六）大范围的经济活动

大范围的经济活动特指商贸中心的凝聚辐射范围广阔，能影响一个相当大的地理空间的经济活动。这可以是一个特定的较大空间范围的地区，或更大空间范围的某一国家或全世界。

二　世界商贸中心发展趋势

20世纪末21世纪初，以信息技术为尖兵的高新技术产业突飞猛进，新经济的浪潮席卷全球。其持续的创新冲击着传统的经济模式和功能载体，处于21世纪国际经济发展枢纽地位的商贸中心就是其中之一。传统的商贸中心主要集中在欧美发达国家，比较著名的有纽约、伦敦等；第二次世界大战后，以日本、亚洲"四小龙"为中心又出现了一批新兴的商贸中心，如日本的东京、新加坡及中国的香港等。

（一）世界商贸中心的发展促使CBD应运而生

CBD是在传统商贸中心向现代商贸中心发展过程中应运而生的。经济全球化和信息经济时代的挑战与机遇，推动着世界各大国际经济中心城市商贸中心的核心区域向CBD方向发展。CBD是英文Central Business District的缩写，中文一般译为中央商务区或商务中心区。在世界经济史上，CBD最早出现在20世纪20年代的美国，当时定义为"商业汇聚之处"。从这个定义可以看出，CBD是在商贸中心的基础上进一步发展转化而来的，是综合商贸中心职能、商贸业务在商贸中心核心区域聚集形成的。CBD在美国一经出现后，接着便在欧美地区的经济中心城市中逐渐普及。

1. CBD随着现代都市经济迅猛拓展应运而生

CBD是现代城市的商品交易、商务、金融、信息服务、经济集聚、经济辐射、文化和标志等功能的凝聚和升华，它的形成和发展离不开现代城市，特别是现代经济史上的城市聚集区（Urban Glomeration）和大都市（Metropolis）的出现和成长。[①]

跨入20世纪后，现代城市拓展的步伐有增无减，人类正在进入历史上第一个城市世纪。1950年，纽约成为当时世界上唯一的人口在1000万人以上的城市；1975年，上海、东京、墨西哥城和圣保罗加入了这一行列；到1995年，全世界已有14座千万级人口的巨型城市。在经济全球化和技术创新突飞猛进的推动下，城市功能发生了巨大的变化，特别是人口在1000万人以上的特大城市面临着成为区域性，甚至全球性经济、社会和文化中心之一的历史机遇。

作为现代城市，尤其是特大型国际经济中心城市的核心区域，CBD正是在这样的宏观背景下从城市中心区（downtown）的基础上逐渐形成和发展起来的。最初的CBD在原先的集市贸易区域内形成，主要是以商业为中心，兼有少量的仓储、批发、服务、娱乐等行业，多项功能交织在一起，相对集中，且往往也是城市其他一些功能的实现中心。CBD的首次亮相，主要是在美国东部的一些城市

---

① 庄崚、经一平：《E-CBD——21世纪国际金融贸易中心模式创新》，上海人民出版社2002年版，第1—6页。

中，如纽约的曼哈顿地区。曼哈顿 CBD 最初的发展地区主要在曼哈顿岛南端的老城。早期的曼哈顿主要是仓储业和批发业的集中地，同时商业和服务业也在此发展起来。到 1776 年，这里已发展成纽约市的经济活动中心。曼哈顿现已发展成为纽约市的中央商务区，汇集了世界 500 强绝大部分公司总部，是世界上最重要的金融中心和联合国总部所在地。

　　CBD 的出现有效地促进了城市功能的大幅度拓展，这一新兴的中心城区组织形态的概念很快为越来越多的其他欧美城市所接受和发展，风靡在最早的世界商业中心伦敦、巴黎、罗马以及法兰克福等一系列欧洲名城之中。CBD 催化了现代经济史上"大城市"或"国际城市"的形成。

　　随着城市经济活动的发展，CBD 中的商业批发零售业、进出口贸易、金融保险和商务办公等功能逐步分化。另外，在部分发育得较早的城市商务中心区内，上述商业办公等功能的过分集中和扩张已显露出某些弊端，如人口过于集中、交通拥挤、建筑过于密集等。20世纪 70 年代，随着城市产业信息化、商贸化和金融地位的持续提高，CBD 的商务功能逐渐超过了初期的直接贸易交易功能，成为 CBD 的主导功能。现代 CBD 的概念已经升级为特指国际中心城市的特定地区，它与全球经济发展密切相关，它的职能已超出了城市本身的意义，变成了全球或区域经济一体化系统中的一个增长极。

　　2. CBD 的内涵及特征

　　CBD 是指在一个现代都市（城市）内集中有大量金融、商业、贸易、信息及中介服务机构，拥有大量商务办公楼、酒店、公寓、会展中心、文化娱乐等配套设施，具备完善市政交通与通信条件，市场机会最多、运作成本最低，最便于开展现代商务活动的核心区域。[①] 当今世界绝大多数的 CBD 都具备以下四种共同特征：（1）黄金区位。（2）高楼林立。就 21 世纪的 CBD 而言，"高楼林立"是最为直接的景观和建筑特征。总体建筑容量密集，大多 CBD 的建筑

————————

　　① 庄崚、经一平：《E-CBD——21 世纪国际金融贸易中心模式创新》，上海人民出版社 2002 年版，第 5—6 页。

总量至少在 500 万平方米以上，有的世界级 CBD 如纽约的曼哈顿、中国香港的中环等甚至超过了 1000 万平方米。（3）设施一流。因履行功能需要所决定，CBD 不仅拥有世界一流的现代化城市基础设施和综合服务系统，而且区内的各类建筑物的装备和设施都尽可能地"以人为本"，给区内的从业人员和访客创造最高效的工作条件和最便捷优美的生活和观光环境。（4）交通便利。

CBD 是一个城市现代化的象征与标志，这里聚集着规模宏大、错落有致的建筑群，这里聚集着势力雄厚的企业，还有与之相匹配的创造财富神话的精英。真正意义上的区域性乃至世界级的 CBD，则一定是在公认的国际性城市之中才能形成，如纽约、伦敦、巴黎、东京、香港、上海等。

（二）信息技术对传统 CBD 的挑战

信息技术是促进现代城市 CBD 功能创新的强大推动力，但同时它又给现有的 CBD 运作模式带来了严峻挑战。信息技术对传统 CBD 的挑战包括：（1）网络域名对 CBD 全球竞争地位的挑战。（2）信息安全对 CBD 运作基础的挑战。其包括：CBD 区域内流通的电子货币、电子信用卡及电子钱夹所面临的安全隐患；CBD 内的跨国公司总部、贸易公司与中介服务机构之间商业机密所面临的安全隐患；CBD 内各商业银行网上业务及虚拟银行业务电子资金划拨中所面临的安全隐患；CBD 功能平台系统所面临的安全隐患。（3）电子合同法律效力对 CBD 营运权威的挑战。与传统的纸质合同相比，电子合同具有一系列潜在的风险。电子合同中存在的隐患集中反映为：其一，证据合同的订立是否反映当事人的真实意思。其二，要约撤销与未发出通知或通知错误的难题。其三，CBD 内达成电子贸易合同履行中的不可缺少的电子提单之效力如何确认。其四，合同履行中电子支付环节如何确保关系方权益。其五，洽谈和订立电子合同时是否应避免与相关商务法律冲突及不正当竞争。（4）发生仲裁或引起诉讼时电子证据如何得以保全。

（三）CBD 向 E-CBD 发展转变

E-CBD 是在传统 CBD 的基础上发展而来的。E-CBD 是受信息科技突飞猛进和金融贸易方式日新月异的冲击推动而崛起的。E-

CBD 是 21 世纪国际贸易金融中心的一种全新模式，它与传统的 CBD 之间，既有量的差异，更有质的差别。

1. 对传统 CBD 模式的"扬弃"势在必行

经济全球化和信息技术的迅猛推进，对现代城市的 CBD 的功能期望和各项标准越来越高，也使传统 CBD 的"壳"越来越容不下。新型互联网经济的发展不仅是一场技术革命，也极大地改变了人们的思维模式和行为模式。

传统 CBD 模式与当代科技和生产力发展需求之间存在如下不适应之处：（1）传统 CBD 的定位模式与当代科技和生产力发展的需求之间存在着不适应之处。传统 CBD 不约而同地将自己看作是所在城市和区域的经济枢纽和中心，而不首先是全球网络上的一个节点和接口。（2）传统 CBD 的技术模式与当代科学技术最新发展之间也存在着不适应之处。（3）不适应之处还表现在传统 CBD 的运营模式之上。（4）传统 CBD 的结构模式不能满足当代国际金融贸易发展对 CBD"全天候""多功能""保安全"等方面的要求。（5）传统 CBD 的规划模式已相对落后。这主要表现在 CBD 规划设计上的"三重三轻"：重有形布局，轻虚拟布局；重建筑参数，轻虚拟参数；重办公效率，轻休闲环境。

基于实践，继承和发展现代城市 CBD 传统模式的合理内核和既有成果，并将它推向崭新高度已成历史的必然。E-CBD 模式创新就是在这样的时代背景下被提到人类社会生产力发展进程之上的。

2. E-CBD 的核心概念及功能

E-CBD 即电子化国际金融贸易中心。它是指在经济全球化和知识经济时代背景下，以电子数据交换（EDI）、电子商务（EB）、电子金融（EF）等信息技术为基础支撑，以电子货币（EM）为主要媒介，以国别、人文为地缘标志，具有实体 CBD 和虚拟 CBD 双重结构，面向世界的现代化金融贸易中心区。现代化的金融服务和电子商务是 E-CBD 的功能核心。借助电子金融（EF）和电子商务（EB）两大支撑，E-CBD 具备着集约交易、资源配置、教育培训、开发创新和发展标志五项功能。

三　世界商贸中心空间分布及其演变趋势

商贸中心早先是在欧美兴起，紧接着才是在亚非拉兴起。

（一）欧美地区商贸中心的发展

随着欧美资产阶级革命和工业革命的兴起，欧美经济得到了长足的发展。伴随着欧美国家经济的快速发展，作为"商业汇聚之处"的商贸中心也在欧美国家中发展起来。比较典型的有英国的伦敦、法国的巴黎、德国的柏林、美国的纽约等。

（二）第二次世界大战后新兴商贸中心

第二次世界大战后，随着世界经济的恢复和发展，一些新兴的商贸中心崛起于新兴经济大国。如，第二次世界大战后，随着日本经济的恢复和高速发展，日本东京也顺势发展成为亚洲最大的商贸中心。而地处西欧的德国，在第二次世界大战后不仅很快使经济得以恢复，而且一跃成为世界经济第三大国。德国的法兰克福也发展成为欧洲知名的商贸中心。在意大利，作为历史文化名城之一的那不勒斯也在第二次世界大战后发展成为南欧知名的商贸中心。而加拿大的多伦多，作为该国最大的国际化城市，在 20 世纪 70 年代中期启动兴建梅多商务文化综合中心区的目标是建成金融、贸易、商业、旅游、娱乐为一体的综合性 CBD，永保多伦多"不夜的赢利商城和商贸中心"的美称。

此外，第二次世界大战后，悉尼占地 12144.6 多平方公里，人口约 467 万人（2012 年），其 GDP 占澳大利亚的 30%，现已发展成为澳洲最大的商贸中心和澳大利亚的金融、旅游和教育中心。

（三）发展中国家的商贸中心

第二次世界大战以后，以亚洲太平洋地区为主体，在亚非拉的一些发展中国家及地区又涌现了一批世界著名的商贸中心。如新加坡、韩国的首尔、印度的加尔各答、巴西的圣保罗、墨西哥的墨西哥城、阿根廷的布宜诺斯艾利斯、埃及的开罗、南非的约翰内斯堡及中国的香港、上海和北京等。

第三节　中国商贸业发展特点及趋势

一　中国商贸业结构演化概述

（一）流通革命的兴起与我国流通革命的特殊性

1. 流通革命的兴起

商贸产业结构的演化与流通革命是相伴生和相互依存的。历史上每一次的技术或制度的重大变革，都会引起生产方式和消费方式的变革，这就要求处于生产和消费之间的流通也要进行相应的调整，从而引发了流通领域中的一系列重大的变革。所谓的"流通革命"，则是对流通领域历史性变革过程的总称。而每一次流通革命都会引起商贸产业结构的相应改变和演进。[1]

流通革命的历史，可以追溯到西方国家的三次零售革命。第一次零售革命开始于17世纪的中期。1852年，在法国巴黎诞生了世界上第一家百货商店。百货商店一改传统零售业的产权形式和经营方式，将现代企业制度和经营管理方式带入零售业，成为历史上第一个实行资本运作和集约化经营的大量销售组织，为现代零售业的发展奠定了基础。此后不久，第二次零售革命又开始兴起。1862年，在美国出现了连锁商店这一新的零售组织形式。连锁商店的出现，改变了零售业经营规模扩张的方式，由原来的单店扩张转变为连锁扩张，从而避免了单店扩张可能出现的规模不经济，为企业的发展提供了无限的空间。第三次零售革命始于20世纪30年代。1930年，一种新的零售业态——超级市场在美国诞生。超级市场对原来的销售方式进行了创新，采取了开架销售、自助式购货的销售方式。超级市场的出现掀起了一场零售技术的革命，将专业化、社会化生产方式引入零售业，并为后来运用计算机网络技术进行信息化管理和开展电子商务创造了条件。流通革命则是零售革命的延伸

---

① 晏维龙：《流通革命与我国流通产业的结构变动》，《财贸经济》2002年第10期，第36—41页。

和拓展。"流通革命"一词最早出现于日本。20世纪60年代，超级市场及连锁经营引入日本，引发了日本流通业的巨大震荡。日本学者林周二认为：日本的流通机构存在着流通渠道长而杂的问题，以大批量销售为特征的超级市场的发展，将排除作为中间环节的批发企业，缩短商品的流通渠道。这种变化被称为"流通革命"。

2. 我国流通革命的特殊性

我国自改革开放以来，国民经济一直保持高速增长，居民的生活水平不断提高，人们的消费也在日益趋向高度化和成熟化。同时，随着经济的发展，我国的城市化速度也大大加快，城市的规模在急剧增长。此外，伴随着我国对外开放的不断扩大，我国内外贸一体化程度日益加深。上述种种变化导致了我国的体制转轨过程中流通主体的易位、流通组织与业态的变化、流通渠道的重组以及整个流通地位的改变，一场流通领域的深刻革命已势在必行。早在20世纪80年代初，超级市场等新型零售业态就已在我国出现，之后，连锁经营的方式也被引入到流通领域，从而开始了我国流通革命的进程。然而，我国的流通革命只是处于初始阶段，变革主要集中在零售业，整个流通领域还没有发生根本性转变。因此，有必要采取相应措施，推进这一变革过程。

由于我国的特殊国情所决定，与世界其他国家相比，我国流通变革带有很大的特殊性：（1）我国的流通革命与经济体制改革相关联。（2）影响我国流通革命的各种社会因素是在短时间内迅速形成的。从经济体制改革、建立社会主义市场经济体制到对外开放、加入WTO；从计算机的应用、POS/MIS系统的普及，到互联网的兴起、电子商务时代的到来。我国流通业长期处于追赶变革、适应变革的大潮中。（3）我国的流通革命是发生在世界上人口最多、地域非常广阔、各地的经济水平和人文习惯差距又很大的国家。（4）我国的流通革命恰恰又发生在从传统的文化到传统的体制对流通都是比较排斥或者并不十分重视的国度。古时候，中国就有"无商不奸"等不利于搞活商贸业的传统观念。改革开放前，我国实行计划经济体制和实物的计划分配，形成了"重生产，轻流通"的传统思想观念。受这些落后思想和观念的束缚，目前在我国不少地区、部门还没有完全转变轻商思想，在结构调整中只求速度、政绩，重视发展制造业，轻视发展商贸流通业和商贸流通企业。在中西部地区，有一种观念十分普遍，即认为"上经济就是上工业"。这种"重生产，轻流通"的传统思想极大地阻碍了商贸流通业在结构调整中应有的导向作用。因此，推行流通革命，首先要解决的问题是改变人们的观念和思想认识。

由此可见，我国流通革命的发生具有复杂性、紧迫性、长期性和艰巨性等特征。这就有必要在深入研究流通革命发生的机理及其在我国的表现的基础上，提出具有前瞻性的目标、途径与措施，来推进我国流通领域根本性变革。

（二）我国商贸流通业的结构变化与调整

1. 流通革命中的流通渠道结构

在我国流通革命中，流通渠道结构的变革主要表现在由生产企业控制的流通引导生产模式向流通企业控制的流通引导生产模式演变。在市场经济还未十分发达时期，社会的生产能力有限。因此，生产出来的产品总是能够找到市场。但是，到了市场经济高度发达的买方市场时期，企业的生产已完全听命于市场，按照需求组织生产。按需生产，从生产与流通的关系上来看，就是流通引导生产，即流通主导结构。流通引导生产，实质上就是流通职能引导生产职能。

在现实经济中，流通引导生产实际上有两种模式（见图3—1）。图3—1所示的两种模式在发达国家都普遍存在。2014年，全球企业500强中销售收入排名第一的美国沃尔玛公司是大型流通企业带动众多中小生产企业的代表，而排名第22位的美国通用汽车公司又是大型生产企业带动众多分销机构的这一模式的典范。在我国，由于流通行业相对于生产领域发展的滞后性，使得生产领域通过自建流通渠道的方式销售产品在一些大型生产企业中比较普遍。但是生产与流通毕竟是有分工和专业化的，因此，生产企业自建销售渠道的扩张态势不可能一直持续下去。随着新兴专业经销商的出现以及生产企业经营观念的转变，目前在我国已经出现生产企业逐步淡出自行销售环节的趋势。

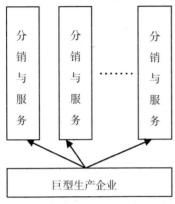

a. 生产企业控制流通引导生产模式

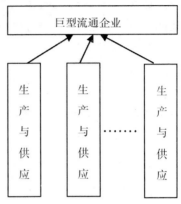

b. 流通企业控制流通引导生产模式

图 3—1 流通引导生产模式

2. 流通革命中的市场空间结构

流通革命中市场空间结构的变化和城市化的发展有关。随着我国城市化发展以及农村新型城镇化进程推进，将会诱使我国城市市场和商业网点布局发生变化。随着城市面积的迅速扩大，城市人口的高速增长，消费需求的多样化，居民生活节奏的加快，加之城市商业中心辐射半径的限制，使得原有单一的商业中心难以支撑城市的发展，城市中其他具有一定区位优势的区域和边缘地区（如城乡接合部）将成为都市商业新的增长点。商业中心多极化、区域化成为必然。

3. 流通革命中的市场竞争结构

过度分散的市场竞争结构是我国流通业长期存在的问题。它不仅导致了流通企业难以获得规模经济效益，而且容易导致流通企业间的恶性价格竞争。所以，在我国流通革命中，提高商贸流通业的产业集中度和商贸企业的规模经营主要不是靠发展大型、特大型商店，而是通过连锁经营的方式将中心商业区、辅助商业区、居民商业区的三个层次的商店实行科学的分工与协调，从而达到组织化、规模化的效果。

4. 流通革命中的经营业态结构

流通革命在很多情况下都被人们视为零售革命，这说明零售业在流通革命中具有极其重要的意义。相比于国外的零售业态变革，我国目前正处于百货业向超级市场变革的时期，以百货商店为代表的传统业态正受到以超市为代表的新兴业态零售店和网上零售为代表的无店铺零售店商的全面挑战。同时，由于国外零售业态的不断变化，新的零售业态不断出现并登陆中国，我国的零售业态变革不可能完全按照国外发展的轨迹，而很可能是各种新、旧业态同时并存、相互竞争的格局。

5. 流通革命中的流通技术结构

长期以来，我们一直将流通行业视为"劳动密集型"行业，忽视在流通企业中运用新技术，在一定程度上影响了流通企业的效率和效益。随着通信、网络、计算机、运输、仓储、自动化技术的发展，流通行业正显示出"技术密集型"的特征。

二　中国商贸业发展现状及特点

（一）中国商贸业发展的总体概况

拥有 13 亿人口的、约占世界 1/5 人口的中国在世界商品和产品消费中所占比率日益上升。从表 3—1 可以看出，中国在世界重要商品的消费上已占有举足轻重的地位。这也预示着，伴随着中国商品和产品消费所占世界份额的增加，中国的商贸业将会取得相应的发展。因此，在这种情势下，如何更好地规划、发展商贸业，使之适宜并促进我国经济发展已成为当前迫切需要解决好的问题。

表 3—1　　　　　中国在世界商品和产品消费中所占的比率　　　单位：%

商品和产品名称	1998 年所占比率	2003 年所占比率	商品和产品名称	1998 年所占比率	2003 年所占比率
铝	10.3（1996 年）	18.6	微波炉	7.9	12.1（2002 年）
牛肉	9.8	12.6	石油	5.5	7.7
手机用户	7.5	20.1	猪肉	48.8	50.8

续表

商品和 产品名称	1998 年 所占比率	2003 年 所占比率	商品和 产品名称	1998 年 所占比率	2003 年 所占比率
香烟	30.8	34.8 (2002 年)	家禽	18.6	19.2
煤	27.2	31.0	大米	34.5	32.8
电脑	3.3	6.1 (2002 年)	碳酸饮料	2.9	3.9
铜	10.4	19.7	大豆	14.2	19.6
棉花	22.2	32.7	钢（成品）	16.2	26.9
电力	8.0	10.2 (2002 年)	电视机	23.6	23.2 (2002 年)
鱼	22.1 (1993 年)	32.3 (2001 年)	吸尘器	1.3	1.1 (2002 年)
护发品	3.7 (1999 年)	3.9	洗衣机	10.6	18.0 (2002 年)
冰激凌	14.1	19.1			

资料来源：《参考消息》2004 年 10 月 2 日第 8 版。

（二）中国商贸业发展的现状及特点

加入 WTO 后，我国商贸业格局与规则都发生了重大变化。外资商业资本的涌入、企业与商家的新型关系、多种商业业态的出现都使中国商业界经历着前所未有的振荡，如何找寻商业发展的方向成为一个急迫的问题。据统计，世界商业对经济增长的贡献达到 10%—15%，而我国仅为 8.3%，这表明我国商业发展潜力巨大。[①] 1992 年，我国第一家合资零售企业——第一八佰伴在上海诞生，标志着外资进入我国商业领域正式拉开帷幕。由于商贸业进入门槛低、利润率高，外资蜂拥而入，目前，世界前 50 家最大零售商已有 80%在中国设有合资企业。

————————

① 中国人民大学流通改革研究中心：《我国城市商业规划前瞻》，《人大报刊复印资料·商贸经济》2004 年第 3 期。

1. 我国商贸业呈稳步增长态势

从图3—2和表3—2可知，我国的社会消费品零售总额从1990年开始随着GDP的增长呈稳步增长态势。1990年，我国的社会消费品零售总额仅为7250.3亿元，而2014年增加到262394亿元，增长了36.19倍，年均环比增长16.13%，高于GDP的增长速度。2014年，我国社会消费品零售总额为262394亿元，比上年名义增长12.0%，扣除价格因素后实际增长10.9%，全年全国网上零售额为27898亿元，比上年增长49.7%。按经营单位所在地分，城镇消费品零售额为226368亿元，比上年增长11.8%，乡村消费品零售额为36027亿元，增长12.9%；按消费形态分，餐饮收入27860亿元，比上年增长9.7%；商品零售234534亿元，增长12.2%，其中限额以上单位商品零售124971亿元，增长9.8%。

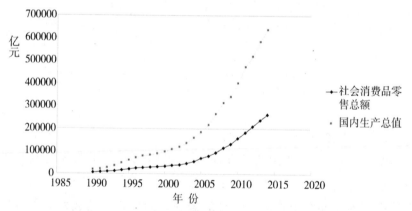

图3—2　我国社会消费品零售总额与GDP变动趋势

资料来源：根据国家统计局《中国统计年鉴（1991—2014年）》及2014年统计公报的数据整理，按当年价格计算。

表3—2　　　　　　1990—2014年我国社会消费品零售总额和
国内生产总值变化情况　　　　　　单位：亿元

年份	全国社会消费品零售额	国内生产总值
1990	7250.3	18667.8

续表

年份	全国社会消费品零售总额	国内生产总值
1991	8245.7	21781.5
1992	9704.8	26923.5
1993	12237	35333.9
1994	16264.7	48197.9
1995	20620	60793.7
1996	24774.1	71176.6
1997	27298.9	78973.0
1998	29152.5	84402.3
1999	31134.7	89677.1
2000	34153	99214.6
2001	37595	109655.2
2002	40910.5	120332.7
2003	45842	135822.8
2004	53950	159878.3
2005	68353	184937.4
2006	79145	216314.4
2007	93572	265810.3
2008	114830	314045.4
2009	132678	340902.8
2010	156698	401512.8
2011	183919	473104.0
2012	210307	518942.1

续表

年份	全国社会消费品零售总额	国内生产总值
2013	237809.9	585336.8
2014	262394	636463

资料来源：根据国家统计局《中国统计年鉴》数据整理，按当年价格计算。

2. 我国商贸业面临外资冲击

如果按照外资行业投入来分析，制造业无疑是最大的跨国公司进入的产业，投资比例在 1999 年为 56.1%，2001 年上升到 65.9%。而批发零售和餐饮业吸纳外资的比例在 1999 年为 2.4%，2001 年上升到 2.5%，总量达 11.69 亿美元。外资零售业的拓展疆域正在从以前的东部地区向东西部地区及纵深发展。比如，沃尔玛从深圳进入中国，之后在华南五城市、大连、沈阳开店 20 家，至 2007 年 1 月 8 日沃尔玛在中国开店 71 家，雇佣员工 3.6 万多人；而至 2015 年 4 月 30 日，沃尔玛在中国 165 个城市开设 412 家门店；计划未来 3 年（2015—2017 年）在中国新增 115 家门店，升级现有门店。对于批发零售和餐饮业投资的项目，2001 年平均项目规模为 113.48 万美元。值得强调的是，外国跨国商业集团进入中国的最终目的不在于从中国零售市场上获得多少市场份额，而在于为了构建它的全球采购网，满足全球市场对中国货物的需求。从 2002 年起，沃尔玛每年有 120 多亿美元的中国商品在分布于世界各地的沃尔玛商场出售，从中国直接采购出口到美国的商品总值超过 40 亿美元。2003 年年初，沃尔玛的全球采购中心也从香港移入深圳。同样，2002 年上半年，家乐福在长沙、昆明、成都三地各获准开办 3 家店。迹象表明外资的进入步伐在加快，并且有了很好的全国空间布局。2014 年，我国服务业吸收外资占比进一步上升到 55.4%，高出制造业 22 个百分点，达 662.3 美元。这种空间布局必将控制"中国制造"的大量企业，我国的第二产业将受制于跨国巨头的销售网。

当然，从国外经验来看，一个国家加入 WTO 后，自己的国内商品市场完全被外商垄断，在大国中还没有出现这样的先例。但我们要警惕商贸业的过度对外开放。具体分析外资商贸业对我国的影响，有以下几个方面。

（1）国内零售商贸企业将会受到较大的冲击。2002 年，在中国投资设店的外资零售企业有家乐福、太平洋百货、好又多、大润发、华润万佳、百盛、百胜、沃尔玛、麦德龙、乐购、易初莲花、麦当劳、普尔斯马特、百佳、伊藤洋华堂、万客隆、百安居、欧尚、欧倍德、宜家、7—11 和吉之岛共 22 家。麦肯锡预言：在未来 3—5 年内，中国零售业 60% 的零售市场将由 3—5 家世界级零售巨头控制，30% 的市场将由国家级零售巨头控制，剩下 10% 的市场零头则掌握在区域性零售巨头手中。从国际经验来看，一个分销领域被外国公司控制的国家，也很难再有民族工业的品牌商品。按照中国加入 WTO 的承诺，从 2004 年 12 月 11 日，我国的商业服务业、仓储和特许经营已全面对外开放。这将给中国民族商业服务业带来巨大的冲击。此外，商贸业中的货运代理将在 2005 年 12 月 11 日全面开放，商贸业中的流通领域将在 2006 年 12 月 11 日全面开放。近年来，随着行业竞争日趋激烈、电商渠道冲击及租金压力，外资零售企业在中国的扩张放缓。据统计，2014 年上半年，中国主要零售企业（不含家居、电器）在国内关闭 158 家门店，远超 2013 年全年的 35 家关店数，其中外资零售企业关店数达 118 家，占 75%。面对现实，法国家乐福、德国麦德龙、大润发等外资零售巨头纷纷新开辟便利店。因此，对我国零售市场的控制应引起有关部门的高度重视。

（2）国内商品批发行业的生存和发展面临危机。国有商业批发企业自 20 世纪 80 年代中期日用工业品市场放开以后，全行业亏损已有多年。随着信息和交通条件的进步，批发企业的商品辐射半径，从理论上讲是无限的。例如，新的电子商务浪潮，将主要在企业对企业（B2B）的领域发挥优势，使得一个大型批发企业的产品可以销往全国，甚至全世界。因此，外商只要在国内设立少数规模宏大的批发企业，就可以充分利用规模效益取得竞争优势。此外，我国已允许外商投资生产企业建立法人销售机构，在国内批发其产品，提供相关的售后服务。今后，必然会有一些外资生产企业自行从事建立批发和售后服务机构，因而将从现有的国内批发企业中再夺走部分市场，加剧批发企业的困难。

（3）国内商业对外开放将深刻影响我国制造业。外商重视在中国建立通畅、便利和发达的分销渠道，从而真正在中国市场上占有一席之地。在当前的商品市场竞争中，外商的规模经营的优势显而易见，外资企业的巨额订单、大规模采购，有促进中国产业结构调整的近期作用，但也存在凭借其流通业优势和定价优势向制造业终端，乃至向中上游产业链实施纵深控制的战略考虑。

3. 我国商贸业存在的几个主要问题

（1）大型店铺盲目发展。近年来，我国大型综合超市进入快速发展时期，但一些新店在选址上过于集中，出现了抢占地盘、竞相开店、恶性竞争、结构比例失调、业态功能雷同等问题。大型店铺盲目发展带来的问题表现为：第一，大型零售店铺几乎经营所有的生活用品，比如大型综合超市，对周边的中小零售企业的市场份额产生了致命的冲击和蚕食。第二，大型连锁店铺的跨国化，对我国的民族商业也造成了一定程度的挤压。第三，大型店铺如果自由设置，将改变原来城市比较合理的空间结构和原有的人文景观，造成某些交通、环境等方面的问题。

（2）商业网点设置不合理。据调查，我国千人平均拥有批发零售网点已达 15 个左右，高于不少发达国家。由于竞争激烈，我国零售业的平均利润率不断下降，高档百货店的利润率甚至低于国外的连锁超市。但在这种情况下，有些地区仍然盲目发展包括商业街、大型购物中心在内的商业设施。

（3）商业规划法规建设滞后。到目前为止，我国还没有规范商业设施的经营、对商业设施进行合理规划的完整的商业法律。

（4）组织化程度极差，规模效益低下。美国商业的连锁程度在50%以上，不仅是超市和大型百货店基本上实行连锁，就是专业店、旅店、餐馆及主要生活服务业等也大量实行连锁。而我国连锁经营占社会消费品零售额的比重不到5%。单打独斗的大店和小本经营的小店都是散兵游勇，商业资金周转慢、费用高、利润低成了普遍顽疾。流通业对国民经济的贡献率不足 12%，而发达国家早在 20 世纪 90 年代中期就已经达到 15% 以上。《中国采购发展报告（2014 年）》显示，2013 年我国社会物流总费用达 10.2 万亿元，占 GDP 比重为 18.0%，是美国 8.5% 的 2 倍有余，物流成本明显偏高，我国物流引用占 GDP 的比重不仅高于美国、日本、德国等经济发达国家，而且跟经济发展水平基本相当的金砖国家相比也偏高，如印度为 13.0%、巴西为 11.6%。报告指出，在发达国家，物流成本平均占成品最终成本的 10%—15%，在发展中国家占成品成本的 15%—25% 甚至更高，而对中国的制造商而言，物流成本可高达生产成本的 30%—40%。

三　中国商贸业发展趋势

（一）我国商贸业发展面临的宏观经济形势

1. 我国初步进入中等收入国家，商贸业面临黄金发展期和矛盾凸显期

国家信息中心发展研究部主任徐宏源在 2004 年年底杭州召开的"首届中国长三角城市商业发展高层论坛"上认为：随着我国全面开放零售业市场，外资零售企业在我国大陆地区开店的地域、股权和数量等方面不再受到限制，我国的商贸服务业将迎来全面竞争的时代。面对外资商贸服务业的大举进入，我国的商贸服务业将进入改革开放以来第一次真正意义上的战略购并时期，我国的商贸服务企业将掀起新一轮大规模的战略兼并重组高潮①。商贸业面临前所未有的发展机遇，2003 年我国已经突破了人均 GDP 1000 美元大关，而人均 GDP 1000—3000 美元意味着我们正迎来一个高速发展的阶段。2014 年，我国人均 GDP 达 7485 美元，我国消费市场进入高级需用消费品发展阶段，主要消费品从计算机、摄像机等向汽车、旅游和房产投资等转变。这是一个消费升级时代的黄金时期，同时也是一个矛盾集中的时段，中国只有突破中等收入陷阱，也能

---

① 徐宏源：《商业发展新形势　长三角迎来新机遇》，2004 年 9 月 9 日（http://www.commerce.sh.cn/）。

为未来商贸业繁荣发展创造良好的发展环境。

2. 我国当前经济发展呈现的五大特征

我国当前经济发展呈现以下五大特征：（1）城市化进入加快推进时期。目前，城市消费品零售总额和农村消费品零售总额之比为3：2，且城镇消费品零售总额比重将继续保持每年1个百分点的增长。（2）居民消费结构升级。目前居民消费结构正由吃穿用向住和行转换，恩格尔系数不断降低，城市居民在这个方面的比重已经降到35%，同时个性化的消费需求得到了进一步的强化。（3）工业信息化进程加快。以信息化带动工业化，走新型工业化道路，促进产业升级。（4）市场化的进程加快。民营商贸业的比重在逐步提升，在开放的情势下，市场化的进展进一步加快。（5）国际化进程的加快。近年来外资大举进入我国商贸流通行业，2013年我国百强零售企业销售总额中外资零售企业占比达16.0%。国际化常常和市场化交织在一起，国外商品直接进入中国国内市场和内外贸一体化是国际化进程加快的一个直接结果。

（二）我国商贸服务业的发展将呈现五种发展趋势

今后几年，我国商贸服务业发展将呈现以下五种发展趋势：（1）总量继续保持快速增长的基本态势。（2）中国的商贸服务企业将进入战略购并期。这是改革开放以来真正意义上的战略购并重组。除了国家确定的20家企业集团，中小企业之间出现的自由连锁，也是一种并购的方式，这波浪潮将持续3—5年。（3）竞争将更加激励，特别是高端的竞争。外资进入中国对中国市场的了解更为深入，以会员制为方式吸纳高端消费，提供个性化服务，赢得高端市场的利润，这个层面的竞争将更为激烈。但内资商业在二线城市、农村市场还是有相当的机会。将来，内外并购的趋势会更加明显。因此，网点的布局一定要做从战略的高度来抓，要抢占网点，扩充网点数。（4）企业服务质量、特色服务是决定企业发展的重要条件。其中包括免费停车、POS机、结算的透明化、人性化等，一系列的细节将决定成败。（5）集中度逐步提高。3—5年后，中国有可能出现份额占2%—3%的企业集团。

第四节　中国商贸中心发展特点及趋势

21 世纪，中国面临着在迈向多极化全球经济政治体系中占有举足轻重地位的重大机遇。能否瞄准 21 世纪世界经济发展的制高点，着力培育和提升我国各经济中心城市的综合竞争能力和区域辐射当量，已成为决定这场全球性角逐胜败的关键之一。创建中国特色的商贸中心的战略构思正是在这样的时代背景之下被提出的。

一　中国商贸中心空间分布情况

中国的商贸中心在空间分布上，主要集中于东部和沿海地区，而中西部则相对较少。

（一）国际级商贸中心

在我国，称得上国际商贸中心的只有香港，而上海可在未来二三十年间发展成为国际商贸中心城市。

1. 香港商贸中心

香港是我国通向世界各地的南大门，地处亚太地区海空交通要冲，包括香港岛、九龙和"新界"，面积为 1104 平方公里、人口为 715.5 万人（2012 年），生产总值为 2633 亿美元（2012 年）。从 1841 年被辟为自由港到 21 世纪初，香港从一个单纯的转口商埠跃升为当代著名的国际商贸中心，香港的对外贸易发展也经历了转口贸易型、转口贸易向加工贸易型的转变及转口加工贸易型的迅速扩张等阶段。从 20 世纪 70 年代开始，位于香港的中环 CBD 开始起步。在这一过程中，"内地因素"作为香港经贸发展的重要依托和有利条件，对其贸易中心地位的形成和发展起到了关键性的支持和推动作用。该 CBD 集中了大量的金融、保险、地产及现代中介服务机构，成为香港商贸中心心脏和亚太地区著名的国际商务中心之一。截至 2014 年 12 月，香港中环 CBD 有摩根大通、渣打、汇丰、中银等 161 家金融机构。随着港珠澳大桥在 2017 年建成，将进一步促进香港、澳门、珠海及珠江三角洲西岸地区经济一体化进程，拓宽香港经济腹地，进一步提升香港国际商贸中心实力和国际地位。

2. 上海商贸中心

上海是当代中国最大的国际经济中心城市，处于长江的入海口，中国海岸线的东部，有着得天独厚的区位优势。200 多年前，上海还只是一个东海之滨的小渔村，是所谓的"上海滩"。自 1843 年正式开埠、1927 年正式设市，至 20 世纪 40 年代上海一跃成为举世闻名的远东第一大城市，并在 2014 年发展成为拥有 2425.68 万人口和 23560.94 亿元地区生产总值的特大型国际化城市，成为我国的国际金融、保险、证券营运中心、商贸中心，最大的商品进出口和服务贸易枢纽，同时成为世界上年吞吐量逾亿吨的十大港口之一。历史上，正是气势磅礴的万里长江在与大海交融中哺育了上海，使之成为中国近现代文明的发祥地，并一度成为远东的金融、商贸、航运中心；而今，作为长江经济带龙头，决定了上海在 21 世纪中国改革开放和现代化建设总格局中的特定地位。

（二）国家级商贸中心

我国的国家商贸中心有北京市、广州市。北京是我国的政治、经济、文化和交通中心，同时也是我国的国家商贸中心。2012 年，北京地区生产总值为 17879.4 亿元，其中，第三产业增加值为 13669.93 亿元；批发零售业增加值为 2229.77 亿元，占地区总产值的 12.47%；实现社会消费品零售额 7702.8 亿元；限额以上零售企业 2726 个，实现商品销售额 69909.9 亿元；连锁商业门店数达 6810 个，实现零售额 2421 亿元，亿元以上商品交易市场 143 个。2014 年，北京地区生产总值为 21330.8 亿元，其中，第三产业增加值为 16626.3 亿元；全年实现社会消费品零售总额 9098.1 亿元，限额以上批发和零售企业实现网上零售额 1456.9 亿元。以上数字表明，北京在经济总量规模、商贸业发展水平上基本达到国家商贸中心的要求。此外，北京市还新建了北京朝阳 CBD。该 CBD 的核心区位于建国门外大街与东三环交会处，其范围西起东三环中路，东至针织路，南临建国路，北依光华路，占地约 30 公顷。世界 500 强中已有 156 家进驻北京，其中 2/3 在 CBD 地区。广州，简称穗，别称羊城、花城，广东省省会，地处中国南部、广东省中南部、珠江三角洲中北部，隔海与香港、澳门相望，是海上丝绸之路的起点之一，中国的"南大门"，是珠三角都市圈的核心城市。2014年，广州实现地区生产总值16706.87亿元，居中国城市第三位，其中，第三产业增加值10862.94亿元，占地区生产总值的65.02%；实现社会消费品零售总额7697.85亿元，批发零售业商品销售总额48701.54亿元；完成商品进出口总额1306亿美元。"中国进出口商品交易会"（即广交会）与世界200多个国家和地区都建立了经贸联系。这些数字表明广州在经济规模、商贸业发展水平上基本达到国家级商贸中心的要求。广州的中央商务区为天河CBD。天河CBD包括天河北、珠江新城、广州国际金融城三大板块，已建成面积达12平方公里。天河CBD共有各类金融机构总部及代表处136家，占广州金融机构总数的70%。截至2014年年底，天河CBD共有总部企业76家和136家世界500强公司的176家项目公司进驻。天河CBD已发展成为中国第三大国家级中央商务区。目前，广州正朝着建成为南中国的国家级商贸中心目标迈进。

（三）地区级商贸中心

我们可以按我国的八大经济区的划分方法来分别确定其地区级中心城市和商贸中心。

（1）东北地区。东北地区的范围包括辽宁、吉林、黑龙江三省。按规划该经济区的中心城市是沈阳市。但是，考虑到大连市优越港口城市条件和经济社会发展水平，故我们将我国东北地区的地区级商贸中心定为沈阳市和大连市。

（2）北部沿海地区。北部沿海地区的范围考虑到包括北京、天津、河北、山东二市两省。其中心城市为北京（与天津比较后，中心城市放在北京更为适合）。考虑到北京市已是国家级商贸中心，可将北部沿海地区的地区级商贸中心定为天津市和青岛市。

（3）东部沿海地区。东部沿海地区的范围包括上海、江苏、浙江一市两省。该经济区的中心城市为上海。考虑到上海市已作为国际级商贸中心，该经济区的地区级商贸中心可定为南京市和杭州市。

（4）南部沿海地区。南部沿海地区的范围包括福建、广东、海南三省。该经济区的中心城市为广州（深圳是新兴城市，暂时无法取代广州的地位）。考虑到广州已是国家级商贸中心，故可将该经济区的地区级商贸中心定为厦门市和深圳市。

（5）黄河中游地区。黄河中游地区的范围包括陕西、山西、河南、内蒙古三省一区。该经济区的中心城市为西安。故该经济区的地区级商贸中心可定为西安市和郑州市。

（6）长江中游地区。长江中游地区的范围包括湖北、湖南、江西、安徽四省。该经济区的中心城市是武汉。因此，该经济区的地区级商贸中心定为武汉市。

（7）西南地区。西南地区的范围包括云南、贵州、四川、重庆、广西三省一市一区。该经济区的中心城市为重庆（从整个西南地区来看，重庆比成都更具备中心城市特性）。故在西南地区商贸中心体系中，一级商贸中心可定为重庆市中心区和成都，二级商贸中心可定为昆明市、贵阳市和南宁市。

（8）大西北地区。大西北地区的范围包括甘肃、青海、宁夏、西藏、新疆两省三区。该经济区的中心城市为兰州。因此，该经济区的地区级商贸中心应定在兰州市。

二　中国商贸中心发展特点

（一）中国的商贸中心分布呈现东部沿海地区多、中部和西部偏少的格局

目前，我国已经或正在规划建设的商贸中心中，东部沿海地区有上海、北京、天津、大连、青岛、南京、杭州、福州、厦门、深圳、广州、宁波、温州、苏州、东莞等；中部地区有郑州、武汉、长沙等；西部地区有重庆、成都、昆明、南宁、贵阳、西安、兰州、乌鲁木齐等。商贸中心分布格局同中国的经济发展格局是相适应的。但是，占国土60%以上的西部地区没有布局相应数量的商贸中心，是不利于西部大开发和我国东西部地区经济发展差距的缩小的。构建"中国西部商贸中心体系"，对于西部地区打破行政区划界限，实现"行政区商贸"向"经济区商贸"转变，进而推动西部

地区商贸业、经济社会的快速、协同发展具有重要的现实意义。当然，西部商贸中心的建设应和区域市场一体化的目标相一致，通过将分割的市场融合统一，塑造商贸中心功能，促进西部区域共同市场的建立。

（二）中国目前出现 CBD 建设过热态势

全世界的 CBD 屈指可数。但在中国，北京朝阳、上海南京路、广州天河、杭州武林、重庆解放碑……40 多个城市正在建设或策划建设 CBD。这 40 多个城市中，除了四个直辖市外，还有省会城市武汉、成都、杭州、南京、福州、济南、郑州；沿海城市深圳、厦门、大连等；地方中等城市襄樊、淮南、温州、苏州、无锡、佛山、东莞等。这个发自 20 世纪 20 年代的概念在 20 世纪 80 年代进入中国后，迅速成为众多中国城市热捧的一个新概念，建设 CBD 与建设城市核心竞争力几乎画上等号，CBD 现象热及大江南北。CBD 正在成为中国的一个现代迷信，从商业角度来看，它几乎成了聚宝盆的现代代名词；而从实践来看，中国某些城市的 CBD 定位和建设显然偏离了其原创定义和意义。①

目前，我国大陆具有代表性的已建或拟建的 13 个区域 CBD 分别是东部沿海地区 7 个（上海陆家嘴、北京朝阳、天津河西、广州珠江新城—南沙、深圳罗湖—福田、厦门簋当、大连中山），中部地区仅有武汉王家墩，西部地区 5 个（西安钟楼、重庆渝中、成都骡马市—顺城街、昆明五华—盘龙、乌鲁木齐天山中心）。在我国 CBD 分布格局中，从数量、规模和竞争力上来看，东部沿海地区与我国中西部地区相比都具有绝对优势。

我国城市 CBD 建设和定位上普遍存在两个误区：（1）CBD 建设就是房地产开发。② 不少城市认为，商业和房地产的简单叠加就构成了 CBD。其实，CBD 的灵魂是人气，而不是高楼。（2）建成后的 CBD 可以立刻发挥集聚效应。很多地方政府以为 CBD 大楼建

① 鲁姣：《挤出 CBD 泡沫，一个国际性城市不可缺坐标》，《中国经济周刊》2005 年 6 月 27 日。
② 蔡玉高：《CBD 正在成为中国城市争相上马的"形象工程"》，《经济参考报》2005 年 6 月 20 日。

成后，产业繁荣就可乐观其成。殊不知，任何 CBD 由"开埠"到兴盛都有一个 3 年到 5 年的市场培育期，这期间伴随着风险累积和成本流失。

据建设部对"CBD 泡沫"的调查显示，国内具备发展 CBD 条件的城市只有 13 个。然而，目前国内有 40 多个在研究建设 CBD 的城市，其中 4 个城市人口不足 20 万人；不少城市年财政收入低于 10 亿元。按照 CBD 建设的平均投入 100 亿元为标准，有些城市要不吃不喝 10—25 年才能填上这个空缺。因此，我国行政当局应加强 CBD 建设统一规划，严格控制不具备条件的城市建设 CBD。

三　中国商贸中心发展趋势

（一）中国商贸中心 CBD 建设由沿海向内陆拓展

CBD 是在商贸中心发展到一定阶段后产生的。CBD 产生主要基于商贸中心城市经济发展，是在第三产业发展成为国民经济的支撑产业之后才发展起来的。当我国城市经济发展到一定程度，东部沿海地区天津、上海等，内在的需求加上政府引导促成了 CBD 兴起。

经过 10 年发展，我国初步形成的 CBD 是北京朝阳和上海陆家嘴。就是目前发展最好的上海陆家嘴，与国外相比还存在不小差距。如以体现 CBD 核心功能的重要指标——区域金融贸易量增加值为例，上海陆家嘴分别相当于纽约曼哈顿的1/20，东京新宿的1/9，伦敦金融城的1/6，新加坡"大坡—水仙门"的1/3。由于经济快速发展和政府的大力投资，在经过 2008 年奥运会的刺激之后，北京的 CBD 才由目前的地区性 CBD 向国际性 CBD 发展。上海由于有良好的商业基础和经济中心地位及市政府的引导支持，陆家嘴 CBD 已发展成为我国较为成熟的 CBD，经过"中国 2010 年上海世界博览会"之后，上海的 CBD 已发展成为国际性 CBD。在中国发展 CBD 第二阶梯的城市主要是东部沿海地区的广州、天津、深圳、杭州、南京、大连等外向型发展较快的城市。伴随着东部沿海地区 CBD 的发展，我国的中西部地区的武汉、重庆、成都、西安、昆明、贵阳和乌鲁木齐等也开始了 CBD 建设。由此，形成了我国商贸中心 CBD 建设的由东部沿海地区逐步向内陆的中西部地区推进的发展态势。

（二）中国商贸中心 CBD 向 E-CBD 发展转变

21 世纪，世界各国争夺科技制高点与发展主导权的竞争更趋激烈。充分发挥自身优势、实现从 CBD 向 E-CBD（电子化中央商务区）的发展转变，是中国在这场全球性竞争中具有决定性意义的战略举措。

APEC 盛会在上海召开、正式加入 WTO、北京举办了 2008 年奥运会、上海举办了 2010 年的世界博览会，都充分体现了 21 世纪新格局对我国商贸经济发展所寄予的厚望。这些有利条件为我国实现从传统 CBD 向 E-CBD 发展转变造就了得天独厚的后发优势。为此，我国当前应在按 WTO 规则办事的同时，依托商品与服务市场的巨大容量及增长潜力，积极参与 21 世纪国际贸易新规则的制定，创造良好的外部环境，推进我国商贸中心建设和商贸业发展。

作为建设 CBD 的一个后发国家，我国在 CBD 的建设上应充分发挥"后发优势"。为此，我国可以在传统的 CBD 向 E-CBD 嬗变的关头，一步到位地构筑起我国的 E-CBD 体系。在 E-CBD 建设中，我国的"后发优势"表现为：（1）市场优势。21 世纪初，我国已名列全球十大"新兴市场"之首，这是我国创建 E-CBD 最为基础的优势，为我国的 E-CBD 建设提供了广阔的市场腹地。（2）洲际区位优势。洲际区位是指某一特定的国际商贸中心在全球全天候交易网络中所处的地理区位。我国的东部的主要经济中心城市，均处在与纽约和伦敦两个洲际金融贸易板块的延伸接合地带之内。独特的空间位置，使得北京、上海、香港、深圳的 CBD 在营业开业时能与纽约金融中心承接，白天能与亚洲的金融中心交易，结束时又能与伦敦衔接，形成昼夜不停的"全天候"营运优势。

除以上后发优势外，我国建设 E-CBD 的"后发优势"还有技术支撑优势和国家战略优势。通过对潜在的市场空间、洲际区位、信息技术支撑和国家战略导向等有利条件进行有效整合和充分发挥，我国就能在 21 世纪中将商贸中心和 E-CBD 建设的"后发优势"转化为"先发优势"，创建世界一流的商贸中心和 E-CBD。

第四章

构建西南地区商贸中心体系的目标模式与可行性分析

西南地区商贸中心体系的构建需要围绕相应的目标和模式来开展。同时，一个地区中心城市只有具备相关的自然地理条件和社会经济条件才能规划建设区域商贸中心。西南地区商贸中心体系可行性分析涉及西南地区商贸中心发展的社会经济背景条件和现状、构建西南地区商贸中心的意义、优势和制约因素及收入因素对西南地区消费需求和商贸中心的影响等内容。

第一节　构建西南地区商贸中心体系的目标模式

一　构建西南地区商贸中心体系的目标——实现西南地区商贸经济协同发展

西南地区商贸中心①建设是西南地区在商贸业发展上进行的区域分工与合作，建设结构合理、相互依存、相互促进、功能强大的地区性商贸中心体系。建设西南地区商贸中心就是在西南地区五省市区统一构建商贸中心、商贸网点布局和确定各地商贸产业发展方向与重点，充分发挥各自的比较优势，提高区域商贸资源的配置效率，推动西南地区商贸产业和商贸经济的发展。经济区域是一个对立统一的复杂系统，系统的外加和原理表明，只有合理有效的分工，

---

① 西南地区商贸中心是西南地区商贸中心体系的简称，是由多个一级、二级和三级商贸中心所组成的复合中心体和商贸中心体系。

平等双赢合作才能有"1+1>2"的系统功能发挥。和谐的区域分工需要更好地发挥"两只手——市场调节和宏观调控"的功能。市场经济是竞争经济，竞争按其发展过程有三种形态：竞斗、竞争与竞合。竞合是市场经济发展的高级完善形态，是区域经济分工与合作的目标。因此，西南地区在商贸中心的构建和发展目标是实现西南地区商贸经济协同发展和竞合多赢，达到"1+1+1+1+1>5"的整合效果，实现西南地区经济协同发展。通过区域经济协同发展，促进"行政区经济"向"经济区经济"转变，获取区域发展的规模经济效益，从而达到缩小西南地区与东部沿海地区经济差距和实现西南地区经济协调发展的战略目标。

二　构建西南地区商贸中心体系的模式

西南地区商贸中心体系模式为一种商贸中心网络体系，即是指通过选择西南地区的一级、二级、三级商贸中心为大节点，以联系这些节点的铁路、公路、河运通道为干线及这些干线上的中小商贸城市和商贸城镇为小节点，按照"点轴"开发理论的要求构成大、中、小商贸节点结合、空间结构合理、功能完备的由点线结合交织而成的商贸中心网络体系。西南地区商贸中心体系中的一级商贸中心（主商贸中心）有重庆市中心区和成都；二级商贸中心（副商贸中心）有昆明、贵阳和南宁；三级商贸中心（辅商贸中心）有重庆市的万州、黔江、涪陵、江津、合川、永川、綦江、长寿和开县，四川省的自贡、内江、泸州、宜宾、南充、攀枝花、德阳、绵阳、乐山、眉山、广安、广元、雅安、遂宁、资阳、西昌、达州和巴中，云南省的大理、曲靖、昭通、玉溪、个旧、思茅、景洪、保山、楚雄、临沧、瑞丽和文山，贵州省的遵义、毕节、都匀、兴义、安顺、六盘水、凯里和铜仁，广西壮族自治区的柳州、桂林、来宾、北海、防城港、钦州、梧州、玉林、贵港、河池、贺州、崇左和百色。西南地区商贸中心的模式结构具体见本书的第六章。

第二节 西南地区商贸中心体系发展的 区域自然资源分析

一 国土资源和区位

西南地区包括四川省、云南省、贵州省、重庆市和广西壮族自治区三省一市一区,位于我国西南部,地跨东经 97°22′—110°08′之间,北纬 20°54′—34°20′之间,东与我国的长江中下游地区、华南地区相邻并在广西的北部湾地区临南海,西与我国的青藏高原地区接壤,南与越南、老挝和缅甸等国相邻,北与秦岭和黄土高原地区接壤。由于大部分地区处于我国自然地理的二级台阶上,因而地形地貌复杂多变。土地构成以山地为主,土地类型多样,土壤肥力较高。这些特征使得西南地区土特产品繁多,有利于农业的特色经营、多种经营和农林牧渔综合发展。同时,由于农业特色产品繁多,有利于该地区农产品贸易的发展。

根据国土资源部 2008 年统计数据,西南地区的耕地面积为 2295.82 万公顷,占全国耕地面积的 18.86%。2008 年,云、贵、川、渝、桂的人均耕地面积分别为:0.134 公顷、0.125 公顷、0.073 公顷、0.079 公顷和 0.088 公顷,为全国平均数的 146.21%、136.39%、79.65%、86.2% 和 70.2%。由此可见,西南地区耕地资源对农业发展的制约,在农业结构调整中必须运用以“劳动力换土地”的策略,发展劳动密集型农产品的生产。这也同时表明,为解决农业人口过多的问题,西南地区应大力发展以商贸业为主的第三产业,创造出更多的就业岗位来容纳从第一产业转移出来的剩余劳动力。

二 水能资源和水运资源

西南地区水系属长江、珠江及澜沧江、怒江等水系,水能资源极为丰富。水能资源理论蕴藏量为 2.9433 亿千瓦,占全国的 43.66%;可开发的水能资源量为 1.9251 亿千瓦,占全国的 55.77%。四川、重庆水能资源理论蕴藏量占全国的 25%,水能资源可开发量居全国第一位。四川在"八五""九五"期间，建成了二滩电站、装机180万千瓦的官地、装机1440万千瓦的溪洛渡和330万千瓦的瀑布沟、600万千瓦的锦屏等水电站项目将陆续启动。云南水能资源居全国第三位。贵州水能资源理论蕴藏量居全国第六位。广西水能资源理论蕴藏量达2133万千瓦，可开发装机容量1751万千瓦。

西南地区水能资源理论蕴藏量和可供开发的数量巨大，分布相对集中，为满足西南地区经济发展和人民生活对电力的需求，以及为"西电东输"奠定了良好的自然物质基础。西南地区的河流除了有丰富的水能资源外，还有灌溉和航运之利。特别是长江上游水系，将四川、重庆125个县市连通在一起，将四川盆地内部和滇东北、黔北与长江中下游地区及海外联系起来，为西南地区商贸业的发展提供了重要的商品物资运输通道。而广西除了通过珠江水系水运航道与粤、港、澳相连外，还濒临北部湾。

三　旅游资源

截至2012年年底，西南地区云、贵、川、渝、桂的国家级风景名胜区分别为12处、18处、14处、7处和3处，共54处，占全国（225处）的24%。据不完全统计，目前已开发的较著名的旅游风景地点，西南就有上百处，占全国的20%以上。丰富的旅游资源为西南地区旅游业发展提供了广阔的空间，促进了西南地区旅游业的发展。通过旅游业发展，又带动了西南地区商贸业的发展。

（一）巴蜀风光

川渝旅游资源丰富多彩。巴蜀历史悠久，历代文人名士荟萃，李白、苏轼等都诞生或成长于四川，杜甫长居成都，现代名人邓小平、郭沫若、朱德、陈毅等都诞生于四川。三国时，蜀国鼎据于此，留下众多的名胜古迹。川渝著名的国家风景名胜区有峨眉山、长江三峡、九寨沟—黄龙、青城山—都江堰、剑门蜀道、贡嘎山、蜀南竹海、邛海—螺髻山、缙云山、金佛山、四面山和天坑地缝等。

（二）黔岭奇观

贵州旅游资源相当丰富，高山急流、瀑布飞泉和溶洞暗流遍布全省。黄果树大瀑布是全国重点风景名胜区之一。贵州的主要风景区还有黔灵公园、息烽温泉、遵义会议遗址、九龙洞、青龙洞、咸宁草海和梵净山等。贵州省历史悠久，有许多各具特色的少数民族风土人情。

（三）旅游胜地——云南

云南省是我国著名的旅游胜地，名胜古迹众多，地理气候资源独特，亚热带风光瑰丽，民族风情浓郁。在全国44处重点风景名胜区中，云南拥有路南石林、大理和西双版纳风景名胜3处。路南石林号称"天下第一奇观"；大理风景名胜区历史悠久，民族习俗古朴浓郁；西双版纳是傣族同胞聚居地，热带原始森林，野生动物众多，有"天然动物园"之称。此外，还有昆明、丽江风景区等。

（四）广西的旅游资源

广西是全国著名的旅游资源大省之一，旅游资源数量众多、知名度高。目前，全区共有风景名胜区、点共400余处。其中广西有桂林漓江、桂平西山、宁明花山、北海银滩等国家级风景名胜区和旅游度假区共4个。此外，还有诸如崇左石景林、凭祥友谊关、武鸣灵水、兴安灵渠、桂平金田、乐业天坑群及凭祥、东兴边贸旅游区等旅游景区。

西南地区自然资源种类齐全，数量巨大。既有肥沃的土地资源、优越的气候条件、丰富的生物资源，且组合较好，为发展农业生产和现代基因工程提供了良好的自然基础；又有丰富的能源、矿产资源，为发展现代工业提供了有利条件。同时，丰富的旅游资源是西南地区发展旅游业的有利条件，而以重庆为枢纽的长江上游内河航运网把西南地区同长江中下游紧密联系起来。由于历史、社会、文化和区位等方面的原因，西南地区是一个经济欠发达地区。因此，用"沉睡的资源，富饶的贫困"来描述西南是适当的。[①]

---

① 赖景生：《入世与西部大开发下西南地区农业结构调整优化问题研究》，中国农业出版社2005年版。

第三节 西南地区商贸中心体系发展的
社会经济背景条件分析

一 西南地区的社会经济概况

(一) 西南地区社会概况

2012 年年底，西南地区五省市区共辖 545 个县（县级市、区），占全国总数的 19.11%；共 9798 个乡镇（含街道办事处），占全国总数的 24.22%。西南地区各省市区的行政区划如表 4—1 所示。

表 4—1 西南地区五省市区的行政区划数 单位：个

省级区划名称	地级		县级			乡镇级		
	区划数	地级市	区划数	县级市	市辖区	区划数	街道办事处	镇
全国	333	285	2852	368	860	40446	7282	19881
广西壮族自治区	14	14	109	7	34	1243	117	715
重庆市	—	—	38	—	19	1012	188	604
四川省	21	18	181	14	45	4660	280	1831
贵州省	9	6	88	7	13	1518	79	729
云南省	16	8	129	11	13	1365	122	659

资料来源：国家统计局：《中国统计年鉴（2013 年）》，中国统计出版社 2013 年版。

2012 年，西南地区五省市区有 238466 人，占全国人口的 17.61%，平均人口密度为 165 人/平方公里，比全国平均人口密度 141 人/平方公里高出 17.02%，是我国人口相对稠密的地区之一。据 2010 年中国第六次人口普查的资料，西南地区有 30 多个少数民族，人口为 5184.0534 万人，占总人口数的 21.46%，是我国少数民族分布最集中和人数最多的地区。2012 年，西南地区五省市区的社会概况为：（1）重庆市的社会概况。2012 年年末，重庆常住人口为 2945 万人，其中城镇人口为 1678.11 万人，城镇化率 56.98%，城镇居民家庭和农村居民家庭的恩格尔系数分别为 41.5%和 44.2%。（2）四川省的社会概况。2012 年年末，四川省总人口为 8076.2 万人，全省城镇化率 43.53%。城镇居民家庭和农村居民家庭的恩格尔系数分别为 40.4%和 46.8%。（3）贵州省的社会概况。2012 年年末，全省总人口达到 3484 万人。（4）云南的社会概况。2012 年年末，全省总人口为 4659 万人。城镇居民家庭和农村居民家庭的恩格尔系数分别为 39.4%和 45.6%。（5）广西的社会概况。2012 年年末，全区总人口 4682 万人，城市居民家庭和农村居民家庭的恩格尔系数分别为 39.0%和 42.8%。

（二）西南地区经济概况

1. 国内生产总值有了较大的增长

西南地区五省市区的国内生产总值从 1991 年的 2714.86 亿元，增长到 2012 年的 65479.17 亿元，名义增长了 24.12 倍，年平均名义增长率为 16.37%。

2. 产业结构得到了优化升级

西蒙·库兹涅茨曾以农业与非农业之间相对国民收入差异的倍数表征二元结构的强度，即产业的 GNP 相对比重与其劳动力的相对比重之间的比值。据库兹涅茨的研究，中国之外的发展中国家二元结构强度最大值为 4.09，而据有关专家估计西部地区的二元结构强度高达 7.52，说明西部地区是典型的二元经济结构。作为经济欠发达的西部地区重要组成部分的西南地区亦呈典型的二元经济结构。①

西南五省市区三次产业构成见表 4—2。由表 4—2 可知，1980—2013 年，西南五省市区产业结构得到升级优化，第二、第三产业迅速发展，特别是第三产业所占比重大幅提升，2013 年与 1980 年相比，全国、云南、贵州、四川、重庆和广西的第三产业所

_____

① 赖景生：《入世与西部大开发下西南地区农业结构调整优化问题研究》，中国农业出版社 2005 年版。

占比重分别上升了24.5个百分点、24.71个百分点、27.67个百分点、14.69个百分点、24.3个百分点和12.7个百分点。从总体来说，从1980—2013年，全国和重庆的产业结构经历了从"二、一、三"结构到"三、二、一"结构的演进过程，到2013年全国的产业结构转变为"三、二、一"结构，而重庆仍还处在这个过程之中。1980—2013年，云南、四川和广西的产业结构经历了从"一、二、三"结构到"二、三、一"结构的演进过程。值得强调的是广西在2003—2005年的产业结构为"三、二、一"结构的原因是当时广西的工业化水平和经济发展水平较低，但随着2006年后工业化水平的提升，广西的产业结构重新回到"二、三、一"结构。贵州在1980—2013年，在西南地区率先顺利完成了产业结构由"一、二、三"演进到"三、二、一"结构，实际上也从另一个侧面反映了贵州在西南地区省份中工业化水平最低和经济发展对第三产业依赖程度较高。实际上，一个地区通常只有在第二产业得到充分发展的基础上才能夯实第三产业发展的基础，进而推进地区产业结构演进进程。

表4—2　　　　　1980—2013年五省市区三次产业构成　　　　单位:%

年份	全国			云南			贵州		
	第一产业	第二产业	第三产业	第一产业	第二产业	第三产业	第一产业	第二产业	第三产业
1980	30.2	48.2	21.6	42.59	40.32	17.09	41.25	39.82	18.93
1990	27.1	41.3	31.6	37.22	34.94	27.84	38.48	35.68	25.84
1991	24.5	41.8	33.7	39.15	41.48	19.37	39.87	35.15	24.83
1996	19.7	47.5	32.8	23.60	45.50	30.90	36.20	35.80	28.00
2000	15.1	45.9	39.0	22.31	43.13	34.56	27.21	38.83	33.96
2003	12.8	46.0	41.2	20.4	43.4	36.2	21.90	42.50	35.60
2005	12.1	47.4	40.5	18.9	41.7	39.4	18.64	41.77	39.59

续表

年份	全国			云南			贵州		
	第一产业	第二产业	第三产业	第一产业	第二产业	第三产业	第一产业	第二产业	第三产业
2010	10.1	46.7	43.2	15.3	44.7	40.0	13.7	39.2	47.1
2011	10.0	46.6	43.4	16.1	45.6	38.3	12.7	40.9	46.4
2012	10.1	45.3	44.6	16.0	42.9	41.1	13.1	39.0	47.9
2013	10.0	43.9	46.1	16.2	42.0	41.8	12.9	40.5	46.6

年份	四川			重庆			广西		
	第一产业	第二产业	第三产业	第一产业	第二产业	第三产业	第一产业	第二产业	第三产业
1980	41.65	37.74	20.61	35.9	46.8	17.3	45.1	31.6	23.3
1990	35.21	36.13	28.66	30.6	41.4	28.0	39.1	26.4	34.5
1991	35.29	38.54	26.17	29.3	41.2	29.5	37.1	27.2	35.7
1996	28.80	41.20	30.00	21.9	43.3	34.8	31.3	34.6	34.1
2000	23.58	42.40	34.02	15.9	42.4	41.7	26.3	36.6	37.1
2003	20.70	41.50	37.80	13.3	44.4	42.3	23.8	36.9	39.3
2005	20.25	41.34	38.41	13.4	45.1	41.5	22.4	37.1	40.5
2010	14.4	50.5	35.1	8.6	55.0	36.4	17.6	47.5	34.9
2011	14.2	52.4	33.4	8.4	55.4	36.2	17.5	49.0	33.5
2012	13.8	51.7	34.5	8.2	52.4	39.4	16.7	48.6	34.7
2013	13.0	51.7	35.3	7.9	50.5	41.6	16.3	47.7	36.0

资料来源：根据《中国统计年鉴》（各年）资料计算所得。

新中国成立后，经过几十年的建设发展，特别是通过"三线"建设和改革开放以后的建设，西南地区的工业得到了很好的发展。如今，西南已成为我国西部地区工业较发达的地区，在全国国民经济中占有重要的战略地位。按我国统计部门的统计口径，全国现有14个大的工业部门44个分类、166个行业，西南都拥有了其相应的部门、行业和生产企业；国防科技工业及其各大系统，西南亦有它们相应的企业、事业单位和管理机构。一个门类齐全的工业体系，已在西南地区基本形成；西南地区已形成以优势资源为支撑的独具特色的重工业和轻工业，有些工业产品产量在全国已占有较大比重。例如，长虹彩电、长安汽车、重庆摩托、攀钢、西南铝业等。西南五省市区的工业增加值，从1991年的788.73亿元增加到2012年的32167.71亿元，名义增长了40.78倍。

3. 西南五省市区人民生活水平有了较大提高

改革开放以来，西南地区无论是城市居民还是农村居民收入都有了大幅度提高。从西南地区人均收入最低的贵州省来看，1990—2012年，全省城镇居民人均可支配收入从1217.44元增长到18700元，名义增长了15.36倍；全省的农村居民人均纯收入由435.1元增长到4753元，名义增长了10.92倍。2012年，全省城乡居民人均消费支出分别达到12585.7元和3901.71元。

4. 西南五省市区交通通信有了长足发展

西南地区由于山高谷深这一地形特征，历史上交通不方便是有名的。新中国成立后，西南地区的铁路、公路、水运和空运建设取得了巨大的成就。2012年，川、渝、滇、黔、桂有铁路、公路和内河航运总里程分别为12856.9公里、905727公里、27130公里，且还有以成都、重庆、昆明、贵阳、南宁五大城市为中心的民用航空港和上百条的国内航线和国际航线。此外，西南地区的广西除了通过珠江水系水运航道与粤、港、澳相连外，还濒临北部湾，拥有1595公里海岸线和北海港、钦州港、防城港三个优良海港，从而使广西成为西南地区联系东南亚市场和世界市场的出海商贸经济大通道。2012年，西南地区五省市区完成邮电业务总量、拥有电话数和互联网用户分别为1961.69亿元、19295.14万户和12821.41万户。

这些成绩的取得，无疑为西南地区商贸业、商贸中心和经济社会的进一步发展奠定了物质基础。

二　西南地区商贸中心体系发展概况

西南地区随着社会经济发展，商贸业也取得了较大发展，商贸中心建设也迈出了可喜的步伐。西南地区的商贸中心体系中的重庆市中心区、成都和昆明都已规划建设了商贸中心的核心区——CBD。但是，西南地区的商贸中心建设和其 CBD 建设与国内其他商贸中心和 CBD 在规模和竞争力上还存在很大差距。进入 21 世纪，我国大陆已建和拟建商贸中心 CBD 的城市有 30 多个，这里仅将其中具有较高代表性的 13 个已建或拟建区域 CBD 的若干主要指标及竞争力测评情况列于表4—3。

表4—3　　　　中国大陆已建或拟建 CBD 竞争力比较

项目	CBD 建设类型	所在城市2013年GDP（亿元）	核心区面积（千平方米）	功能建筑面积（万平方米）	信息基础设施	CBD 竞争力预测
上海陆家嘴	全部新建	21602.12	3.5	1500	A 级	A 级
北京朝阳	新建+改造	19500.6	4	1500	A 级	A 级
天津河西	新建+改造	14370.16	2.2	500	B 级	C 级
广州天河	新建+改造	15420.14	5	1500	B 级	B 级
深圳福田	全部新建	14500.23	5	1000	A 级	B 级
厦门篔筜	新建+改造	3018.16	1.5	500	B 级	C 级
大连中山	全部新建	7650.8	1.5	500	B 级	C 级
武汉王家墩	全部新建	9051.27	7.1	1500	B 级	B 级
西安长安路—高新区	新建+改造	4884.13	2.5	1000	B 级	C 级

续表

项目	CBD 建设类型	所在城市 2013 年 GDP（亿元）	核心区面积（千平方米）	功能建筑面积（万平方米）	信息基础设施	CBD 竞争力预测
重庆 解放碑—江北嘴— 弹子石 CBD	新建+改造	12656.69	1.8	1000	C 级	B 级
成都骡马市—顺城街	新建+改造	9108.9	2.45	1000	C 级	B 级
昆明五华—盘龙	新建+改造	3415.31	1	250	C 级	D 级
乌鲁木齐天山中心	新建+改造	2400	1	250	C 级	D 级

资料来源：（1）《中国统计年鉴（2013 年）》；（2）各主要经济中心城市的政府网站；（3）庄崚、经一平：《E-CBD——21 世纪国际金融贸易中心模式创新》，上海人民出版社 2002 年版，第 343 页。

从表 4—3 中可看出，西南地区商贸中心的重庆市中心区商贸中心 CBD 和昆明商贸中心 CBD 的竞争力在全国排位比较低，其中重庆渝中 CBD 的竞争力为 B 级，昆明五华—盘龙 CBD 的竞争力为 D 级。

三　西南地区自然资源及社会经济资源概略评价

（一）西南地区自然资源概略评价

西南地区有川江上游水网，把西南地区同长江中下游地区紧密联系起来，三峡水库建成后，重庆将成为大型集装箱内陆港，为西南发展对外经贸提供了一条重要的商贸通道。同时西南的广西还濒临北部湾，拥有北海港、钦州港、防城港三个海港，从而使广西成为西南联系世界市场的出海商贸大通道。

和东北相比，西南地区具有水能资源和有色金属优势；和华北相比，则具有水资源优势；和东南沿海相比，则不仅具有能源优势，还具有矿产资源优势；和西北相比，农业生产自然条件优越，且有充足的工业用水，有直通江海之利。因此，西南地区无论是发展农业、工业、旅游业、水运事业，还是商贸业和商贸中心，都有优越的自然条件。因此，西南地区自然资源环境条件为其发展区域特色经济，进行经济结构调整，发展区域商贸中心，提供了广阔的空间选择优势，这在全国各大区中，无疑是独具优势的。

（二）西南地区社会经济概略评价

从前面的论述可知，西南地区的社会经济与过去相比有很大的进步和发展，但横向比特别是与发达的沿海地区比还有很大的差距，西南地区仍是一个欠发达地区，和西南地区丰富的自然资源形成了巨大的反差，是"富饶的贫困"（赖景生，2004）。这种状况和西南地区在长江流域经济开发、我国整体经济开发和中国—东盟区域经济合作与开发中的战略地位极不相称。因此，西南地区要建设和发展好西南地区商贸中心的任务是异常艰巨的。

四　西南地区自然资源、社会经济与商贸中心和商贸产业发展

（一）丰富的自然资源禀赋，为商贸业和商贸中心的发展提供了广阔的发展空间

西南地区丰富、多样的自然资源禀赋，为西南地区现代工业、农业和商贸业的发展提供了自然资源优势条件，为西南地区开发出具有较强竞争力和地方特色的工农业产品提供了有利条件，从而为拓展西南地区商品市场和发展西南地区的商贸业提供了物质产品基础。西南地区丰富的旅游资源、优越的长江上游、珠江上游内河航运水网资源和西南地区沿海、沿边的地理位置优势，为西南地区发展江海航运业、边贸业、旅游业和其他服务业奠定了良好的自然环境条件，为推进西南地区的商贸业的发展和商贸中心的建设和发展创造了良好的环境条件和物质基础。

（二）西南地区社会经济发展，为西南地区商贸中心发展提供了宽松的社会经济条件

西南地区社会经济的全面快速发展，为西南地区商贸中心建设与发展提供了较好的社会经济环境。首先，为商贸业和商贸中心的发展提供了物质技术支持。其次，为区域商贸合作，为西南地区商

贸中心建设提供了商品、场地、物流通道。最后，为西南地区商贸中心建设发展提供了人才、管理运作经验与机制。

（三）西南地区商贸中心建设要实现预期目标，还要借用外力

西南地区社会经济与自己过去相比有较大发展，但是横向比有较大差距，仍是一个欠发达地区，为西南地区商贸中心的建设提供的条件是有限的。因此，一方面，中央在西部大开发战略实施中给予西南区域商贸业以更大的关注和支持，包括政策、技术和资金等；另一方面，西南商贸业应深化改革，通过改革促进开放，通过对内对外开放，引进区外的资金、技术、管理经验、CBD 管理运作机制与模式，更好地促进西南地区商贸中心的建设和发展。

（四）西南地区二元结构对西南地区商贸中心建设与发展的严重制约

西南地区二元结构（二元经济结构、二元社会结构）强度大，且这种结构具有一定的稳定性，这给西南地区发展商贸业和建设商贸中心提出了严峻的挑战。西南地区的二元结构是其第一、第二产业和经济社会的进一步协调发展的制约因素。这就需要西南地区在发展商贸业和建设商贸中心时，要实施城乡一体化商贸经济发展战略，在大力发展农村商贸经济的基础上有步骤、有计划地建设地区性商贸中心，促进西南地区商贸服务业发展的高级化和经济结构的优化升级。

第四节　西南地区商贸业发展现状分析

一　西南地区商贸业发展现状

（一）西南地区的商品零售总额增长情况

改革开放以来，西南地区的商贸产业得到很好的发展。在国内贸易方面，社会消费品零售总额得到较快增长。2013 年，西南地区五省市区的社会消费品零售总额为 26665.14 亿元，占我国社会消费品总额的 11.21%。1990—2013 年，西南五省市区的社会消费品零售总额增长情况见表 4—4。

表4—4　　　　　　西南五省市区社会消费品零售总额

（1990—2013 年）　　　　　　　单位：亿元

年份	全国	重庆	四川	贵州	云南	广西	西南五省市区
1990	8300. 1	137. 1244	472. 03	85. 90	145. 59	175. 44	878. 96
1991	9415. 6	156. 9138	538. 50	92. 92	163. 75	200. 23	995. 4
1992	10993. 7	203. 1140	629. 76	106. 75	204. 60	243. 62	1184. 73
1993	14270. 4	257. 3768	717. 94	118. 32	245. 56	299. 74	1381. 56
1994	18622. 9	334. 3325	1006. 6	159. 5	305. 0	416. 5	1887. 6
1995	23613. 8	416. 1295	1300. 5	197. 6	369. 6	532. 5	2400. 2
1996	28360. 2	498. 6299	1514. 8	233. 5	414. 2	611. 3	2773. 8
1997	31252. 9	568. 189	1212. 4	265. 5	467. 1	673. 7	3126. 6
1998	33378. 1	619. 3991	1298. 6	289. 9	500. 2	734. 0	3376. 4
1999	3564. 7	667. 0104	1382. 6	313. 8	539. 0	791. 3	3623
2000	3910. 57	719. 9508	1523. 7	343. 7	583. 2	859. 2	3953. 2
2001	43055. 4	782. 3114	1680. 4	378. 0	655. 4	935. 9	4349
2002	48135. 9	853. 5962	1850. 10	416. 20	711. 30	1025. 50	4766. 2
2003	5216. 3	934. 6711	2091. 1	458. 76	782. 46	1124. 15	5292
2004	59501. 0	1068. 3290	2380	517. 56	884. 9	973. 4	5710. 86
2005	67176. 6	1227. 8119	2981. 4	606. 92	1034. 4	1397. 02	7247. 5519
2006	76410	1431. 5133	3421. 6	689. 77	1188. 88	1600. 8	8332. 5633
2007	89210	1711. 1165	4015. 6	821. 75	1394. 54	1897. 87	9840. 8765
2008	108487. 7	2147. 1209	4800. 8	1014. 85	1718. 54	2338. 45	12019. 7609
2009	132678. 4	2479. 0	5758. 7	1247. 3	2051. 1	2790. 7	14326. 8

续表

年份	全国	重庆	四川	贵州	云南	广西	西南五省市区
2010	156998.4	2938.6	6810.1	1482.7	2500.1	3312.0	17043.5
2011	183918.6	3487.8070	8006.6	1751.6	3038.1	3908.2	20192.307
2012	210307.0	4033.7046	9268.606	2027.64	3511.6	4516.6	23358.1506
2013	237809.9	4599.8	10561.4	2366.24	4004.6	5133.1	26665.14

注：1993 年及以前各地区数字之和小于全国总计，原因是部分地区对其他集体单位、个体和农民对非农业居民零售额统计不全。

资料来源：表中数据根据国家统计局《中国统计年鉴（1991—2014 年）》、各省统计年鉴数据整理。

（二）西南地区各省市区进出口总额的增长情况

改革开放以来，西南五省市区的对外贸易业得到较快的发展，商品进出口总值不断增加。1992—2013 年，西南五省市区的商品进出口总值增长情况见表4—5。从表4—5可知，2013 年与1992 年相比，贵、云、桂的商品进出口总值分别增长了 26.23、27.16、24.54 倍。

表4—5 　　　　**西南五省市区商品进出口总值**

（1992—2013 年）　　　　　　单位：亿美元

年份	全国	重庆	四川	贵州	云南	广西	西南五省市区
1992	1655.2539	—	19.0701	3.1606	9.5116	13.3813	45.1236
1993	1957.0299	—	22.3043	3.4338	11.7165	20.5805	58.0351
1994	2366.1996	—	30.9850	4.6872	16.3181	30.3700	82.3603
1995	2808.6311	—	34.7996	6.6427	21.4784	30.907	93.8277
1996	2898.8030	—	37.3182	4.8548	18.4976	20.2605	80.9311
1997	3250.5745	—	34.6758	6.2926	16.7977	28.6636	86.4297
1998	3239.2341	10.3396	20.9290	6.2761	16.5168	24.0884	78.1499

续表

年份	全国	重庆	四川	贵州	云南	广西	西南 五省市区
1999	3606.2998	12.0879	24.6847	5.4758	16.6011	17.534	76.3835
2000	4742.9628	18.5107	27.7752	8.5646	18.842	22.8496	96.5421
2001	5098	18.3400	31.0	6.5	19.9	17.97	93.7100
2002	6207.7	17.9307	44.6853	6.9147	22.2676	24.3049	116.1032
2003	8512	25.95	56.4	98.4	26.68	31.92	150.79
2004	11547	38.6	68.7	15.1400	37.5	42.88	202.82
2005	14219.1	42.3082	76.7457	20.3946	49.9535	57.628	247.03
2006	17604.4	53.1034	106.728	22.1258	63.7717	76.0971	321.826
2007	21765.7	71.6066	136.1535	32.0125	87.9516	104.6666	432.3908
2008	25632.6	90.4836	199.2717	48.0665	93.2894	148.6427	579.7539
2009	22075.35	77.1709	215.157	27.2716	74.5743	135.599	529.7728
2010	29740.0	118.2931	262.9637	34.5836	103.3256	195.4881	714.6541
2011	36418.6	244.7955	401.1162	49.1956	122.5727	323.2115	1140.8915
2012	38671.1942	532.0358	591.2538	66.3156	210.05	294.8446	1694.3798
2013	41600	687.04	645.9	82.9	258.29	328.37	2002.5

注：1992—1997 年重庆的数字包含在四川内。

资料来源：表中数据根据国家统计局《中国统计年鉴（1991—2013 年）》数据整理。

（三）西南地区各省市区商贸业发展现状

1. 重庆市商贸业发展现状

（1）直辖以来重庆社会消费品零售总额增长情况。自从 1997 年直辖以来，重庆市的商贸产业获得了快速发展。1997—2012 年，重庆社会消费品零售总额从 568.189 亿元增加到 4033.7046 亿元，年平均增长率为 13.96%。

（2）直辖促进了重庆商贸业的快速发展。重庆的商贸流通业已成为第三产业中第九大门类中总量最大、贡献率最高行业。①

第一，商场增多了。截至 2004 年 10 月，重庆市商业网点达到 145751 个，1 万平方米以上的大型商场、市场就有 148 个。特别是解放碑、沙坪坝、杨家坪、观音桥、南坪五大商圈为代表的商业步行街改造和建设，以及永川、合川、万州等三级商贸中心的快速发展，使重庆城区初具商业大都市风貌。2004 年重庆市主城区五大商圈商贸业发展情况见表 4—6。

表 4—6　　　　2004 年重庆市主城区五大商圈商贸业发展情况

项目		解放碑	观音桥	南坪	沙坪坝	杨家坪	合计
网点数（个）	总数	4480	4480	4200	4215	3100	20475
	5000 平方米以上	22	22	15	8	13	80
营业面积（万平方米）	总数	141	70	50	46	45	352
	5000 平方米以上	80	50	30	38	22	220
年销售服务额（亿元）		180	80	100	70	50	480
商业设施累计投资（亿元）		35	32	20	19	15	121

资料来源：高海龚：《重庆商贸大放异彩》，《重庆日报》2004 年 12 月 27 日第1版。

此外，解放碑商业中心区所在地渝中区现已成为重庆建设 CBD 所在区域。

第二，引进了一批外资企业。据不完全统计，目前有 28 户境外大中型知名商家先后入驻重庆，直接引资超过 3 亿美元，设施面积超过 30 万平方米，2003 年营业额超过 20 亿元。重庆市已有外资和外地商业企业包括沃尔玛、诺玛特、家乐福、好又多、易初莲花、人人乐、太平洋、国美、苏宁、王府井、永辉、北京华联、银泰百货。截至 2009 年 12 月，沃尔玛已在重庆市开业 9 家，为其在中国

———————

① 高海龚：《重庆商贸大放异彩》，《重庆日报》2004 年 12 月 27 日第 1 版。

开门店第二多的城市。

第三，发展加速，企业长大了。以培育大型流通企业、大型商品交易市场为重点，重庆市商贸流通业出现了一批"西部之最"。2004 年，解放碑中心购物广场，年销售总额达 180 亿元；重庆商社（集团）有限公司、重庆百货股份有限公司分别以销售额 65.59 亿元和 44.66 亿元，位列我国连锁经营 30 强企业的第 14 名和第 25 名。2012 年，重庆市亿元以上商品交易市场达 133 个，共有摊位数 87047 个，营业面积为 655 万平方米，年成交额达 3130.7 亿元。陶然居、德庄、小天鹅等销售额上亿元的餐饮企业也在快速成长。2012 年，重庆市实现进出口总额达 532.0358 亿美元，其中进口 146.36 亿美元，出口 385.6758 亿美元。全年实际利用外资 105.7761 亿美元，其中外商直接投资 105.3347 亿美元。

2. 四川省商贸业发展现状

（1）四川的社会消费品零售额增长情况。1997—2012 年，四川的社会消费品零售总额年平均增长速度为 14.37%。2012 年，四川全年社会消费品零售总额为 9268.606 亿元，其中城镇市场实现消费品零售额为 7496.8927 亿元，县及县以下消费品市场实现消费品零售额为 1771.7133 亿元。

（2）四川的对外贸易发展状况。2012 年，四川全年实际利用外资 105.5 亿美元。全年对外承包工程和劳务合作完成营业额 56.8 亿美元。全年海关进出口总额达 591.2538 亿美元，其中出口 384.6147 亿美元，进口 206.6391 亿美元。

3. 云南省商贸业发展状况

（1）云南省的国内商贸业发展状况。1990—2012 年，云南省全省社会消费品零售总额由 145.59 亿元增加到 3511.6 亿元，增长了 24.12 倍。2012 年，云南城镇实现消费品零售额为 2846.92 亿元，农村实现消费品零售额为 694.68 亿元。按行业分，批发零售贸易业 2764.9 亿元，餐饮业 473.33 亿元，其他行业 264.35 亿元。

（2）云南省的外贸业发展状况。2012 年，云南全省进出口总额为 210.05 亿美元，其中出口完成 100.18 亿美元，进口完成 109.87 亿美元。2012 年，全年实际外商直接投资额达 21.89 亿美元。

4. 贵州省商贸业发展现状

（1）贵州的社会消费品零售总额增长情况。贵州是西南五省市区中经济发展水平相对落后的省份。在国内商贸业方面，1990—2012 年，贵州的社会消费品零售总额年平均增长率为 15.4%，低于全国平均水平 1.14 个百分点。2012 年，贵州全省实现社会消费品零售总额 2027.64 亿元，其中城市实现消费品零售额 1667.36 亿元，农村实现消费品零售额 360.28 亿元。按行业分，批发零售贸易业 1807.42 亿元，餐饮业 181.25 亿元。

（2）贵州省商品进出口总值增长情况。1992—2012 年，贵州的商品进出口总额从 3.1606 亿美元增加到 66.3156 亿美元，增长了 20.98 倍，年平均增长率为 16.44%，低于全国平均水平 0.62 个百分点。2012 年，全省实际利用外商直接投资 10.46 亿美元。

5. 广西壮族自治区商贸业发展现状

（1）广西社会消费品零售总额增长情况。广西位于西南地区的东部，是西南五省市区中唯一的临海省份，具有发展内外贸易业的良好区位条件。1990—2012 年，社会消费品零售总额从 175.44 亿元增加到 4516.6 亿元，年平均增长率为 15.91%。2012 年，广西城镇城市消费品零售额为 3947.43 亿元，农村消费品零售额为 527.15 亿元。

（2）广西外贸业发展状况。1992—2012 年，广西的商品进出口总额从 13.3813 亿美元增加到 294.8446 亿美元，年平均增长率为 16.72%。2012 年，广西批准项目合同外资额 9.12 亿美元，外商直接投资额 7.49 亿美元，全年对外承包工程和劳务合作完成营业额 7.51 亿美元。

二　西南地区商贸业发展特征

（一）西南地区国内商贸业发展迅速

改革开放以后，西南地区的商贸产业得到了很好的发展。1990—2012 年，西南五省市区的社会消费零售总额从 878.96 亿元增长到 23358.1506 亿元，增长了 26.57 倍，年平均增长率为 16.03%。

（二）西南地区的外贸业增长速度快

改革开放以来，西南五省市区的对外贸易业得到了较快的发展，1992—2012 年，西南五省市区的商品进出口总额从 45.1236 亿美元增加到 1694.3798 亿美元，年均增长率为 19.88%。2012 年，西南地区商品进出口总值占西部地区的 71.69%，占全国的 4.38%。2012 年，在我国西部各省区进出口总值最高的前五位省份中，西南地区就占了四个名额，其中四川排在第 1 位、重庆第 2 位、广西第 3 位、云南第 5 位。由此，西南地区的外贸业是我国西部地区发展的最好的区域，且对外贸易增长快，发展前景较好。

（三）西南地区的居民消费方式日趋多样化

随着居民收入的提高和消费环境的改善，西南地区居民的消费方式日趋多样化。其主要体现在以下四个方面：（1）居民消费升级。城市居民消费结构逐步从生存型向发展型转变，以汽车、住房、旅游、通信、文化等为代表的新一轮消费热点正在形成；农村居民消费结构从温饱型消费转向耐用消费品消费。（2）消费结构明显改善。（3）消费观念更趋理性。（4）消费领域不断拓展。西南地区的民间消费越来越倾向于提高生活质量的医疗保健、教育文化娱乐服务和居住消费等消费种类，消费种类呈现出多元化特征。

（四）西南地区的商贸业面临外界强烈的竞争

外商独资及合资贸易企业纷纷进入西南地区流通市场，对西南地区本地商贸业造成前所未有的竞争压力。在四川成都，外资及合资企业竞争力及效益一般好于内资，给内资企业造成巨大压力，成都人民商场、百货大楼经营也因此出现困难。国际商贸巨头进入，繁荣了西南地区的商贸业，但同时也给西南地区的本土商贸企业带来了严峻挑战。跨国商贸集团不仅资金雄厚、技术先进、管理科学，而且具有丰富的从事国际商贸流通运作经验和技能及全球供应链系统。这些优势对于资金薄弱、技术和管理落后的西南地区商贸企业而言是无法比拟的。

（五）西南地区的商贸业发展面临着居民消费倾向下降的制约

（1）西南地区的居民后顾之忧多，消费倾向下降，储蓄存款增长大。由于居民受诸多不可预期支出的影响，致使西南地区居民的消费倾向下降，导致有钱存银行的传统思想仍占主导地位。因此，引导消费、增强消费预期、提高居民的消费倾向，是当前西南地区促进消费和商贸业发展的一项重要举措。

（2）西南地区的许多商贸企业服务质量不高。面对中国加入WTO过渡期结束和商贸业全面开放时代的到来，西南地区的本土商贸企业，尤其是国有商贸企业的服务态度需进一步改善，商贸业从业人员的业务素质有待提高。只有这样，西南地区的本土商贸企业才能培育出较强的综合竞争力，以应对外资商贸巨头的挑战，推动西南地区商贸业发展。

（六）西南地区商贸业发展落后，阻碍了地区经济的发展

西南地区商贸业发展落后，商贸业和消费对地区经济增长的贡献率低。2012 年，全国、西南地区、东部地区批发零售贸易及餐饮业对 GDP 的贡献率分别为 11.53%、9.93% 和 13.25%。西南地区批发零售贸易及餐饮业对 GDP 的贡献率高于全国，但低于东部地区；西南地区的批发零售贸易及餐饮业增加值总额较小，仅分别为全国和东部地区的 10.86% 和 16.85%。在西南的许多地区，农副产品资源较为丰富，但由于商贸业发展落后、流通渠道不畅，导致农产品卖难问题严重。这不仅阻碍了农村经济的发展，也阻碍了农民向其他产业转移和向城市迁移。

（七）西南地区经营环境差，商贸企业规模小、成长慢

西南地区市场分割现象比较严重，一些地方只许本地管辖企业的产品销售，不许外地产品进来；商品流通不畅，商业企业的规模难以扩大。2012 年公布的全国零售业 10 强，只有一家是西南地区商业企业——重庆商社集团有限公司上榜。据中国连锁经营协会统计，2012 年，西南地区限额以上连锁零售企业共有 324 个，比上海、江苏和广东少，占全国的 12.84%。2012 年，西南地区限额以上连锁零售业销售额共有 2796.5 亿元，占全国的 7.89%。这些数据说明西南地区迫切需要采取有效的措施，来改善经营环境，消除地方市场封锁与保护，努力培育和发展具有竞争力的大型商贸集团。

（八）西南地区商贸经济发展存在体制障碍和市场封锁

当前，西南地区商贸经济发展存在的体制障碍和市场封锁问题有：（1）地方保护主义严重，行政壁垒和贸易壁垒阻碍地区市场的开放。（2）产业结构趋同现象普遍，地区比较优势难以发挥。（3）区域经济"封闭式"的发展与经济全球化和区域经济一体化的趋势相悖。（4）区域商贸中心和区域共同市场难以建立，商品与生产要素难以在区域之间自由流通与优化组合。在区域商贸和区域经济发展中，西南地区各省市区之间合作不足、竞争有余。此外，西南地区商贸城市之间缺乏有效的合作和协同发展，商贸城市之间相互矛盾大。造成了西南地区市场分割的主要原因是地方政府的非理性政绩竞争。目前，由于西南地区还缺乏一个统一协调的地方政府间协调机制，地方政府官员为了向上级充分显示成绩，在经济增长速度、地方基础设施建设、项目投资、争取中央优惠政策支持等方面展开竞争，进一步增加了区域分工与合作和西南地区商贸中心发展的制度障碍。

（九）连锁经营、物流配送和电子商务等现代流通方式发展不足

流通方式决定着流通主体的类型与构成，决定着商品流通规模的扩大和商品流通的速度。流通方式的现代化是流通现代化的重要体现。从发达国家的发展趋势来看，现代化的商贸流通方式主要表现为连锁经营、物流配送、电子商务的发展。

与我国东部沿海发达地区相比，西南地区商贸企业的连锁经营程度比较低，连锁经营企业规模也较小。2004年，中国连锁企业百强中西南地区的商贸企业仅占有8个席位，比不上北京市的上榜企业数（18家）。2012年，中国连锁经营企业百强首位——苏宁（集团）有限公司的销售额为1240亿元，门店数为1705个；西南地区上榜排位最高的是重庆商社集团有限公司，其销售额为544.9472亿元，门店数为327个，分别是苏宁的43.95%和19.18%。西南地区的物流配送中心建设滞后，物流配送效率低，第三方物流在物流总额中所占的比重低。

此外，西南地区商贸业信息化建设滞后，流通业中传统商贸流通业仍占有绝对多数的比重。同时，西南地区电子商务还处于初期起步阶段，发展程度低，仅有成都、重庆、昆明、贵阳和南宁等城市的极少数商贸企业开展电子商务。有关这方面的内容，在本书的第八章将做详细的论述。

第五节 西南地区商贸中心发展的意义和优势

一 西南地区商贸中心发展的意义

建设和发展西南地区商贸中心是在把握当今世界经济全球化、区域化发展大趋势和西南地区经济社会历史发展变化新趋向的基础上提出的，具有重要的现实意义。既充分体现了我国进一步扩大对外开放，构建从沿海沿边沿江到逐步向中西部实施政策倾斜的多层次、全方位开放新格局的经济发展战略，又客观地反映了重庆、成都、昆明、贵阳、南宁等城市作为西南地区商贸中心城市扬长避短、发挥优势、面向世界、走向国际化的历史必然。

（一）建设和发展西南地区商贸中心，可以推进西南地区区域经济的发展

商贸是一个国家或地区经济发展的引擎。现代商贸业的发展是提高人们生活水平的重要途径。现代商业的发展伴随着经济现代化的过程，对经济和社会的发展产生重要的推动作用。发展西南地区商贸业和合理规划建设西南地区商贸中心带动西南地区经济发展的作用如下：（1）是推进新一轮西部大开发、培育西部特色产业和实现西部经济产业化、市场化和生态化的需要。（2）有利于优化西南地区的产业结构，推动西南地区经济转型与升级。（3）有利于塑造西南地区良好的城市形象，有利于促进西南地区内外贸发展和城市经济的现代化，有利于促进西南地区区域经济的快速、协调发展。西南地区在建设和发展西南地区商贸中心的过程中要按市场经济规律办事，通过区域内各省市区的分工合作，统一规划，遵循WTO的相关规定，消除地方保护和条块分割，协同构建西南地区区域共

同市场、商贸网络体系和商贸中心体系。

（二）建设和发展西南地区商贸中心，可以促进西南地区城乡商贸一体化

西南地区二元结构强度大，且这种结构具有一定的稳定性，这给西南地区商贸业发展和商贸中心建设提出了严峻的挑战。商贸业属于第三产业，其得以良性发展的先决条件是工业和农业有了充分的发展。为此，西南地区在发展商贸业和建设商贸中心时，要努力探索和实施城乡一体化商贸经济发展战略和措施，在大力发展农村商贸经济的基础上建设和发展地区性商贸中心，促进西南地区商贸服务业发展的高级化和城乡一体化。

经济欠发达和"三农"问题突出的西南地区，解决"三农"问题、构建地区性城乡一体化商贸中心体系的切入点是，鼓励城乡"联姻"，推动国有、私营商贸企业和个体商贩进军农村，以中心城市商贸中心为后盾，以县城为衔接点，以农村各乡镇各种经济组织为基础，多渠道开辟农村专业化、规模化、多样化、现代化的商贸业、服务业领域。为此，西南地区各省市区地方政府要制定灵活的工农业产品的购销政策，扩大个体、私营企业依法经营的范围，创造公平竞争环境，防止地方歧视，帮助已经"下乡"的各类网点，在农村真正生下根、站住脚。换句话说，西南地区应以现代商业、服务业为启动点，多渠道增加投入，建立工农产品购销网络体系和城乡商贸网点"点轴"系统，发展"商贸带动型"的新农业、新农村，培育新农民。这是市场经济的客观要求，也是西南地区发展农业、繁荣农村、富裕农民的必由之路。

（三）建设和发展西南地区商贸中心，有利于推进西南地区产业结构的优化升级

改革开放以来，西南地区五省市区的经济有了较大的发展，产业结构得到了不断的优化和升级。西南五省市区产业结构得到升级和优化主要表现在：（1）第二、三产业迅速发展，特别是第三产业在三次产业中所占比例大幅提升，2012年与1980年相比，滇、黔、川和渝分别上升了24.09个、28.97个、12.79个和20.83个百分点；（2）而广西2012年第三产业的比重比1991年上升了8.36个

百分点。2012 年，渝、川、云和桂第三产业比重比全国平均水平低
6.7 个、11.2 个、3.5 个和 9.9 个百分点。从总体上来看，西南地
区五省市区的产业结构还不很合理，其主要表现在：第一产业所占
比重过大，第三产业比重过小。根据库兹涅茨的研究，除中国之外
的发展中国家二元结构强度最大值为 4.09，据有关专家的计算结果
是西部的二元结构强度为 7.52，说明西部地区是典型的二元经济结
构。西南地区作为西部的组成部分之一亦呈典型的二元经济结构。
为此，建设和发展西南地区商贸中心，不仅可以大力发展商贸业，
增加第三产业比重，还可以带来大量的就业岗位来容纳从第一产业
中释放出来的剩余劳动力，达到缩小城乡差距、降低第一产业比
重、优化西南地区的产业结构、经济结构和促进西南地区产业结构
的升级的效用。

二　西南地区商贸中心发展的优势

（一）西南地区经济的发展，为建设西南地区商贸中心奠定了
物质基础

1. 西南地区的地区生产总值和人均地区生产总值的较大增长，
为西南地区商贸中心的建设和发展奠定了物质基础

1991—2012 年，西南地区五省市区的地区生产总值从 2714.86
亿元增长到 65479.17 亿元，名义增长了 24.12 倍。西南地区的人
均地区生产总值从 1991 年的 1216 元，增长到 2012 年的 27459 元，
名义增长了 22.58 倍。2012 年，四川地区生产总值达到 23872.8 亿
元，居全国第 8 位，西部第 1 位。2012 年，西部地区的地区生产总
值占全国的 12.68%，占西部地区的 57.49%；西南地区进出口总值
达 1694.7693 亿美元，占西部地区的 75.27%，占全国的 4.38%。

经济规模的扩大相应带动了西南地区生产品和消费品市场规模
的扩大，为西南地区商贸中心的建设和发展创造了物质基础。

2. 西南地区城乡居民收入的稳步增长，为建设和发展西南地区
商贸中心开辟了广阔的市场空间

一个地区商贸中心的建设，必须以一定市场购买力和市场容量
为前提条件。西南地区经济的发展和市场销售量不断增长，为西南

地区商贸中心的发展开辟了广阔的市场空间。促进西南地区市场销售增长的主要因素有：（1）西南地区城乡居民收入增加，增强了购买能力。从西南地区人均收入最低的贵州省来看，1990—2012年，贵州的城镇居民人均可支配收入和农村居民人均纯收入分别从1217元和435元增加到18700元和4753元。（2）西南地区城镇化的发展和农民进城务工等因素，促使农村地区人口向城镇地区转移，对于消费品市场的扩大起到一定的推动作用。

3. 经济中心城市的发展为西南地区商贸中心的建设提供了平台

西南地区已拥有重庆和成都两个千万级人口城市、南宁和昆明两个七百万级人口城市以及贵阳一个四百万级人口城市。2012年，重庆、成都、昆明、贵阳和南宁的地区生产总值分别为11409.6亿元、8139.9亿元、3011.1亿元、1700.3亿元和2503.2亿元；社会消费品零售总额分别为4033.7046亿元、3317.6664亿元、1493.799亿元、683.1866亿元和1255.5902亿元。这五个城市的商贸业发展水平居于我国西部地区前列，商贸设施较为完善，一些商贸市场辐射影响范围已达整个西部地区。五城市已基本具备建立西南地区商贸中心体系中核心商贸中心的经济技术条件和物质基础。因此，这些经济中心城市可作为西南地区商贸中心体系建设的平台。

（二）西南地区商贸业已发展到一定的水平，为商贸中心建设创造了必要条件

在国内贸易方面，1990—2012年，西南五省市区的社会消费零售总额从878.96亿元增长到23358.1506亿元，增长了26.57倍。在对外贸易方面，1992—2012年，西南地区的进出口商品总值从1992年的45.1236亿美元，占西部地区商品进出口总值的57.90%，增长到2012年的1694.3798亿美元，占西部地区的71.69%，增长了37.55倍。西南地区国内贸易和对外贸易的发展为西南地区商贸中心的建设和发展创造了必要条件。

（三）中国—东盟自由贸易区的建立，推进了西南地区商贸中心的发展

中国—东盟自由贸易区的建立，使地处我国西南边陲、交通落

后、经济欠发达、商贸业发展滞后的西南地区逐步走到世界面前，成为我国 21 世纪商贸经济发展的新兴核心区域。作为我国与东盟国家联系前沿的西南地区的滇、桂两省区已成为我国南向国际贸易大通道的桥头堡，直接面向拥有 10 个国家、5.9793 亿人口的东盟市场。西南地区不仅可以直接与东盟国家进行互补式的整合，而且还可以作为前沿地带，"传递"与"连接"整个中国与东盟各国之间互补性的资源与要素。西南地区五省市区通过合作共建西南地区商贸中心体系的方式致力于发展自身的商贸经济、提升区域商贸经济竞争力，以协同发展的方式实施开放型商贸经济发展战略，利用自身区位优势，扩大与东盟国家的商贸与经济技术合作，拓展商贸与经济发展的空间，赢得区域开放型商贸与经济的快速发展。

此外，"川渝黔"经济区协作，加快了西南地区商贸中心体系中的重庆中心区和成都两个一级商贸中心的发展；"南贵昆经济区"建设，促进了昆明、南宁和贵阳 3 个二级商贸中心的发展。2010 年和 2014 年设立的重庆两江新区、贵州贵安新区和成都天府新区三个国家级新区作为中国西部地区的桥头堡和开放门户必将带动西南地区商贸业的开发与发展，为西南地区构建开放型现代商贸中心体系创造了条件。

第六节　收入因素对西南地区消费需求和商贸中心发展影响的实证分析

近 20 年来，人们针对居民收入对消费需求影响进行研究时，多数学者选择了城镇居民作为样本（马树才、刘兆博，2006）。谢子远、黄祖辉和钱文荣（2007）运用状态空间模型对农村居民消费与收入的动态关系进行模拟，对农村居民的消费行为进行了研究。然而，在中国地区经济发展差距和地区居民收入差距不断扩大的背景下，仅研究全国城乡居民消费行为是不能准确判断我国居民收入消费特征和经济发展现状的。因此，对地区间城乡居民消费行为和地区与全国居民消费需求差异进行研究是十分必要的。

近几年来，扩大内需、拉动消费成了经济生活中的突出问题，使学术界将目光更多地转向了对有效需求和居民的消费率的研究。在大部分讨论内需不足的产生根源的文章中，收入分配差距逐年扩大的现象，都被作为一个重要的影响因素提出来[1]（刘文彬，2000；王政霞，2003）。吴晓明、吴栋（2007）运用我国 1985—2004 年城镇居民消费、收入数据，研究发现我国城镇居民收入分配差距的扩大引起了居民平均消费倾向的减少。[2] 谢子远、黄祖辉和钱文荣（2007）认为，我国农村居民消费倾向经历了先低—后高—再低的演变过程，城镇居民消费倾向对农村居民消费倾向具有明显的示范效应和拉动作用。[3] 但是，从总体上来说，关于地区间和地区与全国居民消费需求差异研究较为少见。鉴于李善同、侯永志（2002）提出，中国"十一五"区域发展政策制定的基础将改变以往的东中西划分方法，而以八大经济区来取代，西南地区（包括四川、重庆、云南、贵州和广西，即大西南）就是八大经济区之一。[4]

一　消费需求与经济增长

消费活动是经济活动的终点，一切经济活动的目的就是为了满足人们不断增长的消费需求；另外，消费活动又是经济活动的起点，是拉动经济增长的动力。消费需求是经济运行全过程的最终需求，不仅直接对经济增长起着拉动作用，而且还会通过其他经济变量的作用间接拉动经济增长。在生产能力界限内，消费需求的增长所提供的市场空间，对经济增长具有明显的拉动作用。消费结构的变动是经济增长的外部条件。随着人均收入的提高，消费需求的重心会逐步向高层次转移，从人均收入较低水平上的"必需品"向人均收入较高水平上的"高档消费品"和"奢侈品"转移。这一方面对居民的消费支出形成拉力，导致消费支出总量不断扩展，对经济

---

① 刘文彬：《收入分配差距对消费需求的影响》，《经济学动态》2000 年第 9 期。

② 吴晓明、吴栋：《我国城镇居民平均消费倾向与收入分配状况关系的实证分析》，《数量经济技术经济研究》2007 年第 5 期，第 30 页。

③ 谢子远、黄祖辉、钱文荣：《农村居民消费倾向的变参数估计及其演化机理分析》，《数量经济技术经济研究》2007 年第 5 期，第 52 页。

④ 李善同、侯永志：《中国（大陆）区域社会经济发展特征分析》，国务院发展研究中心《调查研究报告》，2002 年第 193 号。

增长产生直接的拉动作用；另一方面还对产业结构的演进产生直接影响。因此，如何启动消费、拉动内需以促进经济持续增长，就成了人们关注的一个重要问题。

虽然消费、投资和出口被称为拉动经济增长的"三驾马车"，但是中国目前的经济增长则有些过分依靠投资需求和出口来拉动，存在着很大的经济安全隐患。据《证券时报》2006 年 11 月 29 日报道，2005 年，中国固定投资占 GDP 比重达 41.5%，而个人消费和出口所占 GDP 比重分别为 38% 和 34%。2005 年我国的储蓄占 GDP 的比重达到 41.7%，而美国、日本、韩国、印度分别为 14.3%（2002 年）、25.5%（2002 年）、31%（2002 年）和 28.3%（2004 年）。[①] 据《中华工商时报》2007 年 3 月 4 日报道，2006 年中国的最终消费率下降为 51%，不但低于世界上发达国家，而且低于世界平均水平[②]，我国经济增长过度依赖投资和出口，国内消费需求相对不足问题加剧。作为我国西部经济发展落后地区的西南地区的最终消费率比全国平均水平更低，许多落后地区的经济增长过多依赖投资拉动，尤其是过分地依赖房地产投资的拉动。以上现象表明，如果我国不采取有效措施扩大内需的话，那么我国将面临贸易顺差继续大幅增加、人民币被迫大幅度升值的危险，进而导致内需严重不足，物价上涨，国民经济增速大幅下滑，甚至会导致经济衰退。当然，如果我们正确处理好收入分配与消费需求的关系，采取有效措施缩小收入分配差距，提高全民平均消费倾向，增加个人消费，扩大内需，如果国内消费能够取代出口和投资成为经济增长的主要动力，那么中国面临的一系列紧迫的经济和政治弊病的影响将会降至最低，中国经济也将继续保持快速、健康和协调发展的态势。

探讨收入分配与消费需求的关系，首先需要明确收入分配状况影响消费率的原理。凯恩斯在《就业利息和货币通论》中提到，由

---

① 仲大军：《2006 年：巨额的贸易顺差说明了什么？》，2006 年 12 月 15 日，北京大军经济观察研究中心网（http://www.dajun.com.cn/shunc.htm）。

② 郑益：《2006 年我国最终消费率下降为 51%　低于世界平均水平》，《中华工商时报》2007 年 3 月 4 日。

于存在边际消费倾向随收入的增加而递减的规律，随着人们收入的提高，其消费率下降。另外，由于高收入的阶段层的边际消费倾向低于低收入阶层，因此，收入分配差距的扩大会进一步降低社会平均消费倾向。凯恩斯认为此时对收入分配进行二次调节，将高收入阶层的财富转移到低收入阶层，就能够提高整个社会的平均消费倾向和平均消费率。西方经济学中的种种消费理论，如凯恩斯的绝对收入假说，多森贝利的相对收入假说，弗里德曼的永久收入假说，莫迪利安尼的生命周期假说，虽然观点上差异很大，但均强调收入对消费的决定作用，即认为消费是收入的函数。收入作为消费和储蓄的一个决定因素，在城乡居民进行当期和未来消费的安排时是非常重要的。

二　收入因素对我国和西南地区消费需求影响的实证分析

（一）理论分析和计量模型

关于收入因素对我国消费需求影响的分析，本书采用基于凯恩斯的绝对收入假定的分析方法。凯恩斯"绝对收入假说"（Absolute Income Hypothesis）的中心思想是消费倾向递减，现期的消费主要取决于消费者的现期净收入，即"绝对收入"。据此，建立模型：

$$C = a + bY + \mu \tag{1}$$

式中，C 为现期消费，a 为自发消费，b 为边际消费倾向，Y 为现期收入，μ 表示误差项。

为了消除 C 与 Y 之间的非线性关系对回归的影响，对（1）式做双对数变换可得：

$$\ln C = a + b\ln Y + \mu \tag{2}$$

该模型存在的问题是：尽管短期内边际消费倾向递减，但从长时期的统计资料来看，消费倾向不一定是下降的。[1]

（二）数据与研究方法

本书采用《中国统计年鉴》（1989—2014 年）中的城镇人均可

---

[1]　宋承先：《现代西方经济学（宏观经济学）》，复旦大学出版社 1997 年第 2 版，第 155 页。

支配收入、人均消费支出和农村人均纯收入、人均生活消费支出数据（表4—7中城镇居民人均消费支出用 AUC 表示，农村居民人均生活消费支出用 ACC 表示，城镇居民人均可支配收入用 AUI 表示，农村居民人均纯收入用 ACI 表示）来验证和分析中国、重庆、四川、云南、贵州和广西的消费需求受现期收入的影响度。

表4—7　　1990—2013 年全国、四川、重庆市、云南、贵州和

广西城乡居民人均消费支出和人均收入　　　单位：元

年份	全国 AUC（C）	全国 AUI（Y）	全国 ACC（C）	全国 ACI（Y）	四川 AUC（C）	四川 AUI（Y）	四川 ACC（C）	四川 ACI（Y）
1990	1278.89	1510.2	584.63	686.3	1281.29	1490.1	509.16	557.76
1991	1453.81	1700.6	619.79	708.55	1487.69	1714.49	552.39	590.21
1992	1671.73	2026.59	659.21	783.99	1651.41	2001.29	569.46	634.31
1993	2110.81	2577.44	769.65	921.62	2034	2420.68	647.43	698.27
1994	2851.34	3496.24	1016.81	1221	2806.08	3310.72	904.28	946.33
1995	3537.57	4282.95	1310.36	1577.7	3429	4002.92	1092.91	1158.29
1996	3919.47	4838.9	1572.08	1926.1	3787.59	4482.7	1349.88	1453.42
1997	4185.64	5160.32	1617.15	2090.1	4092.59	4763.26	1440.48	1680.69
1998	4331.61	5425.05	1590.33	2162	4382.59	5127.08	1440.77	1789.17
1999	4615.91	5854.02	1577.42	2210.3	4499.19	5477.89	1426.07	1843.47
2000	4998	6279.98	1670.13	2253.4	4855.78	5894.27	1484.59	1903.6
2001	5309.01	6859.58	1741.09	2366.4	5176.17	6360.47	1497.52	1986.99
2002	6029.88	7702.8	1834.31	2475.6	5413.08	6610.8	1591.99	2107.64
2003	6150.94	8472.2	1943.3	2622.2	5759.21	7041.87	1747.02	2229.86
2004	7182	9422	2185	2936	6371.1	7709.9	2010.9	2580.3
2005	7942.88	10493	2555.40	3255	6891.27	8385.96	2274.17	2802.78

续表

年份	贵州 AUC (C)	贵州 AUI (Y)	贵州 ACC (C)	贵州 ACI (Y)	广西 AUC (C)	广西 AUI (Y)	广西 ACC (C)	广西 ACI (Y)
2000	4278.28	5122.21	1096.64	1374.16	4852.31	5834.43	1487.96	1864.51
2001	4273.9	5451.91	1098.39	1411.73	5224.73	6665.73	1550.62	1944.33
2002	4598.28	5944.08	1137.57	1489.91	5413.44	7315.32	1686.11	2012.6
2003	4948.98	6569.23	1185.17	1564.66	5763.5	7785.04	1751.23	2094.51
2004	5494.43	7322.04	1296.34	1721.55	6445.7	8690	1928.6	2305.2
2005	6159.29	8151.13	1552.39	1876.96	7032.80	9286.70	2349.60	2494.67
2006	6848.39	9116.61	1627	1985	6791.9	9898.8	2413.9	2770.5
2007	7758.69	10678.40	1913.71	2373.99	8151.26	12200.44	2747.47	3224.05
2008	8349.21	11758.76	2165.70	2796.93	9627.40	14146.04	2985.03	3690.34
2009	9048.29	12862.53	2421.95	3005.41	10352.38	15451.48	3231.14	3980.44
2010	10058.29	14142.74	2852.48	3471.93	11490.08	17063.89	3455.29	4543.41
2011	11352.88	16495.01	3455.78	4145.35	12848.37	18854.06	4210.89	5231.33
2012	12585.7	18700.51	3901.71	4753	14243.98	21242.8	4933.58	6007.55
2013	13702.87	20667.07	4740.18	5434	15418	23305	5206	6791

资料来源：国家统计局：《中国统计年鉴（1989—2014 年）》，中国统计出版社。

（三）实证结果与分析

笔者用 EViews6.0 计量经济分析软件对表 4—7 中的全国和西南地区（四川、重庆、云南、贵州和广西）城乡居民现期收入对其消费的影响做回归分析。

1. 全国城乡居民收入对消费影响的实证结果与分析

全国城乡居民消费对现期收入的回归分析结果见表 4—8。从表 4—8 的 t 值，查 t 分布表，经检验得知上述回归分析的回归系数都通过 t 检验，这证明全国城乡居民收入和城乡居民消费在所选定的时间段里都存在显著的线性相关关系。

表4—8　　　　　　　全国城乡居民消费对现期收入的回归分析

地区	年份	a	b	R^2	S. E.	D. W.
城镇	1990—2002	0.191147 (3.476082)	0.951596 (143.5027)	0.999466	0.012612	1.760905
	2003—2013	0.59023 (4.219411)	0.90405 (62.28839)	0.997686	0.018016	1.36418
农村	1990—2002	0.670201 (4.550483)	0.87636 (43.5518)	0.994234	0.034601	0.782653
	2003—2013	−0.108282 (−0.663152)	0.980348 (50.85866)	0.996533	0.025002	0.975942

　　从表4—8中可看出，总体上，城乡消费对收入的弹性都很高，这表明现期收入对消费的解释能力还是很大的。2002年之后的农村消费的收入弹性均有所上升，但2002年之后的城镇消费的收入弹性有所下降。1990—2002年城镇和农村消费的收入弹性分别为0.951596和0.87636，也就是说城乡居民现期收入每增加1%，城镇的居民消费增加0.951596%，农村居民消费增加0.87636%。而在2003—2013年，城镇和农村居民现期收入增加1%，城镇居民消费增加0.90405%，比1990—2002年下降了0.047546个百分点，农村居民消费支出增加0.980348%，比1990—2002年上升了0.103988个百分点。这说明，2003年以来，城镇居民的现期收入对现期消费的影响在下降，即除了现期收入以外的其他经济变量（如收入分配结构变化、制度变迁等）的解释力在上升。至于农村居民的消费收入弹性在2005年起大幅度提高，主要是因为国家减免了农业税和农产品价格上升及农民外出务工工资性收入增加致使农民的收入上升等因素引致的。因此，影响目前中国消费需求增长的主要因素是现期收入以及正在提高影响力的其他经济变量。①

---

　　① 刘文勇：《收入因素对中国消费需求的影响的实证分析》，《经济理论与经济管理》2005年第2期，第12页。

2. 四川城乡居民收入对消费影响的实证结果与分析

四川城乡居民消费对现期收入的回归分析的结果如表 4—9 所示。从表 4—9 的 t 值，查 t 分布表，经检验得知上述回归分析的回归系数都通过 t 检验，这证明四川城乡居民收入和城乡居民消费在所选定的时间段里都存在显著的线性相关关系。

表 4—9 四川省城乡居民消费对现期收入的回归分析

地区	年份	a	b	R²	S.E.	D.W.
城镇	1990—2002	0.01191 （0.133671）	0.977458 （90.29526）	0.998653	0.019374	1.316076
	2003—2013	0.672502 （6.374943）	0.902736 （80.70268）	0.99862	0.014052	1.30283
农村	1990—2002	0.858341 （3.549641）	0.857633 （25.19525）	0.982967	0.060186	0.473583
	2003—2013	−0.058751 （−0.253664）	0.977891 （35.16118）	0.992773	0.037074	2.623287

3. 重庆城乡居民收入对消费影响的实证结果与分析

重庆城乡居民消费对现期收入的回归分析的结果如表 4—10 所示。从表 4—10 的 t 值，查 t 分布表，经检验得知上述回归分析的回归系数都通过 t 检验，这证明重庆城乡居民收入和城乡居民消费在所选定的时间段里都存在显著的线性相关关系。

表 4—10 重庆市城乡居民消费对现期收入的回归分析

地区	年份	a	b	R²	S.E.	D.W.
城镇	2003—2013	1.570543 （17.74686）	0.810622 （87.7141）	0.998832	0.010962	0.847134
农村	2003—2013	0.216946 （1.31045）	0.933418 （47.02548）	0.995947	0.028299	10143611

4. 云南城乡居民收入对消费影响的实证结果与分析

云南城乡居民消费对现期收入的回归分析的结果如表 4—11 所

示。从表4—11的 t 值，查 t 分布表，经检验得知上述回归分析的回归系数都通过 t 检验，这证明云南城乡居民收入和城乡居民消费在所选定的时间段里都存在显著的线性相关关系。

表4—11　　　云南省城乡居民消费对现期收入的回归分析

地区	年份	a	b	R^2	S. E.	D. W.
城镇	1990—2002	0.129123 (1.274402)	0.960656 (78.70954)	0.998228	0.02395	2.221317
	2003—2013	1.200848 (6.141232)	0.836866 (40.6182)	0.994575	0.024166	1.068243
农村	1990—2002	-0.034269 (-0.14039)	0.991739 (28.16343)	0.986321	0.052211	0.51666
	2003—2013	0.168781 (0.416521)	0.963678 (19.13993)	0.976022	0.070252	0.608653

5. 贵州城乡居民收入对消费影响的实证结果与分析

贵州城乡居民消费对现期收入的回归分析的结果如表4—12所示。从表4—12的 t 值，查 t 分布表，经检验得知上述回归分析的回归系数都通过 t 检验，这证明贵州城乡居民收入和城乡居民消费在所选定的时间段里都存在显著的线性相关关系。

表4—12　　　贵州省城乡居民消费对现期收入的回归分析

地区	年份	a	b	R^2	S. E.	D. W.
城镇	1990—2002	0.039491 (0.297919)	0.970098 (59.61601)	0.996915	0.028306	1.956082
	2003—2013	0.778126 (8.240709)	0.881211 (87.4205)	0.998824	0.01218	1.227977
农村	1990—2002	0.749363 (6.137898)	0.865853 (48.65474)	0.995375	0.029443	1.211892
	2003—2013	-0.797113 (-4.194483)	1.073604 (44.84437)	0.995545	0.032161	1.733298

6. 广西城乡居民收入对消费影响的实证结果与分析

广西城乡居民消费对现期收入的回归分析的结果如表 4—13 所示。从表 4—13 的 t 值，查 t 分布表，经检验得知上述回归分析的回归系数都通过 t 检验，这证明广西城乡居民收入和城乡居民消费在所选定的时间段里都存在显著的线性相关关系。

表 4—13　　　　广西城乡居民消费对现期收入的回归分析

地区	年份	a	b	R^2	S. E.	D. W.
城镇	1990—2002	0.027117 (0.127792)	0.97316 (38.11692)	0.992486	0.046097	1.149497
	2003—2013	0.689961 (2.410402)	0.888704 (29.36738)	0.990809	0.031783	1.416154
农村	1990—2002	0.317547 (1.331825)	0.924638 (27.88678)	0.986053	0.057023	1.245896
	2003—2013	0.64089 (2.130449)	0.898712 (24.53109)	0.985265	0.045975	1.805777

三　收入因素对西南地区商贸中心体系发展影响的结论与政策建议

（一）结论

综合表 4—8 到表 4—13 的 b 值得表 4—14。从表 4—14 可看出，总体上，川、渝、滇、黔和桂的城乡消费对收入的弹性都很高，这表明现期收入对消费的解释能力还是很大的。1990—2002 年，西南地区五省市区和全国的城镇居民消费对收入的弹性都比较大，而在 2003—2013 年西南地区五省市区和全国的城镇居民消费对收入的弹性均有所下降。

从表 4—14 可知，在 1990—2002 年，西南地区的四川、云南、贵州、广西和全国城镇居民现期收入每增加 1%，其城镇居民消费分别增加 0.977458%、0.960656%、0.970098%、0.97316% 和 0.951596%；而在 2003—2013 年，西南地区的四川、云南、贵州、广西和全国城镇居民的现期收入每增加 1%，其城镇居民消费分别增加 0.902736%、0.836866%、0.881211%、0.888704% 和 0.90405%，分别下降了 0.074722 个、0.12379 个、0.088887 个、0.084456 个和 0.047546 个百分点。西南地区四省区的城镇居民消费对收入弹性的下降幅度大于全国平均水平。这说明，近些年来我国城镇居民消费率呈不断下降的趋势，而西南地区（重庆除外）的下降幅度大于全国平均水平，即西南地区内需求不足的情况比全国更为严重。

表 4—14　　全国与四川、重庆、云南、贵州和广西的 b 值

	城镇		农村	
	1990—2002 年	2003—2013 年	1990—2002 年	2003—2013 年
全国	0.951596	0.90405	0.87636	0.980348
四川	0.977458	0.902736	0.857633	0.977891
重庆	—	0.810622	—	0.933418
云南	0.960656	0.836866	0.991739	0.963678
贵州	0.970098	0.881211	0.865853	1.073604
广西	0.97316	0.888704	0.924638	0.898712

由表 4—14 可看出，相对于 1990—2002 年，四川、贵州农村收入消费弹性在 2003 年后不降反升外，云南和广西在 2003 年之后的城镇消费的收入弹性和农村消费的收入弹性均有所下降。云南的农村居民消费的收入弹性在 1990—2002 年比城镇居民消费的收入弹性高，而 2003—2013 年西南五省市区（云南除外）的农村居民消费的收入弹性都变为高于城镇居民消费的收入弹性。这表明随着中国经济的发展，我国西南地区除广西、贵州外的省市的农村居民消费的收入弹性增长幅度大于城镇居民消费的收入弹性的下降幅度；同时也反映出在 2003 年以后全国和地方出现城乡居民消费不足和内需增长呈现城乡分化特征，农村居民家庭由于农业税减免、进城务工收入增加及国家一系列惠农政策出台致使农村居民收入和消费

都增长较快，而城市居民家庭由于 2003 年来以住房、日用品为代表的城市商品价格的大幅上升而引致收入增长减缓和消费能力下降。这种情况与经济学假定相反。从经济学横截面函数表达的含义来看，低收入家庭的平均消费倾向高于高收入家庭的平均消费倾向。我国的经济发展表现出来的与世界各国经济的实证结论截然相反，只能彰显我国城乡收入分配体制的不同和城乡收入差距的扩大。正是因为农村居民缺乏必要的社会保障和生活救济，致使农村居民有消费需要和消费意愿也不敢增加消费。城市和农村消费的严重不足是构成中国消费不足和内需增加乏力的根本原因。[①] 由此，也可推论出，今后我国尤其是地处经济欠发达地区的西南地区推动经济发展的重要思路是启动与增加城市和农村消费。

由表 4—14 可知，2003—2013 年全国的农村居民消费对收入的弹性比 1990—2002 年大，这主要是由于 2005 年和 2006 年国家减免了农业税、农民打工收入增加和农产品的价格上涨等因素引致农民收入大幅增加，进而刺激了农村居民消费率的增加。西南地区的四川和贵州的农村居民消费对收入的弹性变化状况与全国相一致，但云南和广西却与全国情况相反。这说明，就总体而言，近几年我国农村居民消费率增加的良好势头并没有很好带动云南和广西农村居民的消费增长，也就是说云南和广西农村居民消费不足情形比全国更为严重。

（二）政策建议

基于以上分析，我国西南地区要想扩大内需，仅按传统的思路和对策来实现和推动已是不够的，西南地区要提高城乡居民的消费率、扩大内需和发展地区经济，可采取下列对策措施。

1. 大力发展以商贸产业为主的第三产业

从以上分析可以看出，1990—2013 年，我国西南地区城镇居民的收入消费弹性和平均消费倾向基本上呈逐步下降的趋势，其直接表现就是人们不敢放手消费，导致储蓄存款大幅增长。这严重影响

---

① 徐孝勇、万丽娟：《我国宏观经济形势定位及宏观经济政策问题》，《改革》2003 年第 5 期，第 16 页。

了西南地区内需的扩大和城镇居民消费的增长。一个地区的消费结构是由收入结构决定的，收入结构则由分配结构决定，而分配结构则主要是由产业结构决定的。西南地区产业结构的城乡二元结构差异决定了西南地区消费结构的城乡二元结构差异。同时，西南地区城镇居民的消费对收入弹性的下降也凸显了西南地区近年来地区市场产销不旺、内需增长乏力。大力发展以商贸流通业为主的第三产业，通过优化生产结构和产业结构来优化就业结构和收入分配结构，通过收入分配结构优化来优化消费结构，从而达到公平地进行社会收入分配，减少城乡收入消费差异，熨平社会不公，刺激和增加西南地区城镇居民消费需求，促进西南地区经济快速、健康发展。

2. 加大政府转移分配力度，调节收入分配，缩小贫富差距

西南地区的城乡居民收入增长慢于 GDP 的增长，也慢于全国平均增长速度。加之 2003 年以来城市住房价格疯狂上涨，学费、医疗费用大幅上涨和 2006 年以来居民日常生活用品价格大幅上涨，更加重了广大城乡居民的生活负担，城乡名义收入虽有增加但实际收入却不断下降，城乡居民生活质量和水平大幅下降。消费水平取决于收入水平，西南地区城乡居民收入增长相对缓慢必然抑制消费需求的增长。因此，调节收入分配、缩小收入差距、建立和完善覆盖全部城乡居民的社会保障体系、增强消费预期和提高消费倾向，是扩大西南地区内需、推动西南地区经济快速、健康发展有效举措。为此，还须从国家层面采取以下具体政策：（1）改革现有税收制度，增加总收入中直接税的征税比重，开征遗产税、赠与税、房产税等新的直接税税种以调节收入分配并扩大转移支付的经费来源，提高个人所得税起征点、降低其超额累进税率并将过去按参与工作居民工资及其他收入作为税基征税改变为按居民家庭人均收入作为税基征税，这样做的目的是把收入再分配的目标集中于少数（20%）的高收入者。（2）针对我国目前财政分配的严重"缺位"的情况，今后应进一步建立健全社会保障制度，加大对城镇下岗职工和低收入者及贫困地区农村居民和非贫困地区的贫困农民的转移支付力度，构建城乡一体化的社会保障体系。同时增加对教育，特

别是义务教育和农村教育的投入，加大医疗卫生的投入，特别是农村卫生院和城镇社区医院的投入，通过人力资本投资来提高劳动者的素质，从而逐步促进收入公平与经济发展，达到公平与效率的双赢。

第五章

西南地区商贸中心
竞争力实证分析

对西南地区商贸中心体系中的重庆市中心区、成都、昆明、贵阳和南宁五个商贸中心的竞争力进行实证分析的目的是为了准确定量这五个商贸中心的竞争实力分值，为西南地区商贸中心布局提供科学依据。

第一节　商贸中心竞争力评价指标
体系与评价方法

一　商贸中心竞争力评价指标体系

商贸中心竞争力是指一个商贸中心的区位、结构、功能、管理等要素和商贸资源的配置效率、商贸产业结构层次、技术水平，以及商贸企业发展战略的综合体现。它反映了一个商贸中心在国内贸易、国际贸易、现代物流、商贸中心所在地经济社会发展以及在全球商贸经济体系中的地位和作用。商贸中心竞争力主要包括商贸产业竞争力、商贸企业竞争力、商贸环境竞争力。

商贸中心竞争力评价指标体系由商贸中心商贸经济实力指标、商贸中心特征指标和商贸中心基础环境指标3个一级指标和41个二级指标构成。商贸中心竞争力评价指标体系如表5—1所示。

（一）商贸中心商贸经济实力指标

商贸中心商贸经济实力指标反映商贸中心城市的商贸业综合经济实力，是商贸中心城市发展和商贸中心竞争力的基础和核心，也是商贸中心城市商业现代化建设的目标和要求。

表 5—1 商贸中心竞争力指标体系

一级指标	二级指标	一级指标	二级指标
商贸中心商贸经济实力	社会消费品零售总额	商贸中心基础环境	人均生产总值
	商业增加值对生产总值的贡献度		第三产业增加值占生产总值比重
	商贸业便利指数		城市居民人均可支配收入
	第三产业增加值		农村居民人均纯收入
	限额以上连锁零售企业（集团）销售额		年末常住人口
	限额以上连锁餐饮企业营业额		非农业人口
	进出口总额		第三产业从业人员数
	城乡居民年末储蓄余额		年末全部从业人员数
	固定资产投资总额		邮电业务总量
	实际利用外资		年末电话用户
	生产总值		互联网用户
	地方预算内财政收入		客运量
商贸中心特征	城镇居民人均消费支出		货运量
	农村居民人均消费支出		运输方式种类
	海外游客购买力占城市人口购买力比重		区位优势系数
	城市居民消费结构		年末金融机构存款余额
	农村居民消费结构		年末金融机构贷款余额
	商贸集聚力		商贸业营业面积
	国际化比重		土地面积
	商贸业从业人员数		都市经济圈腹地范围
	连锁零售额占社会零售总额的比重		

（1）商业增加值对生产总值的贡献度。其是反映商贸中心商贸

业发展水平和结构变化的重要指标，是判断商贸中心竞争力大小的主要指标。

（2）商贸业便利指数。商贸业便利指数一般以万人拥有的商业网点数量来表示，也可以用每万人拥有的商业从业人员数来表示。

（二）商贸中心特征指标

（1）人均消费支出及结构。商贸中心城市的人均消费支出水平较高，且有着相接近的城市居民消费结构，包括食品、服装、耐用品、居住、交通、教育、娱乐等。

（2）商贸业集聚力。这是一个质的指标，国际商贸中心城市都有世界一流的商业街区，其引人入胜的历史、与众不同的建筑风格和商贸业布局，把零售、餐饮、住宿和娱乐、文化紧密结合起来，这是体现商贸业发展质量的重要标志。商贸业集聚力包括世界著名商业街区和商贸业活动场所的多少、流行时尚发祥地与综合功能的发挥等。

（3）海外游客购买力占城市人口购买力比重。这是商贸中心能够提供多种国际水准的商贸产品和服务，吸引国际购买力，体现出国际化商贸中心的商贸业集聚能力。

（4）国际化比重。其反映商贸中心城市外向型特征的主要指标，即具有相当国际知名度和适宜的人居环境，具备各种国际交流的手段以及国际一流的服务水准，从而吸引大量的外国机构、外籍人员和一定规模的国际商品、国际企业以及国际旅游者。国际化比重可以通过外国常住人口占城市人口的比重来反映。

（三）商贸中心基础环境指标

（1）人均生产总值。其反映一个国家经济发展水平和经济发展速度，是商贸业发展的基础条件，也是现代化的衡量标准。根据国际通行的标准，当人均 GDP 达到 6000 美元时，可以说是达到了现代化的基本标准，才有建设商贸中心的物质经济基础和市场需求条件。

（2）第三产业增加值占生产总值比重。该指标反映宏观经济与产业结构的优化程度、商贸中心城市的辐射力、凝聚力和综合服务水平。商贸业发展与其他服务产业有着密切的联系，这是商贸业现代化对"四流"（商流、信息流、资金流、物流）运动的要求而产生的互动作用。目前商贸发达的国际商贸中心城市第三产业比重基本上已超过 80%。

（3）都市经济圈腹地范围。当代国际商贸中心城市都有向外延伸的广泛空间，能够形成一定的大都市经济圈或辐射范围，从而对整个区域发展产生举足轻重的作用。

二　商贸中心竞争力的因子分析方法简介

（一）因子分析概述

因子分析是多元统计分析中常用的一种方法。其基本思想是通过研究众多变量之间的内部依赖关系，寻求这些数据的基本结构，并用少数几个被称为公因子的不可观测变量，来表示基本数据结构。这些公因子能够反映原来众多变量所代表的主要信息，从而有利于研究者达到简化数据结构、方便研究的目的。

在区域经济与城市研究中，描述某些区域或城市综合特征的统计指标往往有很多，但这些指标之间常常具有很强的相关性，使研究工作复杂化。运用因子分析，可以从反映某些区域或城市综合特征的众多变量中，提取主要的几个公因子，每一种公因子代表一种影响，抓住这些公因子，既可以使我们分析出影响区域或城市经济发展的不可观测的主要影响因素，而且可以简化数据结构，确定综合评价数学模型的权重，从而计算出综合评价值。

（二）因子分析模型与因子载荷矩阵

假定有 n 个城市，有 p 个指标反映某一综合性城市特征，表示为矩阵如表 5—2。

表 5—2　　　　　　　　　　综合城市特征矩阵

样本＼指标	x_1	x_2	⋯	x_j	⋯	x_p
1	x_{11}	x_{12}	⋯	x_{1j}	⋯	x_{1p}
2	x_{21}	x_{22}	⋯	x_{2j}	⋯	x_{2p}
⋮	⋮	⋮	⋮	⋮	⋮	⋮
i	x_{i1}	x_{i2}	⋯	x_{ij}	⋯	x_{ip}
⋮	⋮	⋮	⋮	⋮	⋮	⋮
n	x_{n1}	x_{n2}	⋯	x_{nj}	⋯	x_{np}

这 p 个指标反映了 n 个城市间的差距。那么能否从这 p 个指标中提取出 m（$m<p$）个公因子，使这 m 个公因子仍能保持原来 p 个指标所反映的大部分城市差异？

先对原始变量进行标准化处理，形成以下模型：

$$x_1 = \alpha_{11}F_1 + \alpha_{12}F_2 + \cdots + \alpha_{1p}F_p + \varepsilon_1$$
$$x_2 = \alpha_{21}F_1 + \alpha_{22}F_2 + \cdots + \alpha_{2p}F_p + \varepsilon_2$$
$$\vdots \qquad \vdots \qquad \vdots \qquad \vdots \qquad \vdots$$
$$x_p = \alpha_{p1}F_1 + \alpha_{p2}F_2 + \cdots + \alpha_{pp}F_p + \varepsilon_p$$

上述模型被称为因子模型。

在上述因子模型中，x 为标准化后的新变量，$x = (x_1, x_2, \cdots, x_p)'$。

F 为公因子，是相互独立的不可观测的理论变量，$F = (F_1, F_2, \cdots, F_m)'$。

由公因子的系数组成的矩阵 A 为因子载荷矩阵，矩阵 A 中的元素 a_{ij} 为因子载荷。

$$A = \begin{bmatrix} a_{11} & a_{12} & \cdots & a_{1m} \\ a_{21} & a_{22} & \cdots & a_{2m} \\ \vdots & \vdots & \vdots & \vdots \\ a_{p1} & a_{p2} & \cdots & a_{pm} \end{bmatrix}$$

（三）因子解释与因子旋转

在具体的区域经济或城市经济分析过程中产生的公因子必须是可以解释的，否则因子模型毫无意义。对因子的解释是通过因子载荷矩阵来进行的。当求得的因子载荷矩阵无法解释公因子的实际意义时，因子分析方法通常是通过因子旋转来寻求对公因子意义的解释。因子旋转相当于将因子空间的坐标轴旋转，通过正交或斜交旋转使因子载荷矩阵上每一列的元素能够尽量的极化，以利于因子意义的解释。

（四）因子抽取个数与因子得分

1. 因子抽取个数

因子抽取个数取决于因子对原始变量的方差贡献。方差贡献越大，公因子越重要。一般认为，当重要性居于前几位的因子的总体方差贡献率达到或超过 85%时，后面的公因子就可以不考虑了。

2. 因子得分

在因子模型中，实际上是用因子的线性组合来表示原始变量，因子负载的线性组合的系数。而在解决区域经济与城市经济的实践中常常需要反过来考虑原始变量对公因子的影响，将公因子表示为原始变量的线性组合，进而计算因子得分。公式如下：

$$F_j = \beta_{j1}x_1 + \beta_{j2}x_2 + \cdots + \beta_{jp}x_p \qquad (j = 1, 2, \cdots, m)$$

第二节　重庆市中心区、成都、昆明、贵阳、南宁商贸中心竞争力实证分析

一　城市和指标数据的选取

(一) 城市的选取

中心城市是商贸中心的载体。西南地区商贸中心建设不可能遍地开花，而是要最终落实到西南地区的重庆、四川、云南、贵州、广西五省市区的中心城市里。显然，在西南地区五省市区中具有建设商贸中心资格的城市是重庆市、成都市、昆明市、贵阳市和南宁市。但是，由于重庆市是作为一个 "大城市+大农村" 型省级建制直辖市，因此直接进行重庆市与成都市、昆明市、贵阳市和南宁市的商贸中心竞争力比较是没有现实意义的，而且它们之间也不具有可比性。为了解决这个问题，笔者特选择重庆市的中心区（包括重庆市的 "一小时经济圈" 地区，具体为都市功能核心区、都市功能拓展区和城市发展新区共 19 区 2 县，包括渝中区、大渡口区、江北区、沙坪坝区、九龙坡区、南岸区、北碚区、渝北区、巴南区主城九区和涪陵区、长寿区、江津区、合川区、永川区、南川区、綦江区、大足区、铜梁区、璧山区、潼南县、荣昌县）作为重庆市商贸中心建设区域，并将其与成都、昆明、贵阳和南宁进行商贸中心竞争力比较。

(二) 指标数据的选取

对西南地区的重庆市中心区、成都、昆明、贵阳和南宁商贸中心竞争力进行评价分析，笔者选取了 21 个构成商贸中心竞争实力

的指标，并以这五个城市的 2012 年指标数据来进行竞争力评价，见表 5—3。

表 5—3　　2012 年重庆市中心区、成都、昆明、贵阳、南宁商贸中心竞争实力评价原始数据

商贸中心名称	社会消费品零售总额（亿元）	进出口总额（亿美元）	城市居民人均可支配收入（元）	城镇居民人均消费支出（元）	农村居民人均纯收入（元）	第三产业增加值（亿元）
重庆市中心区	3260.204	520.0717	23459	17109	9490	3573.7
成都	3317.666	475.39	27194	19054	11501	4025.2
昆明	1493.799	200.96	25240	16990	8040	1473.5
贵阳	683.1866	50.51	21796	15718	8488	910.7
南宁	1255.59	41.47	22561	15292	6777	1219.5

商贸中心名称	年末常住人口（万人）	城镇人口（万人）	生产总值（亿元）	城乡居民年末储蓄余额（亿元）	年末金融机构存款余额（亿元）
重庆市中心区	1837.14	1249.95	8826.98	6290	15898
成都	1417.8	853.99	8138.9	7060.03	20354
昆明	653.3	438.04	3011.1	2967.02	8839.46
贵阳	445.17	313.98	1700.3	1498.2	4394.37
南宁	679.08	202.07	2503.2	1863.8	5627.18

商贸中心名称	地方财政预算内收入（亿元）	客运量（万人）	货运量（万吨）	运输方式种类（种）	区位优势系数
重庆市中心区	802.73	107354	85422	5	4

续表

商贸中心名称	地方财政预算内收入（亿元）	客运量（万人）	货运量（万吨）	运输方式种类（种）	区位优势系数
成都	780.9	106874	39542	3	3
昆明	378.4	15918	26193	4	3.5
贵阳	241.2	46489	16635	4	4
南宁	229.72	12042	29785	5	5

商贸中心名称	固定资产投资总额（亿元）	实际利用外资（亿美元）	土地面积（平方公里）	邮电业务总量（亿元）	年末电话用户（万户）
重庆市中心区	6837.49	87.34	28664	172.901	1969.92
成都	5890.1	85.9	12390	213.2	1664.94
昆明	2345.91	15.88	21473	117.28	988.23
贵阳	2482.56	4.7415	8034	66.05	742.82
南宁	2585.18	5.03	33112	93.39	824.72

注：（1）数据均采用当年价；（2）所有数据均为2012年数据；（3）运输方式分为公路、铁路、水运、航空和管道运输五种方式；（4）区位优势系数主要由地理位置中离出海口岸、边贸口岸的远近、区域经济腹地的大小、区域市场的大小和是否靠近大江大河来确定；（5）年末电话用户包括固定电话、移动电话和小灵通用户。

资料来源：《中国统计年鉴（2013年）》《重庆市统计年鉴（2013年）》和成都市、昆明市、贵阳市和南宁市2012年国民经济和社会发展统计公报及其他相关网站。

二　计算方法和结果

本书选取表5—3所示的重庆市中心区、成都、昆明、贵阳和南宁商贸中心的指标和数据，进行正规化处理后，将标准化的数据输入SPSS18.0统计分析软件进行因子分析，进而确定这五个商贸中心的竞争力排名。

（一）对指标进行无量纲化处理

笔者这里采用标准化处理方法对指标进行无量纲化处理，公式如下：

$$x_{ij} = (x_{ij} - \overline{x_j})/\sigma_j \quad 若\ \sigma_j = 0 , 令\ x_{ij} = 0$$

处理结果略。

（二）因子抽取个数

通过 SPSS18.0 软件因子分析（Factor Analysis）中的描述模块（Descriptive）计算得出 5—4 总方差分解表（Total Variance Explained）。

表 5—4   因子解释的总方差情况

公因子	特征值	方差贡献率（%）	累计方差贡献率（%）
第一公因子	16.149	76.901	76.901
第二公因子	3.658	17.418	94.319
第三公因子	0.923	4.396	98.716
第四公因子	0.270	1.284	100.000
第五公因子	8.814E-16	4.197E-15	100.000
第六公因子	6.289E-16	2.995E-15	100.000
第七公因子	4.710E-16	2.243E-15	100.000
第八公因子	3.161E-16	1.505E-15	100.000
第九公因子	2.386E-16	1.136E-15	100.000
第十公因子	1.719E-16	8.186E-16	100.000
第十一公因子	1.382E-16	6.581E-16	100.000
第十二公因子	8.461E-18	4.029E-17	100.000
第十三公因子	-7.438E-18	-3.542E-17	100.000
第十四公因子	-7.975E-17	-3.797E-16	100.000

续表

公因子	特征值	方差贡献率（%）	累计方差贡献率（%）
第十五公因子	-1.328E-16	-6.323E-16	100.000
第十六公因子	-1.918E-16	-9.134E-16	100.000
第十七公因子	-2.697E-16	-1.284E-15	100.000
第十八公因子	-3.158E-16	-1.504E-15	100.000
第十九公因子	-4.318E-16	-2.056E-15	100.000
第二十公因子	-5.013E-16	-2.387E-15	100.000
第二十一公因子	-1.100E-15	-5.236E-15	100.000

　　按因子抽取个数的标准：重要性居前几位的因子总体方差贡献率达到或超过85%时，后面的因子就可以不考虑。根据上述标准，这里可抽取2个因子作为公因子，2个公因子的特征根值分别为16.149、3.658，2个公因子的累计方差贡献率达98.68%。此外，公因子的确定还可参照图5—1所示。

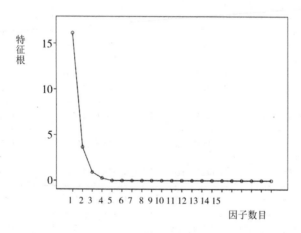

图5—1　重庆市中心区、成都、昆明、贵阳和南宁
商贸中心竞争力研究碎石图

（三）因子旋转与因子解释

对因子解释是通过载荷矩阵进行的。对通过 SPSS18.0 因子分析得到因子载荷矩阵如表 5—5 所示。显然，表 5—5 无法解释公因子的实际意义。为此，采用最大四方值法（Quartmax）进行因子旋转，得到旋转因子载荷矩阵如表 5—6 所示。

表 5—5　　重庆市中心区、成都、昆明、贵阳和南宁
商贸中心竞争力研究因子载荷矩阵表

变量	公因子 1	公因子 2
城乡居民年末储蓄余额	0.997	−0.012
地方财政预算内收入	0.996	0.069
实际利用外资	0.993	0.092
第三产业增加值	0.992	0.021
进出口总额	0.988	0.083
生产总值	0.983	0.179
社会消费品零售总额	0.983	0.125
年末金融机构存款余额	0.981	−0.118
邮电业务总量	0.965	−0.088
年末电话用户	0.964	0.255
固定资产投资总额	0.950	0.254
年末常住人口	0.932	0.362
城镇人口	0.922	0.282
客运量	0.919	0.016
农村居民人均纯收入	0.873	−0.429
城镇居民人均消费支出	0.868	−0.462
货运量	0.733	0.656

续表

变量	公因子 1	公因子 2
城市居民人均可支配收入	0.670	-0.539
运输方式种类	-0.317	0.945
土地面积	-0.054	0.839
区位优势系数	-0.624	0.715

　　从表5—6可以看出，公因子1为商贸中心商贸经济规模因子，社会消费品零售总额、进出口总额、第三产业增加值、农村居民人均纯收入、生产总值、年末金融机构存款余额、城乡居民年末储蓄余额、邮电业务总量、客运量、固定资产投资总额、货运量、年末非农业人口、地方财政预算内收入、城镇居人均消费支出、年末电话用户、城镇人口、年末常住人口和实际利用外资变量在其中承担了较大载荷。

　　公因子2为商贸中心发展潜力因子，土地面积、运输方式种类、区位优势系数和城市居民人均可支配收入变量在其中承担了较大载荷。

　　表5—6　　重庆市中心区、成都、昆明、贵阳和南宁商贸中心
竞争力研究旋转因子载荷矩阵表

变量	公因子 1	公因子 2
生产总值	0.997	0.060
地方财政预算内收入	0.997	-0.051
实际利用外资	0.997	-0.027
进出口总额	0.991	-0.036
社会消费品零售总额	0.990	0.006
城乡居民年末储蓄余额	0.988	-0.131

续表

变量	公因子 1	公因子 2
年末电话用户	0.988	0.137
第三产业增加值	0.987	−0.098
固定资产投资总额	0.974	0.139
年末常住人口	0.968	0.248
年末金融机构存款余额	0.960	−0.234
城镇人口	0.949	0.170
邮电业务总量	0.948	−0.203
客运量	0.915	−0.094
农村居民人均纯收入	0.815	−0.531
城镇居民人均消费支出	0.807	−0.563
货运量	0.806	0.564
运输方式种类	−0.201	0.976
土地面积	0.047	0.840
区位优势系数	−0.534	0.784
城市居民人均可支配收入	0.601	−0.616

三　公因子权重和因子值

公因子权重的计算公式为：$W_i = \lambda_i / \sum_1^2 \lambda_i$，其计算结果如表 5—7 所示。

表 5—7　　　　　　　　　　公因子权重表

公因子（F）	特征根子值（λ）	贡献率（%）	累计贡献率（%）	因子权重（W）
公因子 1	16.149	75.901	76.901	0.815
公因子 2	3.658	17.418	98.716	0.185

四　商贸中心竞争实力排序与结论和对策

（一）商贸中心竞争力排序

通过一系列计算，最终得到西南地区商贸中心竞争实力排序结果如表5—8所示。

表5—8　　　　　西南地区商贸中心竞争实力排序结果表

商贸中心	公因子1得分	公因子2得分	商贸中心竞争实力分值
重庆市中心区	1.13689	1.16937	1.1428988
成都	1.02109	−1.18792	0.61242315
昆明	−0.45482	−0.46121	−0.45600215
南宁	−0.79001	0.90832	−0.47581895
贵阳	−0.91317	−0.42856	−0.82351715

从表5—8可以看出，西南地区五大商贸中心的竞争实力，重庆市中心区商贸中心排第一位，成都商贸中心排第二位，昆明商贸中心排第三位，南宁商贸中心排第四位，贵阳商贸中心排在最后一位。第一位和第二位之间的分值相差相对较小，这表明重庆市中心区商贸中心和成都商贸中心的竞争实力不相上下。值得强调的是，在公因子1得分上，成都商贸中心略小于重庆市中心区商贸中心，这表明成都市商贸中心的商贸经济规模相对小于重庆市中心区商贸中心，这从成都商贸中心的进出口总额、生产总值、年末金融机构存款余额、城乡居民年末储蓄余额、实际利用外资、货运量、客运量和固定资产投资总额指标绝对量相对小于重庆市中心区商贸中心反映出来。从公因子2得分来看，成都商贸中心远远小于重庆市中心区商贸中心，这表明前者的发展潜力小于后者，这突出表现在成都商贸中心的区位优势、交通优势不如重庆市中心区商贸中心，同时也反映在成都商贸中心在土地面积、年末常住人口、城镇人口和固定资产投资总额指标的绝对量上小于重庆市中心区商贸中心。

（二）结论和对策

通过应用因子分析方法对重庆市中心区、成都、昆明、贵阳和南宁商贸中心竞争力实证分析可以得出，影响商贸中心竞争力主要有两大类因素：（1）商贸中心城市商贸经济规模。其可用商贸中心城市的社会消费品零售总额、进出口总额、第三产业增加值、城镇居民人均消费支出、农村居民人均纯收入、生产总值、年末金融机构存款余额、城乡居民年末储蓄余额、邮电业务总量、客运量、固定资产投资总额、货运量、年末常住人口、城镇人口、地方财政预算内收入和实际利用外资等指标来度量。（2）商贸中心发展潜力因素。其可由商贸中心城市的土地面积、运输方式种类、区位优势系数、城市居民人均可支配收入指标来度量。评价商贸中心竞争力的大小，既要看目前的商贸中心城市商贸中心经济规模，也要看商贸中心城市商贸经济发展潜力，而且商贸发展潜力因素更为重要。

通过以上实证分析还可得出，重庆市中心区、成都、昆明、贵阳和南宁五个商贸中心的竞争力分值及其大小排序。由此，也为西南地区商贸中心规划布局中选择西南地区商贸中心体系中的一、二级商贸中心分布提供科学根据，为西南地区商贸中心的管理运营和信息化建设等提供量化依据。

第三节　西南地区商贸中心竞争力
影响因素分析

造成西南地区商贸中心体系中的重庆市中心区、成都、昆明、贵阳和南宁商贸中心竞争实力差异的背后是各商贸中心所在城市综合竞争力影响因素的差异。

一　交通区位因素分析

对于商贸中心来说，拥有良好的交通区位优势是其得以存在和不断发展的前提条件和基础。另外，区位因素的优劣，直接影响商贸中心投资环境的好坏和商贸中心市场的培育和发展，进而影响商贸中心综合竞争力的高低。西南地区商贸中心体系中的重庆市中心区、成都、昆明、贵阳和南宁商贸中心得以发展的前提是各商贸中心所在城市具备较好的交通区位优势，同时交通区位因素也是决定这些区域性商贸中心的未来发展潜力。重庆市、成都市、昆明市、贵阳市和南宁市 2012 年交通区位指标状况如表 5—9 所示。

表 5—9　　　　重庆市、成都市、昆明市、贵阳市和南宁市
2012 年交通区位指标状况

城市名称	客运量（万人）	货运量（万吨）	运输方式种类（种）	区位优势系数	公路通车路里程（公里）	高速公路长度（公里）
重庆市	157798	110136	5	4	31407	580
成都市	106874	39542	3	3	16543	351
昆明市	15918	26193	4	2.5	5000	—
贵阳市	46489	16635	4	4	—	—
南宁市	12042	29785	5	5	—	—

注：运输方式指的是公路、铁路、水运、空运和管道运输五种方式。

资料来源：《中国统计年鉴（2013 年）》和成都市、昆明市、贵阳市和南宁市 2012 年国民经济和社会发展统计公报。

从表 5—9 可以看出，在区位方面，南宁市的区位优势最佳，南宁是西南地区唯一既沿海又沿边的省区的省府，毗邻粤、港、澳，背靠大西南，面向东南亚，是连接东南沿海与西南内陆的重要枢纽，是西南地区重要的铁路枢纽及西南各省最便捷的出海通道，也是西部各省区唯一沿海的省会城市。它是承接东部发达地区与西部地区物流、人流、信息流的必经之地，也是东部产业转移的地区。无论在硬件还是软件上，南宁商贸业都具备进一步发展的空间和市场条件，并有强大实力成为未来的商贸中心与物流中心。其次是昆明市和重庆市。云南省与越南、缅甸接壤，其省会昆明市距边贸口岸和西南地区的出海口——钦州港、北海港和防城港都很近。重庆作为长江上游的经济中心城市，依山临水，地处西南地区中心位置，地理区位也较佳。相比之下，贵阳市和成都市的区位较差一些。成都市虽居四川盆地和成都平原中央，但西面和北面皆是经济较落后的高原地区，经

济区拓展余地不大，同时深居内陆，出海和出边路途遥远，这也导致成都市虽然目前建设商贸中心的经济实力较强，但商贸中心未来发展潜力较弱的原因所在。贵阳市较成都市和重庆市而言离出海口岸和边贸口岸较近，随着贵广高铁的开通，贵阳的区位优势将大幅提升。

第一，从交通方面来看，在交通运输方式上重庆市和南宁市占优，二者除了铁路、公路、航空运输方式外，还多了内河航运。重庆主城区在 2014 年已开通轻轨 2 号、3 号和 6 号线及地铁 1 号线，运营里程为 168.8 公里。成都 2012 年已开通了地铁 1 号线和 2 号线，运营里程为 65 公里。昆明市 2014 年开通地铁 1 号线、2 号线和 3 号线，运营里程达 60 公里。随着 2013 年 9 月 30 日，中缅油气管道的贯通，昆明、重庆和贵阳新拥有跨国管道运输方式。第二，从运输能力来看，不论是从客运量还是货运量来看，重庆市和成都市都处在前列，这反映了这两个城市的交通运输业起步早、基础好。在货物运输方面，重庆市运量最大，这一方面是由于作为具有 8 万平方公里的直辖市，其本身所辖地域面积就比其他四个城市大得多；另一方面也凸显重庆市作为西南地区的水陆码头和交通物流中心的地位。

二　经济因素分析

这里的经济因素主要包括商贸中心所在城市经济发展的初始条件、资金和市场等。西南地区的重庆市中心区、成都、昆明、贵阳和南宁商贸中心所在的重庆市、成都市、昆明市和南宁市的商贸经济发展指标见表 5—10。

表 5—10　西南地区重庆市、成都市、昆明市、贵阳市和南宁市
2012 年商贸经济发展指标

城市名称	社会消费品零售总额（亿元）	进出口总额（万美元）	城市居民人均可支配收入（元）	人均社会消费品零售总额（元）	农村居民人均纯收入（元）	第三产业增加值（亿元）
重庆市	4033.7041	917.74	22968	12066	7383	4494.4
成都市	3317.6664	475.39	27194	28284	11501	4025.2

续表

城市名称	社会消费品零售总额（亿元）	进出口总额（万美元）	城市居民人均可支配收入（元）	人均社会消费品零售总额（元）	农村居民人均纯收入（元）	第三产业增加值（亿元）
昆明市	1493.799	200.96	25240	27510	8040	1473.5
贵阳市	683.1866	50.51	21796	18218	8488	910.7
南宁市	1255.5902	41.47	22561	17585	6777	1219.5

城市名称	年末总人口（万人）	生产总值（亿元）	人均生产总值（元）	城乡居民年末储蓄余额（亿元）	年末金融机构存款余额（亿元）
重庆市	3343	11409.6	39083	8472.51	18934.8
成都市	1173	8138.9	57624	7060.03	20354
昆明市	543	3011.1	46256	2967.02	8839.46
贵阳市	375	1700.3	45341	1498.2	4394.37
南宁市	714	2503.2	35138	1863.8	5627.18

城市名称	年末金融机构贷款余额（亿元）	地方财政预算内收入（亿元）	土地面积（平方公里）	旅游外汇收入（亿美元）	旅游接待游客（万人次）
重庆市	15131.22	1703.5	82400	11.68	29000
成都市	15630	780.9	12390	6.3	12246.5
昆明市	8165.49	378.4	21473	3.39	4694
贵阳市	3479.47	241.2	8034	0.4474	6344.2
南宁市	5501.28	229.72	33112	1.07	5122

城市名称	固定资产投资总额（亿元）	外商直接投资（亿美元）	旅游总收入（亿元）	邮电业务总量（亿元）	年末电话用户（万户）	互联网用户（万户）
重庆市	9380	105.33	1662.15	277.26	2645.3	1068

续表

城市名称	固定资产投资总额（亿元）	外商直接投资（亿美元）	旅游总收入（亿元）	邮电业务总量（亿元）	年末电话用户（万户）	互联网用户（万户）
成都市	5890.1	85.9	1010.7	213.2	2511.3	785
昆明市	2345.9	15.88	426.68	117.28	988.23	337.75
贵阳市	2482.6	4.7415	602.7	66.05	742.82	451.94
南宁市	2585.2	5.03	397.13	93.39	824.72	504.85

注：表中价值类指标均用当年价。

资料来源：重庆市、成都市、昆明市、贵阳市和南宁市 2012 年国民经济和社会发展统计公报。

从表 5—10 可以看出，重庆市和成都市的经济实力最强，贵阳最弱。这是因为，重庆市的数据是包括重庆市中心区（都市功能核心区+都市功能拓展区+城市发展新区）、渝东北生态涵养区和渝东南生态保护发展区，面积达 8.24 万平方公里的地域，如果仅以重庆市中心区来看，上述五个商贸中心城市中成都市的经济实力最强。南宁市的人均水平较低与其行政区划的变化有关，在行政区划调整之前的 2012 年，南宁市的人均 GDP 和人均社会消费品零售总额分别为 35138 元和 17585 元，在五个城市中居于中上位置。2012年经过南宁市扩大成为五城区和七个县，面积达 33112 平方公里，形成了类似重庆市的"大城市+大农村"格局。从金融业规模来看，成都市、重庆市、昆明市金融业较为发达，强大的金融实力为这三个城市建设商贸中心提供了良好的金融支撑条件，这也是这三个城市能率先规划发展 CBD 的重要基础环境条件之一。总之，从商贸经济实力来看，以上五个城市中，重庆市和成都市发展商贸中心的实力最强。

三　人力资源因素分析

人口因素，特别是人力资源的质量、数量与迁移及人气的兴旺与否，对商贸中心竞争力有着举足轻重的影响。

第一，从人口的数量来看，从表5—10可以看出2012年五个城市的年末总人口的排序是重庆市>成都市>南宁市>昆明市>贵阳市，即使仅算重庆市中心区，上面的人口数量排序依然是重庆市中心区第一。这从一个侧面反映了重庆市中心区和成都商贸中心的发展潜力大。

第二，从人口质量来看，从定性来看，成都市、重庆市的人口质量最高，昆明市其次，而贵阳市和南宁市则相对低一些。商贸中心的竞争归结为人才的竞争，而人才的竞争和人力资源的竞争最终归结为教育的竞争。

2012年，重庆市、成都市、昆明市、贵阳市和南宁市拥有普通高校分别为67所、68所、41所、19所和21所；普通高校在校生分别为67.0174万、68.5639万、31.6万、39.1071万和31.8047万人；"211"高校分别为2所、5所、1所、1所和1所。

从西南地区的教育发展水平来看，成都市和重庆市居于领先地位，昆明次之，南宁第四，贵阳第五。这表明以上城市在建设科教文化中心、促进商贸中心的发展上，成都市和重庆市具有相对优势，昆明市居中，而南宁市和贵阳市则处于相对劣势。

四　技术因素分析

现代科学技术具有高度的创新性、倍增性。技术因素是直接影响商贸中心竞争的决定性因素，尤其是现代商贸中心的 E-CBD 建设更离不开现代计算机技术、网络技术与通信技术的支撑。对比重庆市、成都市、昆明市、贵阳市和南宁市的技术实力，可看出成都市的技术实力，尤其是信息技术实力居于首位，重庆市次之，昆明市第三，贵阳市第四，南宁市则居于最后一位。这为重庆中心区、成都商贸中心建设 E-CBD 奠定了坚实的技术基础。

成都是我国西部科教文化中心，也是我国信息技术研发、信息产品生产和信息人才培养的重要基地。成都市有国家重点实验室12个、国家工程技术中心14所。2012年，成都市获专利授权42220件。2013年，成都高新技术产业产值达5123.04亿元，增加值达

1349.05 亿元。2012 年，成都 IT 产业主营业务收入达 3777 亿元，而落户成都的世界 500 强 IT 企业近 50 家，居西部城市之首。

重庆市的国家重点实验室和国家工程技术中心分别为 8 个和 10 个。2012 年，重庆研发经费支出 162 亿元，占地区生产总值的 1.4%，获得专利授权 2.04 万件；高新技术制造业总产值达 3495.56 亿元，软件产业总产值达 129.01 亿元；重庆电子信息产业实现总产值 1232.45 亿元，20 多家世界 500 强 IT 企业入驻重庆。

昆明市有国家重点实验室 3 个，国家工程技术研究中心 2 个。2012 年，昆明市实施科研项目 585 项，全年获专利授权 3593 件。2012 年年底，昆明市国家级高新技术企业已超过 400 家，高新技术产业产值突破 1000 亿元。

贵阳市 2012 年完成 684 项科技计划项目立项工作，下达项目经费高达 1.6 亿元，全年专利授权达 2997 件。2010 年，贵阳全市信息产业总产值达 207.7 亿元；2013 年，贵阳市信息产业完成产值 301 亿元，全市规模以上电子信息服务企业 53 家，软件及信息服务企业 1400 多家。

2012 年年末，南宁市签订各类技术合同 285 项，金额为 1.59 亿元，2012 年全年专利授权达 3700 件。2012 年，南宁市电子信息产业产值达 160.5 亿元，规模以上电子信息制造企业达 23 家。

以上各城市科技发展为其商贸中心发展提供了技术支撑。

五　政策因素分析

政策是影响商贸中心产业竞争力的主要因素之一。从宏观角度来看，西南地区各省市可以通过经济、法律、行政手段实施产业政策和区域政策，提高商贸中心城市产业竞争力。从地方政策导向来看，西南地区的重庆市、成都市、昆明市和南宁市都比较重视商贸中心的建设，而贵阳市当局对商贸中心建设支持度相对低一些，其商贸中心 CBD 仍处在规划阶段。

从政策因素来看，作为直辖市的重庆市稍微占优。作为我国中西部唯一的直辖市，重庆市在政策、资金等方面都得到了国家优惠。2009 年，两江新区设立后，根据国务院批复的文件，两江新区将是政策最优的新区，其政策包括西部大开发政策、综合配套改革试验区政策和国家级新区政策。这政策措施的实施，有力地推进了重庆市中心区商贸中心的建设与发展。

成都市作为我国西部地区最大的经济中心城市之一，成都市当局和当地理论界更是雄心勃勃地提出要将成都建成"西部商贸中心"的口号。随着 2014 年 10 月 2 日，四川天府新区的批准设立，成都市也享有国家级新区的政策优势，加之西部大开发政策和城乡统筹配套改革政策的实施，进一步推进了成都商贸中心的发展。

昆明是祖国西南边疆多民族的云南省省会城市，地处滇中，内连"三迤"，外通印支，特殊的地理位置，使昆明成为历史上著名的古代南方丝绸之路的重要枢纽。昆明是云南省商业贸易中心、西南地区较大的日用商品集散地、中国与东南亚内陆桥梁和国际通道。近年来，昆明市作为泛亚铁路的起点和中缅油气管道的重要节点，奠定了昆明建设面向东南亚、南亚的国际商贸中心的环境条件和国家政策支持基础条件。大湄公河次区域经济合作机制和中国—东盟自由贸易区的建成更促进了昆明商贸中心和其 CBD 的进一步发展。

贵阳是西南地区重要的陆路交通枢纽，具备发展商贸中心的人流、物流、交通流和信息流。为此，贵阳市政府在 2012 年就出台了《贵阳市大型专业市场规划》，指导了贵阳市商贸业发展。2013 年，贵阳市投资兴建了规划面积 10 平方公里、投资总额 600 亿元、总建筑面积 1420 万平方米的贵阳西南国际商贸城。2014 年 1 月 6 日，国务院批准设立规划面积达 1795 平方公里的国家级新区——贵安新区，加之贵广高铁（贵阳—广州）已于 2014 年 12 月 20 日投入运营，进一步造就了贵阳市建设商贸中心的政策和交通区位优势。

至于南宁市，随着中国—东盟自由贸易区的建立和 2004 年中国—东盟博览会落户南宁，南宁市当局已制定了雄心勃勃地发展商贸中心的规划，力争借助南宁市优势的区位将南宁打造成面向东盟的区域商贸中心和区域物流中心。2011 年，南宁市出台了《南宁市"十二五"商贸物流发展规划》，提出在南宁市建立区域性国际商贸物流基地目标，为推进南宁市区域性国际商贸中心建设提供了政策支持和规划指导。

　　总之，从地方政府建设商贸中心的政策和相关配套措施来看，重庆市、成都市、贵阳市和昆明市做得比较好；而从国家政策支持来看，重庆市、成都市和贵阳市则占优。正是因为有国家的政策支持，重庆市中心区商贸中心和成都商贸中心取得了长足的发展，进而奠定了重庆市中心区商贸中心和成都商贸中心发展成为西南地区商贸中心体系一级商贸中心的地位。

第六章

西南地区商贸中心体系布局与
管理运营的建议

　　商贸中心作为一个系统，分为要素结构子系统、功能结构子系统和管理运营子系统。西南地区的商贸中心要发挥后发优势，从一开始就要注重环境美化保护和休闲娱乐配套设施建设，将之打造成为特色鲜明、环境优雅的商贸中心。为此，在西南商贸中心的布局规划过程中，要进行科学系统分析，把握好西南地区商贸中心空间布局、功能定位、内部要素结构，发挥优势，突出特色，力争把西南地区商贸中心规划建设成为人文气息浓厚、地方特色浓郁、功能完备、设施先进的现代商贸中心。

第一节　西南地区商贸中心体系的
空间布局

　　据我国商务部报告，2005 年我国继续成为跨国公司投资的重点区域，而跨国公司在我国的投资重点已转向上游的研发基地建设与核心部件的生产和下游物流贸易服务。为此，加入 WTO 过渡期结束后，我国的商贸服务业将面临国外跨国公司强有力的竞争，同时也给我国商贸服务业的发展和产业升级带来了前所未有的发展机遇。积极推进我国传统商业向现代商业转变，加快建立新型现代商业体制，进一步发挥现代商业对国民经济的先导作用和带动作用，是当前及今后一个时期我国商业工作的主要任务。做好商贸中心规划和城市商业规划工作，是实现这个目标的重要途径。

一　商贸中心空间布局的战略思路和原则

（一）商贸中心布局的战略思路

西南地区商贸中心空间布局的战略思路是：以市场经济理论、区域经济发展理论、商品流通发展规划理论为指导，采用系统工程分析方法，客观科学地分析西南地区社会经济现状和发展趋势，正确把握建设西南地区商贸中心的条件和制约因素，根据系统的目的、功能、结构的辩证关系，设计出西南地区商贸中心发展的空间布局和内部结构方案（包括要素结构、层次结构和布局结构），并提出相应的对策措施。

（二）商贸中心布局的基本原则

为了贯彻西南地区商贸中心布局的总指导思想，在进行西南地区商贸中心布局时要遵循以下原则：（1）系统原则。西南地区商贸中心的建设和发展是一项复杂的系统工程，需要正确处理该系统的发展与相邻的西北地区、长江中游地区、长三角地区、珠三角地区及东盟和南亚国家的竞争与合作关系。（2）坚持市场导向原则。充分发挥市场机制配置资源的基础性作用，以市场为导向，建立与市场经济相适应的新型流通运行机制，建立区域共同市场，形成多元化竞争和多元发展的格局。（3）高起点、分阶段稳健推进原则。（4）全方位开放规划设计原则。改善商业投资环境，实施全方位、高起点、宽领域的对内对外开放，引入多种经济成分和多种业态的商业企业。（5）客观科学、发挥优势、突出特色的原则。西南地区商贸中心空间布局应建立在对人口流量和社会潮流的预测上，既要考虑周边居民的收入水平、消费习惯，又要考虑交通、文化等相关因素，业态、业种的层次搭配更要通盘考虑。（6）"就业优先"原则。西南地区商贸中心空间布局更应持"就业优先"原则，在商贸中心内部要素结构布局中除了适当发展大卖场、购物中心外，要大力发展可容纳更多就业岗位的小型连锁经营店铺。

（三）商贸中心布局的具体原则

商贸中心布局的具体原则有五点：一是要根据错位发展的原则，明确功能定位，根据区位条件、人口流量、产业支撑、软硬件环境和地方文化特色等，确定商贸中心的功能和分工，避免功能重复、重复建设和恶性竞争。二是要把商贸中心的建设融入城市景观建设，商业、商务设施如百货大楼、会展中心、办公楼等应按照标志性建筑加以建设，使得商贸中心真正成为现代城市风貌展示区和"城市名片"。三是要留足公共文化休闲及绿化用地，突出生态环境功能。四是要把商贸中心的建设与城市旅游产业的发展结合起来，把城市旅游与购物、休闲及文化娱乐融为一体。五是商贸中心除了软硬件配套设施之外，要配套建设适合高级白领特别是商务人员居住的高档时尚住宅区。在国外的商务中心区中，高档住宅用地的比例一般占总用地面积的30%左右。

二　西南地区商贸中心体系空间总体布局

西南地区商贸中心的空间布局，即西南地区商贸中心的地理位置选点。在西南地区商贸中心空间布局过程中，可选择西南地区商贸中心的一级、二级、三级商贸中心为大节点，以联系这些节点的铁路、公路、河运通道为干线及这些干线上的中小商贸城市和商贸城镇为小节点，按照"点轴"开发理论的要求构成大、中、小商贸节点结合、空间结构合理、功能完备的由点线结合交织而成的商贸中心网络结构。对于西南地区商贸中心的空间总体布局，笔者依据本书第五章对西南地区商贸中心的重庆市中心区、成都、昆明、南宁、贵阳五个商贸中心竞争实力实证评价的结果（见表6—1），来确定西南地区商贸中心的一、二级商贸中心。从表6—1来看，重庆市中心区、成都两商贸中心的竞争实力分值相差较小，而昆明、南宁、贵阳三商贸中心的竞争实力分值与上述两商贸中心相差较大。有鉴于此，笔者选择重庆市中心区和成都两个商贸中心作为西南地区商贸中心体系的一级商贸中心（主商贸中心），昆明、南宁和贵阳三个商贸中心为西南地区商贸中心的二级商贸中心（副商贸中心）。至于比这五个商贸中心城市更小的中小商贸中心城市建成西南地区商贸中心体系的三级商贸中心（辅商贸中心）和商贸网点。

表 6—1　　　　　　　　西南地区商贸中心竞争实力分值

商贸中心名称	商贸中心竞争实力分值
重庆市中心区商贸中心	1.1428988
成都商贸中心	0.61242315
昆明商贸中心	-0.45600215
南宁商贸中心	-0.47581895
贵阳商贸中心	-0.82351715

在西南地区商贸中心体系的空间总体布局中，笔者根据重庆市中心区、成都、昆明、南宁和贵阳五个商贸中心所处的相对地理位置来进行空间布局，重庆市中心区商贸中心居中，成都商贸中心在西，昆明商贸中心在南，南宁商贸中心在东南，贵阳商贸中心在东，而这五个地区性商贸中心下属分别有众多三级商贸中心。西南地区商贸中心空间总体布局如图 6—1 所示。

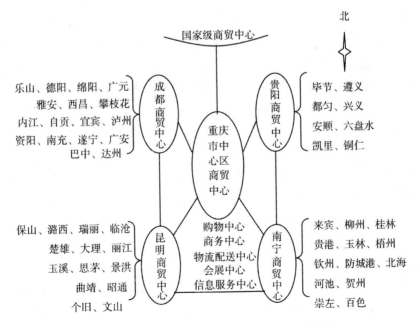

图 6—1　西南地区商贸中心体系空间布局结构

三　西南地区商贸中心体系一级商贸中心布局

西南地区商贸中心的一级商贸中心是西南地区商贸中心的主商贸中心，是支撑西南地区商贸中心体系的核心。西南地区商贸中心体系的一级商贸中心布局位于重庆市中心区和四川省成都市。

（一）重庆市中心区商贸中心布局

1. 重庆市中心区商贸中心的总体定位和空间布置原理

（1）重庆市中心区商贸中心的总体定位。重庆市中心区商贸中心的总体定位为我国西部地区最大的商贸中心之一和西南地区商贸中心的主商贸中心。重庆市中心区商贸中心可建成"主城区商贸中心+地区性中心城市商贸中心+中心镇商业区+社区商业"的多层级、多形态的空间布局格局。主城区商贸中心区包括主城区解放碑中央商务中心区；沙坪坝、观音桥、南坪、杨家坪四个主城区商业中心区；合川、永川、江津、涪陵、长寿和綦江六个三级商贸中心；此外，还发展有若干中心镇以及社区商业中心。由于重庆市中心区商贸中心处于西南地区商贸中心的五大地区性商贸中心中部，具有承东启西的作用，加之重庆市作为我国西部唯一的直辖市，商贸中心竞争实力位于五大商贸中心之首，因此其在西南地区商贸中心体系中应发挥核心作用。重庆市中心区商贸中心在西南地区商贸中心体系具体作用为：第一，主导性商贸中心。在该商贸中心设立西南地区商贸中心最大的商务运营中心。第二，物流中心和商贸物资周转基地。其功能是把西南地区商贸中心体系中的四川、重庆、贵州三省市及我国西北地区的商贸物资通过长江航道和第三条欧亚大陆桥及其他陆上通道转运到我国东部沿海地区和出口到国外，同时将东部沿海地区和国外的商贸物资转进来。第三，重要的会展中心。第四，重要的信息服务中心。

（2）重庆市中心区商贸中心的空间布置原理。重庆市中心区城市布局的"多中心、组团式"特征和大城市大农村的基本市情特征，决定重庆市中心区商贸中心的空间布局原理不能像平原城市按照"中心地理论"向四周展开，形成圈层结构。而只能按照"通道辐射"原理和点轴开发理论，以交通干线、交通枢纽、城市组团、居民点等为依托进行空间布局，形成层级结构。

在重庆市中心区商贸中心布局过程中，一是要打破行政界线，充分考虑商贸中心区的辐射半径，包括地理半径和时空半径，商贸中心区一般有效辐射半径在 10 公里左右。二是要把商贸中心区布局与大型流通基础设施包括现代物流园区、批发市场的建设和布局有机结合起来。二者有机结合才能形成良性互动，共同支撑重庆市中心区商贸流通产业的发展。

2. 重庆市中心区商贸中心的主城区商贸中心区布局

重庆市中心区商贸中心主城区商贸中心区位于重庆市都市经济发达圈内，包括解放碑、沙坪坝、江北、杨家坪和南岸五大商圈。五大商圈对重庆市中心区商贸中心商贸流通发展发挥核心枢纽作用，是展示重庆市都市风貌的窗口。重庆市主城区商贸中心区应着力提升质量和功能，营造现代经营环境，以"知识""诚信""时尚""文明"为主题，积极探索发展人文商贸、绿色商贸、信息商贸和品牌商贸，提高商贸流通现代化水平和经营服务质量，特别是大力拓展非商品消费服务领域。五大商圈的主要功能和特色的定位如下：第一，解放碑商圈。目前解放碑商圈的商业面积达 174 万平方米，平均日人流量达 30 万人次，节假日可达 100 万人次。该商圈规划打造为以中高档消费为主、现代零售业服务业集中、功能完善、经营规模大的"西部第一街"。第二，沙坪坝商圈。目前沙坪坝商圈的商业面积为 45 万平方米，平均日人流量达 30 万人次。该商圈规划建设成为文化艺术、科技教育氛围浓郁的商业文化中心，重点建设培育高新技术产品和文体用品交易区。第三，江北观音桥商圈。目前，江北商圈的商业面积为 80 万平方米，日均客流量达 50 万人次。该商圈规划建设成为特色突出的消费购物中心，着力打造观音桥商业步行街，使其成为设施配套的现代购物街区。第四，杨家坪商圈。目前，杨家坪商圈的商业面积为 68 万平方米，2014 年日均人流量达 70 万人次。该商圈规划建成景观优美的休闲购物中心，突出购物与生态、旅游休闲和文化的结合。第五，南岸南坪商圈。南岸商圈目前的商业面积为 150.2 万平方米，日均人流量达 30

万人次。该商圈规划建设成为餐饮、娱乐、旅游和会展功能突出的商业旅游中心。

3. 重庆市中心区商贸中心中央商务区布局

从重庆市中心区商贸中心的具体情况来看，重庆市中心区商贸中心 CBD 布局在解放碑—江北嘴—弹子石构成的长江、嘉陵江交汇处的"金三角"地区，主要由解放碑商贸中心区、江北嘴商务中心区和弹子石滨江地带功能配套区构成。2013 年根据重庆市政府要求，将对中央商务区进行扩容，由原来的 6 平方公里扩容为 10 平分公里，其中解放碑约 3.5 平方公里，江北嘴约 3.5 平方公里，弹子石约 3 平方公里。目前重庆解放碑 CBD 集中了全市 90% 的金融机构，70% 的驻渝世界 500 强企业及 12 家外国驻渝领事机构中的 11 家。① 因此，重庆主城 CBD 应引领重庆市中心区商贸中心 CBD 发展。"金三角" CBD 以重庆市解放碑大型百货、超市等集约化经营的现代商业及发达的金融等现代服务业和江北嘴国家级金融中心为支撑，具有商业与商务综合服务功能和巨大辐射效应，在全市商业发展过程中起引领作用。

（二）成都商贸中心布局

1. 成都商贸中心的总体定位

成都商贸中心的总体定位为我国西部地区最大的商贸中心之一，同时也是西南地区商贸中心的主商贸中心。由于成都商贸中心处于西南地区商贸中心体系的五大商贸中心的西部，具有承西启东的作用，加之成都市商贸经济发达。2012 年，成都市生产总值为 8138.9 亿元，社会消费品零售总额为 3317.6 亿元，第三产业增加值为 4025.2 亿元，进出口总额为 475.39 亿美元，均居五大商贸中心城市第二位，其商贸中心竞争实力位于五大地区商贸中心第二位，因此其在西南地区商贸中心体系中应发挥核心作用。其在西南地区商贸中心体系中的具体作用如下：（1）主导性和地区性商贸中心。（2）西部物流中心和商贸物资周转基地。其功能是作为我国西

---

① 许波：《解放碑商圈引领重庆商业未来　剑指全球　打造国际范》，《365 地产家居网》2014 年 8 月 15 日。

北地区商贸物资进入西南地区商贸中心集散中心和周转中心，同时
也是将西南地区、东部沿海地区和国外的商贸物资转运进我国西北
地区的物资集散地和周转中心。（3）西南地区商贸中心重要的会展
中心。（4）西南地区商贸中心重要的高科技信息服务中心。成都商
贸中心由六大商圈构成，包括春盐路商圈、金沙光华商圈、建设路
商圈、沙湾商圈、红牌楼商圈和天府新城商圈。其中春盐路商圈聚
集了22个5000平方米以上的大型卖场、拥有4100个高档时尚品
牌的实力，领头成都"购物航母"①。

2. 成都商贸中心中央商务区布局

由于成都商贸中心的市场规模及容量均位居西部城市之首，这
就为其中央商务区的建立奠定了坚实的物质经济基础。成都商贸中
心的CBD北起新华大道，南至府南河，东起红星路，西达东城根
街，总面积达5.5平方公里。其中，中央商务区的核心地区面积为
2.45平方公里，包括了春熙路、红星路、盐市口、骡马市、顺城街
等传统主要商务、商业区域，该区集中发展金融、商务、行政、办
公、宾馆等服务业。核心区之外的片区是中央商务区的外区，该区
域面积为3.05平方公里，将有少量的居住区域。据悉，整个CBD
总建筑面积达1300多万平方米。骡马市是成都市金融与商务办公
最集中的区域，包括23家银行，目前已入驻该区域的世界500强
企业办事处或分支机构约有130家。2014年，成都骡马市获批"省
级金融服务业集聚区"，成为成都CBD的金融中心；骡马市现集聚
了全市近40%的银行、保险、证券、期货等各类金融机构及金融相关
服务企业。②

四 西南地区商贸中心体系二级商贸中心布局

二级商贸中心是西南地区商贸中心体系的副商贸中心，与一级
商贸中心的协同作用，增强了西南地区商贸中心的辐射力。

---

① 肖伟：《购物中心建设规模全球第三 成都CBD过剩了吗?》，《华西都市报》
2012年5月10日。
② 蒋君芬：《成都市获批"省级金融服务集聚区"》，《四川日报》2014年10月
23日。

（一）昆明商贸中心布局

1. 昆明商贸中心的定位

昆明商贸中心处于西南地区商贸中心体系的南部，具有承南启北的作用。2012年，昆明市生产总值为3011.1亿元，社会消费品零售总额为1493.799亿元，进出口总额为200.96亿美元，均居西南地区五大商贸中心城市第三位。随着昆明呈贡新区建设和2013年中缅油气管道开通，昆明商贸中心建设与发展的交通区位优势更加突出。由于昆明商贸中心所在地云南省与东盟的缅甸、老挝和越南接壤，因此昆明商贸中心可作为西南地区商贸中心向南发展的前沿基地和中国与东盟商品贸易的中心，加之昆明商贸中心竞争实力位于西南商贸中心五大商贸中心第三位，因此其在西南地区商贸中心体系中的定位为：（1）副商贸中心。（2）西南地区与东盟国家的商贸物资周转基地和物流中心。（3）作为西南地区商贸中心重要的会展中心。（4）在昆明商贸中心构建中国—东盟各国合作办事的公共服务及商贸企业办事机构平台，力争把昆明建成执行中国—东盟合作框架的组织机构常设地和东南亚、南亚区域性的国际组织常驻地。[①]（5）西南地区商贸中心重要的高科技信息服务中心。

2. 昆明中央商务区的定位

昆明中央商务区（CBD）大局采用"一主三次"CBD区域格局，即主城中心区CBD和南市、北市、西市副中心次CBD。[②] 主城中心CBD北至人民路以北200米，南至金碧路以南200米，东至白塔路以东200米，西至祥云街片区。南市副中心次CBD为巫家坝机场片区。北市副中心次CBD为金星立交桥以北，至霖雨路的北京路两侧区域。西市副中心次CBD为人民西路以南，海源路的改造片区。拟建中的泛亚铁路，是东南亚地区诸国的重要经济增长圈，也是中国—东盟自由贸易区和区域经济一体化的关键工程。它通过从新加坡至昆明的"一线"，再加上贯通东南亚地区越南、老挝、泰

---

① 张帜然：《昆明展示未来5年蓝图：经济繁荣　文化发达》，《春城晚报》2003年11月10日。

② 杨抒燕：《四年内形成"一主三次"CBD》，《春城晚报》2011年11月18日第5版。

国、柬埔寨、缅甸、印度、马来西亚诸国的"三环"，进而将东盟各国、我国西南地区，再进而经鹿特丹至连云港的"欧亚大陆桥"与欧洲连接。昆明商贸中心 CBD 的建设与开通，将对以上特定经济发展区域之间的各种合作起到积极的组织和推动作用。

（二）贵阳商贸中心布局

1. 贵阳商贸中心的定位

由于贵阳商贸中心处于西南地区商贸中心的东部，具有承东启西的作用，加之其竞争实力位于西南地区五大商贸中心末位，2012年，贵阳市生产总值为 1700 亿元，社会消费品总额为 1255.6 亿元，进出口总额为 41.47 亿美元，均位于西南地区五大商贸中心城市末位。随着 2014 年国家级新区贵安新区的批准设立和 2014 年年底贵广高铁全线通车，贵阳商贸中心发展前景更加广阔。因此，其在西南地区商贸中心体系中的定位为：（1）西南地区商贸中心体系的东部副商贸中心。（2）旅游商贸中心。（3）西南地区与我国东部沿海地区商贸物资周转基地和物流中心。其具体功能是把西南地区商贸物资集中起来转运至中部和东部沿海地区及出口国外和将这些地区的商贸物资转运至西南地区。

2. 贵阳商贸中心中央商务区的布局

2004 年 11 月，贵阳市提出贵阳市 CBD 前期规划。2005 年 3月，贵阳市首次划定未来贵阳商贸中心 CBD 区域范围，北至黔灵东、西路，南抵大南门，东西以富水路和公园路为界，占地 1.08平方公里，总人口为 4.45 万人，辖正新、富水、中南、新华路等社区。2011 年，贵阳市商务局制定的贵阳市总体商业格局为"一轴延伸，两核辐射，三圈分工，七星拓界"。"一轴"就是城市商业发展轴；"两核"是指老城商业中心和金阳中央商务区；"三圈"是两核向外逐层形成的三个商业圈层；"七星"是指主城区周边的外围城区的龙洞、乌当、花溪、清镇、修文、息烽、开阳。①

---

① 贵阳商务局：《贵阳市商业网点发展规划（2009—2020）》，《贵阳市商务局计划规划》2011 年 7 月 24 日。

（三）南宁商贸中心布局

1. 南宁商贸中心的定位

南宁市具有近海、沿江、沿边的区位优势。南面通过钦州、防城港、北海出海通道，直达东南亚；北靠内陆，辐射黔、滇、湘；东靠珠江三角经济圈，且处于中国和东盟两大市场的接合部，是中国走向东盟的前沿城市。2012 年，南宁市的地区生产总值、社会消费品零售总额和进出口总值均位于西南地区 5 大商贸中心城市第四位。南宁市商贸中心于 2004 年开始建设南宁东盟商务区。在西部大开发战略中，南宁市是西南出海通道枢纽城市。南—贵—昆经济带连成一片，南宁—北海—钦州—防城港出海通道建设，有利于南宁建成西南地区经济圈与东盟自由贸易区的商品交易中心。从 2004 年起中国—东盟博览会永久落户南宁，给南宁商贸业发展带来新的机遇。南宁商贸中心竞争实力位居五大商贸中心第四位，因此其在西南地区商贸中心体系中的定位为：（1）西南地区商贸中心体系的副商贸中心。（2）外向型商贸中心和西南地区进出口商品货物的集散地和物流中心，通过钦州、防城港和北海三个海港开展货物联运服务于西南地区商贸物资的进出口。（3）西南地区商贸中心的中国与东盟国家商品贸易中心。（4）西南地区商贸中心重要的会展中心。

2. 南宁商贸中心中央商务区的定位

南宁市的中央商务区可采用"一主四次"的 CBD 区域格局。主城区中心 CBD 即是东盟商务区，南宁中国—东盟商务区规划北临民族大道，西临青秀路、石门森林公园，南靠秀山风景区，距南宁国际会展中心 1 公里，占地 3 平方公里。东盟商务区定位为：一是国际化商务区；二是承载商业服务、文化交流与娱乐休闲的城市核心区。相思湖次 CBD，位于南宁市城西，是集商务、居住、休闲和高等教育为一体的商务区。风岭北次 CBD，位于南宁市东进拓展区，是集中央商住区、商务、会展和文化为一体的商务区。安吉次 CBD，位于城西南宁新区一个集商业综合体、行政中心、总部基地和高等教育为一体的商务区。五象新区次 CBD，位于南宁市南部区域新城区的一个集商务、物流、文体和旅游观光为一体的商务区。

五　西南地区商贸中心体系三级商贸中心布局

三级商贸中心即是地区中心城市商贸中心。西南地区商贸中心体系的三级商贸中心布局采用网络状布局。

（一）重庆市三级商贸中心布局

重庆市在商贸、物流领域，要依托都市发达经济圈和万州、黔江等地区中心城市，推广商品流、物资流、商务信息流"三流"合一的现代商贸业态，布局发展重庆市内商贸中心体系。

1. 重庆市三级商贸中心空间布局

重庆市三级商贸中心包括万州、黔江、涪陵、江津、合川、永川、綦江、开县、长寿9个地区中心城市商贸中心。重庆市三级商贸中心的布局如图6—2所示。其中合川、永川、江津、涪陵、长寿和綦江6个三级商贸中心位于重庆市中心区商贸中心范围内。由于重庆市中心区土地面积达24299万平方公里，2012年年末常住人口达1837.14万人，范围广、人口多，同时六区中的前四区都位于经

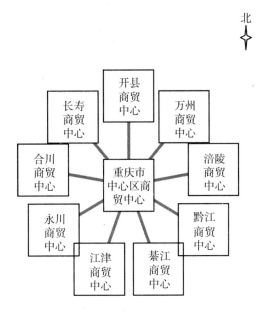

图6—2　重庆市三级商贸中心布局示意图

济发展水平比都市发达经济圈相对较低的渝西，涪陵和长寿也位于远离重庆主城区的五大商圈以东地区，受重庆市主城区五大商圈的影响辐射小。因此，为更好地协同发展重庆市中心区商贸中心商贸业，特别布局这6个三级商贸中心。万州和开县位于重庆五大功能区中的渝东北生态涵养发展区，黔江位于渝东南生态保护发展区。此外，重庆市还要发展若干商业中心镇以及社区商业中心。

2. 重庆市三级商贸中心的功能定位

对处于重庆市中心区商贸中心的合川、永川、江津、綦江、涪陵和长寿6个三级商贸中心的功能定位是大力发展具有特色和较强辐射力的专业市场，形成骨干商圈，发挥对周边地区的聚集辐射作用。江津要建设成为渝西南商贸中心，增大重庆对川南、黔北的经济交流和辐射作用。綦江要建设成为渝黔边界商贸中心，增强对渝南黔北的物资集散功能。永川要建设成为渝西商贸中心，发挥"连接成渝、辐射川黔"的功能。合川建设成为渝西北商贸中心，承担重庆向川北辐射的桥头堡作用。万州作为长江上游重要的内河港口商贸城市，要建成渝东商贸中心和三峡库区最大的物资集散中心，发挥连接川、陕、鄂的纽带作用和重庆长江流域对外辐射的桥头堡作用。涪陵建成渝中商贸中心，形成联动长江、辐射乌江、带动周边流通的格局。黔江建设成为渝东南商贸中心，突出边贸、旅游、民族特色，扩大渝、湘、鄂的经济交往。开县建成渝东北商贸中心，在渝川边界经济圈中发挥聚集辐射作用。长寿建设成为重庆市中心区商贸中心的延伸极，强化对重庆市主城区和本地工业园区的商业服务功能。

此外，还有中心镇商业中心区和新型社区商业中心的功能定位。中心镇商业中心区功能定位为本镇居民和附近居民购物消费，以及提供一般农业生产资料供应服务，并作为所在镇的商业文化中心。社区商业中心是指在重庆主城区但不在商业中心区的居民聚居区，主要满足居民的日常购物、休闲娱乐，以自我服务为主、相对封闭的商业服务中心。

（二）四川省三级商贸中心布局

四川省位于东邻重庆市，北连青海、甘肃、陕西省，南接滇、黔，西靠西藏自治区，幅员48.6万平方公里，是西南地区幅员最大的省份，2012年年末总人口为8076万人，是西南地区人口最多的省份。2012年，四川省生产总值为23872.8亿元，社会消费品零售总额为9268.6亿元，均居西南五省市区的第一位。四川省地方中心城市有自贡、内江、泸州、宜宾、南充、攀枝花、德阳、绵阳、乐山、眉山、广安、广元、雅安、遂宁、资阳、西昌、达州、巴中等。为此，四川省的三级商贸中心就布局在这些城市内。沿成、绵、乐城际高铁线的三级商贸中心有绵阳、德阳、眉山和乐山。其中，德阳三级商贸中心要建成服务于重工业的物资供应基地和成都商贸中心北部的副商贸中心。科技城绵阳则建成高新技术商贸中心，该商贸中心是以高新技术产业为依托，以发达的交通、现代物流设施和现代办公楼宇为支撑，发展服务于高新技术产业及现代制造业和周边居民的商贸流通服务业。旅游胜地乐山和眉山，应依托乐山大佛、峨眉山、三苏祠等中外闻名的风景名胜，建成旅游商贸中心。作为四川北大门，广元商贸中心应发展成为川北商贸中心，发挥连接甘、陕的纽带作用，突出边界贸易、旅游特色。处于成渝铁路线旁的三级商贸中心有资阳、内江。资阳应发展成为成都商贸中心东部的副商贸中心，重点发展物流业，依托成渝高速公路和成渝铁路建设成为物流中心，起到分流成都商贸中心的物流的作用。作为成渝铁路的中段的内江市，则发展成为川东南商贸中心，扩大川渝经济交往。川南地区的三级商贸中心有自贡、宜宾、泸州。自贡作为四川的老工业城市，要发展成为川南重要商贸中心之一，加大环保投入，突出旅游特色。万里长江第一城的酒乡宜宾商贸中心，作为川南的重要商贸中心之一，发挥连接滇、渝的纽带作用，突出酒文化、边界贸易、旅游特色。四川省唯一的长江水陆联运港口城市和四川商贸物资经长江水道转运至东部沿海地区最为重要的水运交通枢纽——泸州应设成川南物流商贸中心，发挥四川长江流域对外辐射的桥头堡作用，突出现代物流业、酒文化、旅游特色。川北的三级商贸中心有南充、广安、遂宁。作为川北的高等教育中心和丝绸之府的南充，建成丝绸商贸和教育型商贸中心。邓小平同志故里广安，则可建设成革命旅游商贸中心。川北著名的酒城遂宁则应建成川渝边界贸易中心，扩大川渝经济交往。川东门户（公路进入四川甘孜咽喉）雅安建设成为川东商贸中心，突出发展旅游、畜产品贸易特色。成昆铁路线一带有西昌和攀枝花3个三级商贸中心。卫星发射中心西昌，依托邛海、泸山、螺髻山、西昌卫星发射中心及钒、钛、稀土等战略性矿产资源开发，建成旅游度假商贸中心，突出旅游、民族特色和战略性矿产品贸易。钢城攀枝花则建成川西南商贸中心，发挥连接川、滇的纽带作用，突出边界贸易、旅游特色。川东北的三级商贸中心有巴中和达州。革命老区城市巴中，建设成为红色旅游商贸中心，发挥连接川、陕纽带的作用，突出边界贸易、旅游特色。四川通江达海的东通道和川、渝、鄂、陕接合部的交通枢纽达州，建设成为川东北地区物流商贸中心和秦巴地区的商贸中心，扩大川与渝、陕、鄂的经济交往，突出边界贸易、旅游特色。

（三）云南省三级商贸中心布局

云南地处我国西南边陲，其西部和西南部与缅甸接壤，南与老挝、越南毗邻，东部与桂黔相连，北部与川、渝为邻，西北紧靠西藏自治区。云南省幅员39.4万平方公里，是西南地区幅员第二大的省份。2012年年末云南总人口4659万人，是西南地区人口第三多的省份。2012年，云南省生产总值和社会消费品零售总额分别为10309.47亿元和3511.6亿元，居西南五省市区第四位。云南省的地方中心城市有大理、曲靖、昭通、玉溪、个旧、思茅、景洪、保山、楚雄、临沧、瑞丽和文山等。为此，云南省的三级商贸中心就布局在这些城市内。地处滇中西部的国家历史文化名城大理，应建成滇中西部商贸中心，突出旅游、历史文化和白族特色。地处滇西北的历史文化名城和旅游胜地丽江，应建成滇西北旅游商贸中心，突出旅游、东巴文化和纳西族民族特色。交通重镇、滇西边境经济区的中心城市和滇西商品重要集散地保山，应建成滇西商贸中心。潞西地处滇西南，与缅甸接壤，是云南西线旅游目的地和中缅跨国旅游和中缅商贸集散地，应建成滇西南边境贸易和旅游商贸中心，突出边贸、旅游特色。中国对缅甸贸易的最大陆路口岸——瑞丽，建成中缅边境贸易商贸中心。地处滇西南，濒临澜沧江的临沧，与缅甸接壤，建成滇西南商贸中心，突出边境贸易、佤族民族特色。楚雄市建成滇中高原地区商贸中心，突出旅游、民族特色。烟草之都玉溪，建成滇中烟草商贸中心，突出矿产品贸易、烟草特色。茶城、"东南亚陆路码头"和国家级通商口岸思茅，地处云南西南端，与老挝、越南、缅甸三个国家接壤，建成滇南边贸旅游商贸中心，突出边境贸易、旅游、茶文化、民族特色。中、泰、缅、老澜沧江—湄公河次区域国际合作经济区的中心城市景洪，建成滇南边贸商贸中心，突出边境贸易、热带雨林旅游和民族特色。中国锡都个旧，建成滇东南商贸中心，突出矿产品贸易、民族、旅游特色。文山地处滇西南，南部与越南接壤，建成滇西南边贸旅游商贸中心，突出边贸、民族特色。"滇黔锁钥"和"入滇门户"的曲靖，建成滇东商贸中心，突出旅游、饮食文化、民族特色。"咽喉西蜀，锁钥南滇"的昭通，建成滇东北商贸中心，积极融入"攀西—六盘水经济开发区"，加强云南与川、黔的经济交往。

（四）贵州省三级商贸中心布局

贵州地处我国西南部，靠近东南沿海和长江中游地区，属于浅内陆位置。贵州北与川、渝相连，东连湖南，南接广西，西邻云南，是西南的交通枢纽和通向东南沿海的通道。贵州省幅员 17.6 万平方公里，是西南地区幅员第四大的省份。2012 年年末贵州总人口 3484 万人，是西南地区人口第四多的省份。2012 年，贵州完成生产总值为 6852.2 亿元，实现社会消费品零售总额 2027.6 亿元，均居西南五省市区的最后一位。贵州省的地方中心城市有遵义、毕节、都匀、兴义、安顺、六盘水、凯里、铜仁等。为此，贵州省的三级商贸中心就布局在这些城市内。"江南煤都"、内昆和贵昆铁路线的交汇点六盘水，建成黔西商贸中心和黔西滇东物资集散地，大力发展矿产品贸易，突出物流、旅游和民族特色。毗邻国家级新区——贵安新区的安顺，应利用毗邻贵安新区的优势，大力发展商贸物流业和其他现代服务业，建成集旅游、民族文化特色的贵阳商贸中心的延伸极，强化对贵阳市的商业服务功能。地处滇、桂、黔三省（区）接合部、黔西南布依族苗族自治州州府兴义，建成黔西南边贸商贸中心，扩大黔与滇、桂的商贸往来和经济交往。地处贵州南部偏东的剑江河畔、贵州乃至西南地区出海的主要通道之一的都匀，建成黔南商贸中心，突出商贸流通、旅游、民族特色。地处黔东最大的交通枢纽中心的凯里，建成黔东商贸中心，扩大黔、湘、桂商贸往来，突出流通、旅游、民族特色。地处黔东北、湘黔交界处的铜仁，建成黔东北和湘、渝、桂、黔边区的物流商贸中心，加强黔、湘、渝、桂的商贸往来，突出梵净山等自然风光生态旅游、民族、边贸特色。中国历史文化名城遵义，建成黔北商贸中心，扩大黔与渝、川的商贸往来，突出红色旅游、民族特色。川、滇、黔三省交会处、黔西北大门的毕节，建成黔西北商贸中心，加强黔与川、滇的商贸往来，突出商贸流通、生态旅游特色。

（五）广西壮族自治区三级商贸中心布局

广西地处我国沿海地区西南部，南临北部湾，东连广东，东北接湖南，西北靠贵州，西邻云南，西南与越南为界，是我国边疆省区之一，也是西南地区唯一沿海的省区。广西幅员 23.67 万平方公里，是西南地区幅员第三大的省份。2012 年年末广西总人口 4682 万人，居西南五省市区第二位。2012 年，全区生产总值和社会消费品零售总额分别为 13035.1 亿元和 4516 亿元，均居西南五省市区第二位。广西是连接东南亚与亚洲腹地的枢纽和通道，具有重要的战略地位。广西的地方中心城市有柳州、桂林、来宾、北海、防城港、钦州、梧州、玉林、贵港、河池、贺州、崇左和百色等。为此，广西的三级商贸中心就布局在这些城市内。地处广西南端，北部湾东北岸的北海，邻近东南亚诸国，背靠大西南云、贵、川诸省，可建成桂南海港商贸中心，作为西南地区渝、川、滇、黔和湘、鄂等省与海外贸易的主要商品集散地之一和出海港口之一。桂南天然深水良港钦州，大力发展对外贸易，大力发展河海联运、内河航运和海运商贸物流，建成桂南陆运和河海联运港口商贸中心，突出海运仓储业、外贸特色。位于中国大陆海岸线的西南端、南濒北部湾、西南与越南交界的我国地级沿海开放城市防城港，建成桂东南海港商贸中心，建设成为西南地区的出海通道和与越南进行边贸和经济技术合作及我国商品进入东南亚市场陆路门户，突出海运、边境贸易、旅游和民族特色。地处我国通往东南亚各国的最便捷的陆路大通道崇左，建成桂西南边贸商贸中心，扩大中国与越南及其他东盟国家商贸往来，突出边境贸易、边关旅游、壮族花山文化特色。地处桂西的百色，建成桂西边贸旅游商贸中心，扩大广西与滇、黔的商贸往来，发展广西与越南的边境贸易，突出边境贸易、红色旅游、民族特色。地处大西南通向沿海港口的重要通道河池，建成桂西北商贸中心，加强桂、黔商贸往来，突出红色旅游、民族特色。地处桂中北部的工业重镇、交通枢纽的龙城柳州，建成桂中北物流商贸中心和中国—东盟自由贸易区的物流中转站，突出商贸物流、自然人文旅游和民族特色。山水甲天下、世界著名的风景旅游城市和历史文化名城桂林，建成桂北旅游商贸中心，突出物流、旅游特色。地处桂中、广西重点开发的红水河经济带的重要组成部分的来宾，建成桂中商贸中心，突出旅游、民族特色。我国西部12省（市）区中最靠近粤、港、澳的城市梧州，建成桂东商贸中心，加强桂、粤商贸往来，突出商贸物流、内河航运特色。地处广西与粤、湘交界处的贺州，建成桂东生态旅游商贸中心，突出边贸、生态旅游特色。地处广西东南部、南流江两岸和桂东南重要商品集散地的玉林，建成桂东南物流商贸中心，扩大桂、粤商贸往来，突出商贸物流、药材和成衣贸易特色。地处华南地区与西南地区的接合部、面向粤港澳、背靠大西南的内河港口城市——糖都贵港，建成桂东南商贸中心，突出糖产品、药材和旅游特色。

此外，西南地区商贸中心的空间布局还包括四级商贸中心的布局。四级商贸中心即中小城镇商贸中心和居住区级商贸中心，以所在地居民为主要服务对象，配置居民日常生活必需的商业服务设施，以中低档、大众化商品为主体。

第二节　西南地区商贸中心体系的功能定位

系统目标决定系统功能，系统功能决定系统结构，良好完备的系统功能可以促进系统结构的完善和系统目标的实现。遵循这一系统原理，根据现代商贸中心理论和西南地区商贸中心体系发展目标及其社会经济背景，西南地区商贸中心体系功能定位为重点突出、特色显著的区域性综合商贸中心，具体可分为主要功能（或说核心功能）和一般功能。

一　西南地区商贸中心体系的一般功能

（一）购物功能

商贸中心是所在城市商业集约化程度最高、业态多元化、经营手段先进、经营和服务品种齐全、购物环境好、选择面广的购物场所。购物功能是现代商贸中心的首要功能。西南地区商贸中心的建设要便于选购商品，以优美的购物环境、质优价廉的商品、优质的服务吸引和留住客商。

（二）物流功能

物流功能是商贸中心的重要功能。物流是"第三利润来源"。发达国家的物流成本占 GDP 的比重为 10% 左右，美国低于 10%。据世界银行估算，我国的物流成本占 GDP 的 16.7%，而实际可能超过 20%。商贸中心通过建设发展物流中心和配送中心，不仅可以节约流通成本，加速商贸流通，而且通过物流中心建设发展促进商贸中心的先导性发展，使受商贸中心辐射影响的广大区域能够面对巨大的现实市场和更快地接受先进物流技术的强大推动，加快产业结构的优化升级，促进经济社会的全面、可持续发展。为此，西南地区商贸中心要加强物流中心、物流配送中心和区域采购中心建设，确保商贸中心的物流功能的正常发挥。

（三）商务功能

商务功能是商贸中心的重要功能，也是商贸中心的高级功能。西南地区商贸中心的商务功能主要体现在其所属的 CBD。作为 CBD 必须具备以下一些特征：位于城市的黄金地段，土地利用效率高；交通便利，人流、物流、信息流、资金流汇聚；集中了大量的金融、商贸、文化、服务机构以及商务办公楼和酒店、公寓和跨国公司、国际银行和金融财团总部及代表机构，成为经济实力与国际竞争力的象征与标志。作为西南地区商贸中心的 CBD，由于其辐射和集聚半径大、金融信息业等现代服务业发达、集约化程度高、现代化装备和信息技术手段完善，因此其要为发展总部经济、开展国内国际商务奠定相应的物质技术和管理基础。

（四）会展功能

商贸中心区是客流、商家、业态、商品和信息汇聚的场所，也是各商家推广企业形象、商品和服务的最佳展示场所。西南地区商贸中心体系的重庆市中心区、成都、昆明、贵阳和南宁商贸中心通过建立会展场馆及高规格会议场所，发展会展经济和会议经济，来加强西南地区与周边地区以及外界的交流，从而扩大西南地区商贸中心体系的影响力和辐射力。

（五）信息功能

商业信息化是提升商贸中心质量，增强商贸中心聚合辐射功能，实现流通现代化的根本途径。在西南地区商贸中心体系建设发展过程中，要注重发挥信息技术对商业流通现代化的加速器作用，加快信息化带动传统商业的改造步伐，发挥后发优势和整合效应，从而实现商业流通业的跨越式发展。

二　西南地区商贸中心体系的核心功能

（一）商品聚合和辐射功能

西南地区商贸中心体系的商品聚合和辐射功能，具有"承上启下"和"承西启东"的作用。（1）"承上启下"作用：其一，聚合即启下，就是把西南地区的优势特色产品聚合起来，通过西南地区商贸中心体系这个窗口向外展示和输出，实现其价值。同时，西南地区商贸中心体系的一、二级商贸中心通过"聚合"功能把西南地区三级商贸中心和中小商贸城镇的商贸物资聚合起来以更经济的方式输出到我国其他地区和出口到国外。其二，辐射即承上，就是把外地产品通过西南地区商贸中心体系渠道输进来并扩散到西南地区各地，以满足其市场需求。（2）"承西启东"作用，是指西南地区商贸中心体系除了将本地区的商品聚集辐射到我国西北地区、中部和东部沿海地区，而且还要作为桥梁把大西北的商品资源聚集、转运到我国东部沿海地区和出口到国外，同时将我国东部沿海地区和国外的商品、资金、先进技术、信息和管理辐射到我国西北地区。

商品的聚合和辐射功能的发挥，使西南地区商贸中心体系面向外面广阔的市场，根植于西南地区这片热土之中，进而保持可持续发展。

（二）带动和促进功能

西南地区的重庆市中心区、成都、昆明、贵阳和南宁商贸中心的发展具有带动西南地区的三级商贸中心和其他中小商贸城镇第三产业发展功能，从而带动促进西南地区经济中心城市产业结构优化、升级及其经济发展。西南地区商贸中心的发展对西南地区经济中心城市的带动和促进功能的发挥，将进一步带动和促进西南地区城镇化水平的提高和经济社会的全面发展。

（三）市场龙头示范功能

西南地区商贸中心体系作为现代的高级形态的市场，是西南地区市场经济建设、完善的切入点和突破口，对这一区域其他中小城市和乡村的市场经济发展具有市场龙头示范带动作用。建设好西南地区商贸中心体系的重庆市中心区、成都、昆明、贵阳和南宁商贸中心将会对西南地区的三级商贸中心城市及中小城镇商贸业的发展起到龙头示范作用，指导和带领这些中小城市通过科学规划、科学管理来促进商贸产业发展，进而推进这些地区经济发展，并在城乡一体化商贸发展的过程中，缩小城乡差距，逐步消除城乡二元经济结构，实现西南地区城乡经济社会持续、协调发展。

（四）旅游休闲功能

商贸中心区必定是一个城市或一个地区最为繁华的核心区域和城市名片，具有城市观瞻和旅游功能。商贸中心区文化氛围浓郁、环境优美、餐饮服务等配套服务设施齐全，集休闲、娱乐于一体。西南地区商贸中心体系的重庆市中心区、成都、昆明、南宁和贵阳商贸中心应该加强城市景观建设，着力打造餐饮文化美食街和观光广场。

第三节　西南地区商贸中心体系内部要素结构

系统原理告诉我们，系统目标决定于系统功能，系统功能决定于系统结构。遵循这一系统原理，根据西南地区商贸中心发展目标和功能定位，西南地区商贸中心的要素构成是：商品交易市场、中央商务区、购物中心、会展中心、物流中心、信息服务中心、组织管理机构等要素组成。

一　商品交易市场

商品交易市场是西南地区商贸中心的主体要素，其又由多个要素构成。从层次结构上来看，由商品交易中心市场与边界市场和边贸市场两个层次组成，商品交易中心市场可分为批发市场和零售市场。商品零售市场又分为购物中心、商业街、步行街、美食文化街等形态。

重庆市中心区商贸中心的商品交易中心市场的零售市场主要集中分布于重庆市都市功能核心区的五大商圈内。这五大商圈目前已形成了以解放碑商圈为核心，江北、沙坪坝、南岸、杨家坪四大区域性副商圈齐头并进、共同发展的格局。这五大商圈也是重庆市中心区商贸中心著名商业街和步行街的集中分布地，主要有解放碑步行街、沙坪坝步行街、杨家坪步行街、南坪步行街和观音桥步行街等。此外，还有著名的南滨路美食文化街等。该商贸中心的批发市场有朝天门批发市场、重庆西山街批发市场、盘溪蔬菜批发市场、菜园坝农副产品和水果批发市场、双福农贸城水果市场、马家岩建材市场、重庆市花卉苗木中心交易市场等。重庆市的边界市场则主要分布在万州、黔江、永川、合川、江津、南川、开县七个三级商贸中心内。

2013 年年末，成都商贸中心年成交额达上亿元的商品交易市场有 42 个，其中年成交额达 10 亿元以上的市有 27 个；全年亿元以上商品市场成交额达 1594.5 亿元。成都商品交易市场主要分布于成都市的春熙路商圈、盐市口商圈和骡马市商圈。欧尚、申诚百货、世纪联华商贸、北京华联等一批国内外商业巨头纷纷设点于红星路、盐市口、骡马市、新华大道、东城根街、滨江路、蜀都大道及成都市五块石商业贸易区。成都商贸中心的批发市场有成都市荷花池市场、成都城北电子电器市场、城隍庙金房电子市场、大西南建材批发城、西南果品中心批发交易市场、成都西部花卉交易中心等。四川的边界市场则主要分布在攀枝花、西昌、宜宾、泸州、内江、遂宁、广安、达州、巴中、广元十个三级商贸中心内。

昆明商贸中心的商品交易中心市场的零售市场主要集中分布在三市街、小西门、青年路和白塔路四大商圈内。昆明商贸中心的著名的商业街有青年路、人民路、西昌路、北京路等。昆明商贸中心著名的购物中心有昆百大、西南批发市场、仟村百货、昆明走廊、新西南广场、樱花购物中心。昆明商贸中心重要的批发市场有跻身于 2013 年全国百强市场第 14 位的昆明螺丝湾国际商贸城、西南百货批发市场、昆明国际大商汇、呈贡斗南花卉市场、昆明市水果批发市场等。云南省边界市场则主要分布在曲靖、昭通、丽江三个三级商贸中心内。云南省的边境贸易市场主要分布在文山、个旧、景洪、潞西和保山五个三级商贸中心内。

贵阳商贸中心的商品交易中心市场的零售市场主要集中分布在北京路、解放路、浣纱路、宝山路、中华路、延安路、中山路、小十字一带及金阳新区的商业中心等地。在贵阳商贸中心的零售市场和购物中心有沃尔玛、华联、家乐福、星力超市、红华超市和贵阳百货公司、贵阳友谊、贵阳百贸大厦、百盛等。贵阳著名的商业步行街有五里冲步行街、金阳步行街和长安步行街等。贵阳商贸中心的批发市场有目前西南地区最大的贵阳三桥蔬菜批发市场、西南最大的水果集散地的贵阳东山水果批发市场、贵阳市西路小百货批发兼零售市场、贵阳五里冲农副产品批发市场等。贵州省的边界市场则主要分布在凯里、铜仁、遵义、毕节、六盘水、兴义六个三级商贸中心内。

南宁市地处中国—东盟自由贸易区的枢纽地带，具有发展商贸的优良区位条件。随着 2003 年 10 月中国—东盟博览会永久会址花落南宁，南宁便成为国内知名商贸企业投资的热土。美国普尔斯马特、诺玛特、沃尔玛、北京王府井等零售业巨头纷纷选址南宁。2012 年，南宁市社会消费品零售总额达 1255.5902 亿元，进出口总额达 41.4678 亿美元。南宁市的商品交易市场主要集中在朝阳商圈、埌东—凤岭商圈和五象新区商圈。南宁商贸中心的网点分布也从城市传统商业中心区域向城郊结合区域、社区、县乡农村扩展，形成遍布全市城乡的市场网络体系。南宁商贸中心的商品交易中心市场的零售市场主要集中分布在朝阳路、新民路、人民路等地。南宁商贸中心的购物中心有朝阳路、新民路两大商贸服务中心的大连万达商业广场、新朝阳商业广场；新城区的南宁东盟国际商贸城、航洋国际购物中心；城北新希望大商汇、北京华联超市；江南区的亭洪路东盟商业街等。南宁商贸中心的批发市有南宁市中华路小商品批发市场、星湖路电子专业街、食糖中心批发市场、五里亭果菜批发市场等。广西的边界市则主要分布在北海、玉林、梧州、贺州、桂林、河池六个三级商贸中心内。广西的边境贸易市场主要分布在防城港、崇左、百色三个三级商贸中心内。

二 中央商务区

在西南地区商贸中心的五个一、二级商贸中心中，重庆市中心区、成都、昆明已正式规划并建设了CBD，而贵阳和南宁商贸中心也开始规划并建设了CBD。重庆市中心区商贸中心CBD布局在解放碑—江北嘴—弹子石构成的长江、嘉陵江交汇处的"金三角"地区，主要由解放碑商贸中心区、江北嘴商务中心区和弹子石滨江地带功能配套区构成。成都商贸中心CBD北起新华大道，南至府南河，东起红星路，西达东城根街，总面积5.5平方公里。2014年，成都骡马市获批建成"省级金融服务业集聚区"，已规划建设成为成都商贸中心CBD的金融中心。昆明商贸中心的CBD位于五华—盘龙地段，亦称五华—盘龙CBD。2011年11月，昆明市提出"一主三次"CBD，即主城中心区CBD，南市、北市和西市副中心区CBD。2004年11月贵阳市规划管理局提出贵阳市CBD前期规划。该规划认为贵阳商贸中心的CBD规划范围，北至黔灵东西路，南抵大南门，东西以富水路和公园路为界，总用地面积约1.08平方公里。南宁商贸中心未来的CBD规划建在以国际会展中心为核心的埌东埌西地区：从南湖以东，民族大道东段直到南宁国际会展中心以东，包括滨湖路、快速环道、竹溪路、青山路、民族大道东段延长线。

三 购物中心

购物中心属于商品交易市场中的零售市场形态。购物中心是西南地区商贸中心体系的商品交易中心市场的标志性零售市场。购物中心一词译自英文的 Shopping Center 和 Shopping Mall，是一个集中购物的场所。在《中国大百科全书·城市规划园林建筑卷》中，将购物中心定义为：除保持传统商业街的特色外，还设有自助食堂、电影院、游乐场、美容院、游泳池和展览厅等活动内容，使单一的商店群发展成具有各种功能的综合性商业、服务、娱乐和社交中心。购物中心通常由土地开发商规划承建，而后将经营面积或店铺出租给零售商或其他类型的服务经营者。购物中心的优势在于整合效应，把遍布在街头巷尾的服务机构集合在一个大型建筑设施之内，以形成综合营销功能和独特的竞争优势。西南地区商贸中心体系的购物中心主要分布在重庆市中心区、成都、昆明、贵阳和南宁商贸中心所在城市中心区域。其中，重庆市中心区商贸中心的购物中心主要分布在解放碑、沙坪坝三峡广场、观音桥、南坪和杨家坪等地。成都商贸中心的购物中心则主要分布在春熙路、红星路、盐市口、骡马市、顺城街、新华大道等地。昆明商贸中心的购物中心主要分布在昆明市的三市街步行街、小西门、青年路、白塔路等地。贵阳商贸中心的购物中心主要分布在北京路、解放路、浣纱路、宝山路、中华路、中山路、小十字一带及金阳新区的商业中心等地。南宁商贸中心的购物中心主要分布在朝阳路、新民路、人民路、新民路、万达商业广场等地。

四 会展中心

会展中心是举办大型博览会和大型会议的场所。会展中心有一流的会展设施、场馆，良好的会展环境，以及会展业管理运作组织机构，同时还有一大批实力强大的会展企业。现代会展业是市场经济发展的产物，是集商务活动、信息交流、观光旅游、文化娱乐于一体的综合性服务产业。

2013 年，重庆市主城区会展中心共有展览场馆 6 家，分别是重庆国际会展中心、重庆国际博览中心、重庆技术展览中心、重庆会议展览中心、重庆鹰冠会议展览中心、重庆地王广场会展中心。2012年，重庆市共有会展场馆8座，可供会展面积50万平方米，举办会展521次，展出面积达441.4万平方米，会展直接收入54.3亿元，拉动消费435亿元。2013年，随着两江新区悦来的重庆国际博览中心投入运营，重庆全年举办会展581次，展出面积500.4万平方米，会展产业直接收入61.5亿元，拉动消费490.3亿元。重庆各项会展经济指标居中西部前列，连续4年荣获"中国十佳会展城市"大奖，会展之都建设初见成效。

成都商贸中心的会展中心是西南地区规模最大、经营业绩最好的会展中心之一。2012年，成都市共举行国际会议76个，展览154个，展览面积271万平方米，会展业直接收入50亿元，拉动消费420亿元。成都商贸中心的知名会展场馆有世纪新城国际会展中心、成都非遗博览园和成都市锦江宾馆等。2013年，成都共举办会展项目503个，展览面积300.9万平方米，会展直接收入60.5亿元，间接拉动收入509.8亿元。成都被中国会展经济研究会等组织评为"2013年度中国十佳品牌会展城市"。

自99'世界园艺博览会后，昆明商贸中心的会展业发展已初具规模。目前，昆明会展业已形成以中国昆明进出口商品交易会、昆明国际旅游交易会、昆明国际花卉展和昆明国际农业博览会等知名会展品牌。昆明市知名的会展场馆有昆明国际会展中心、昆明洲际酒店、云南海埂会堂，2015年6月投入使用的占地面积达2331亩、项目总建筑面积达540万平方米、总投资达370亿元的昆明滇池国际会展中心大大改善昆明会展经济的硬件设施。2014年1—12月，昆明共举办了20次展会。2014年7月举办的第二届中国—东南亚博览会观展人数达30万人次，累计外贸成交额达210.3亿美元，大大推进了昆明会展经济的发展。

贵阳商贸中心的会展业发展水平在西南地区商贸中心五个一、二级商贸中心中处于最低。2011年，贵阳市共举办会展项目34个，会展业综合效益达7.2亿元。2011年1月投入使用的建筑面积达97.6万平方米、总投资达29亿元的贵阳国际会议展览中心大大提

升了贵阳商贸中心的会展硬件设施。2012 年，贵阳市出台了会展业
发展"十二五"规划，进一步指明了贵阳会展业发展的战略目标。

　　南宁商贸中心的会展业的发展水平在西南地区商贸中心体系的
五个一、二级商贸中心中处于中上水平。南宁商贸中心的会展场馆
主要有作为中国—东盟博览会永久会址、占地面积 600 亩的南宁国
际会展中心、广西展览馆、南华商城会展中心、中国—东盟商品交
易中心、广西科技馆和广西现代农业科技展示中心。2011 年，南宁
市举办了 25 次展会。2013 年南宁市共举办了 49 次展会。自 2004
年举行第一届中国—东盟博览会以来，南宁市已成功举办了 11 届
中国—东盟博览会。2014 年举办的中国—东盟博览会和商务投资峰
会提出"共建 21 世纪海上丝绸之路"倡议，共签约国内经济合作
项目 100 个、国际经济合作项目 72 个。其中，南宁市 8 个国内项目
参加集中签约，总投资达 102.61 亿元，4 个国际项目签约，协议外
资 10.03 亿美元，大大提升了南宁市会展经济的规模和品牌。

五　物流中心

　　西南地区距海岸线较远，偏高的运输成本抵消了本地产品制造
成本低的优势，建设现代物流中心和发展现代物流是解决瓶颈制约
的重大举措。物流中心是以交通运输枢纽为依托，建立起来的经营
社会物流业务的货物集散场所。物流中心也是构筑区域物流系统的
重要组成部分。至于配送中心则是物流中心的组成部分。配送中心
是将取货、集货、包装、仓库、装卸、分货、配货、加工、信息服
务、送货等多种服务功能融为一体的物流据点，也称城市集配中
心。配送中心一般分布于城市边缘且交通方便的地带。

　　（一）重庆市中心区商贸中心的物流中心

　　重庆市中心区商贸中心的物流中心建设布局为：依托寸滩、涪
陵、万州三大港区，建设都市发达经济圈、万州、涪陵物流基地；
依托工业园区，结合交通枢纽，建成一批区域性综合物流中心；培
育发展第三方物流；营造高效便捷的公路、铁路、航空、水路、管
道综合物流运输体系，建立物流交易信息网络，构建辐射内外、联
系紧密的多层次现代物流配送体系。值得强调的是，总投资 10 亿

元国家规划的全国八大区域物流中心之一的西南物流中心在 2005
年 3 月落户重庆，美国通用、法国雷诺、日本三菱、海尔等国内外
知名企业已入驻西南物流中心。西南物流中心的建成为重庆市中心
区物流中心的发展奠定坚实的基础。2011 年 3 月 19 日，第三条欧
亚大陆桥正式开通运营，"渝兴欧"国际联运大通道比传统铁海联
运或江海联运从重庆到欧洲距离缩短 1000 多公里。[①] 自 2011 年 1
月 28 日开出首趟渝兴欧列车，到 2014 年 5 月 16 日已开出 115 列，
实现货物运输量 10000 箱，进出口贸易达 40 亿美元。渝兴欧货运
专列始发站团结村站已成为重庆新的物流中心。渝兴欧出口货物占
中国铁路运输到欧洲货物总量的 73%，依托渝兴欧铁路的物流系
统，重庆有望成为新丝绸之路经济带和长江经济带的战略节点。

（二）成都商贸中心的物流中心

成都是中国国务院规划确定的中国西南地区的科技、商贸、金
融中心和交通、通信枢纽。成都物流中心的布局为：依托成都最大
的公路物流中心（新都物流中心）、亚洲最大的铁路集装箱物流中
心（青白江物流中心）及西部最大的航空港（双流国际航空港），
建成区域性综合物流中心。为了推进成都物流业发展，建设具有国
际辐射力和区域集聚功能的物流中心，成都引进和建设了传化公路
港，开通了"蓉欧快铁"。[②] 传化公路港于 2009 年开始运营，截至
2013 年，已有 2000 多家中小物流企业入驻，服务成都及周边地区
制造企业 50000 多家。2013 年 4 月开通的经阿拉山口至欧洲的国际
铁路货运"蓉欧快铁"大大推进了成都与欧洲的商贸交流。

（三）昆明商贸中心的物流中心

昆明地处中国西南、云贵高原中部，具有面向东南亚、南亚开
放的区位优势。因此，昆明市物流中心可发展成为西南地区的外向
型区域物流中心。为打造面向东南亚的国际物流中心，昆明市在
2011 年 4 月通过《昆明市"十二五"现代物流发展规划》，提出建
立"昆明国际陆港"战略规划。"昆明国际陆港"涵盖嵩明保税

---

① 祖芙：《渝兴区出口货物占全国铁路运输到欧洲货物总量的 73%》，《新华网发
展论坛》2014 年 5 月 16 日。

② 李渝、彭超：《成都加快打造商贸物流中心》，《中国日报》2014 年 5 月 30 日。

港、安宁南亚国际陆港、晋宁东南亚国际港、国际空港物流基地、王家营铁路集装箱物流基地五大物流基地，以及九大物流园区和若干物流配送中心。2006年，昆明铁路集装箱中心站王家营建成并投入使用，标志着以"公—铁—海"多式联运为核心的昆明国际陆港雏形初成。

（四）贵阳商贸中心的物流中心

作为我国西南地区的一个不临江和不临边的省会城市，贵阳在发展物流中心时应立足于贵州省的物流产业市场。为打造贵阳商贸中心物流中心，贵阳在2013年12月通过《贵阳市物流园区中长期发展规划（2013—2020）》，规划贵阳重点建设都拉营物流园、龙洞堡空港物流园、改貌物流园、金清电子商务物流园和修文物流园5个物流园，建成区域国际物流体系，打造区域物流中心。

（五）南宁商贸中心的物流中心

南宁市毗邻粤、港、澳，背靠大西南，面向东南亚，是连接东南沿海与西南内陆的重要枢纽，是西南地区重要的铁路枢纽及西南各省最便捷的出海通道，也是西部各省区唯一沿海的省会城市。它是承接东部发达地区与西部地区物流、人流、信息流的必经之地，是西南地区重要的物资集散地和物流中心。南宁商贸中心为发展物流业，构建了中国—东盟物流基地、安吉综合物流园、江南综合物流园、金桥综合物流园和南宁保税物流中心。建成于2010年1月7日的南宁保税物流中心依托南宁及广西内外大型产业基地的保税物流，建设无水港口岸区，成为联系西南地区和东南亚地区的广西北部湾经济区的核心物流基地。南宁市商贸中心通过大力建设物流基地、物流园区和物流配送中心，构建了联通西南地区与东南亚地区的区域性国际物流中心。

六 信息服务中心

信息服务中心是指为运用现代的电子信息技术和网络通信技术为商贸中心提供商贸流通信息服务的信息系统平台、技术平台及服务机构的综合体。物流信息服务中心是物流系统的中枢神经，是沟通物流网络体系运行的血脉。物流信息中心可以相对独立于货物集散中心。但完整地实现这一层次功能，物流信息中心应有作为联结物流作业现场与中枢指挥功能的基地，除了一般信息作业手段外，还需要建立基于大数据处理技术和物联网的物流业信息系统和物流业公共信息平台。（1）通信联络系统，其由通信设施、电子计算机及外围设备等构成，功能是收发各种物流信息。（2）计算机网络系统，建立企业内联网，并与国际互联网、国家经济信息网和其他相关网站相连接，建立物流信息管理系统。（3）基于物联网的物流信息系统。其包括产品的智能可追溯网络系统、物流过程的可视化智能管理网络系统、智能化的物流企业物流配送中心信息系统。（4）基于物联网的物流业公共信息平台。[①] 其包括：第一，智能化的物流货运与配货信息平台。依托 RFID、GDP/GIS、GPRS 等物联网技术集成应用，搭建物流货运与配载信息化监控管理平台，为客户提供实时货运信息、返程配货信息、导航与联网监测等信息服务。第二，集装箱多式联运智能信息化管理平台。

西南地区商贸中心体系的信息服务中心可设在其下属重庆市中心区、成都、昆明、贵阳和南宁商贸中心。西南地区商贸中心体系的信息服务中心的主要工作是指导并服务于该商贸中心用信息技术改造传统商贸流通业，通过信息化带动商贸流通产业的现代化。

七　组织管理机构

西南地区商贸中心体系是由多要素组成的有机系统，要发挥系统的"1+1>2"的总体功能，就必须协调各要素之间的关系，构建与之相适应的组织管理运行机制。为此，建议成立西南地区商贸中心体系的组织管理机构——西南地区商贸中心协调管理委员会和仲裁机构——西南地区商贸中心商贸纠纷仲裁委员会。

（1）机构职能。保证西南地区商贸中心体系发展规划的统一实施，制定相应的管理规章制度，协调不同地区商贸中心、不同级别商贸中心、不同利益主体的矛盾。

---

① 吴晓钊、王继祥：《物联网技术在物流业的应用现状与发展前景》，《物流技术与应用》2011 年第 2 期。

（2）组织模式。西南地区商贸中心协调管理委员会由西南地区五省市区主管商业的副省长、副市长、区副主席任协调管理委员会主任委员，西南地区各省市商委、商业厅负责人任委员，由主任委员和委员组成领导班子，具体办事人员可由各省区商委、商业厅的商贸管理专业人员担任，委员会要定期召开会议审查商贸中心前段时期运作情况和各级、各地区商贸中心协同发展情况，提出相应的改进建议。西南地区商贸中心商贸纠纷仲裁委员会则由西南地区五省市区各派一名人大常委会副主任组成仲裁委员会主席团成员，各省市区选派行业协会负责人、知名法律专家、商贸经济专家、商贸业管理专业人士任委员和具体办事人员，共同组成仲裁委员会。仲裁委员会负责处理西南地区商贸中心体系中跨省市区的商贸纠纷和商贸基础重复建设问题。

（3）协调统一机制。在西南地区商贸中心协调管理委员的领导下，采取分工负责制的模式。

至于西南地区商贸中心的规章制度，将在本章的第四节介绍。

第四节 西南地区商贸中心体系的 管理运营对策建议

一 法制化

为了使西南地区商贸中心体系的建设和发展能够成为西南地区各省市区地方政府和人民大众的共识和今后商贸业发展的目标，西南地区各省市区地方各级人民代表大会要制定《西南地区商贸中心建设保障法规》《西南地区区域共同市场建设条例》等法规来推进西南地区各省市区开展商贸产业协同发展，来保证有关西南地区商贸中心体系建设规划、经营管理制度、组织管理机构构建和运作举措实施的连续性、严肃性和权威性。

二 规章制度化

西南地区商贸中心体系作为一个相对独立的体系，应按一定的独特的规则运行，因此，西南地区商贸中心体系中的各级、各地区商贸中心要制定有关的规章制度，如进入准则、退出准则、在中心经营的规则等，从而使西南地区商贸中心体系的运行有法可依、有章可行，提高其透明度、规范性，形成竞争有序的高级形态区域共同市场。

三　加强人才队伍的建设和培训

建设好西南地区商贸中心体系，商贸人才培养和人力资源开发是前提和基础建设之一。为此，西南地区各省市区在构建与发展西南地区商贸中心体系的过程中可采取如下举措：第一，从外面引进紧缺的人才，主要是商贸管理、市场营销、外贸以及电子商务等方面的人才；第二，坚持持证上岗制度，定期对职工进行业务培训，培训可以与西南地区大专院校建立合作关系，有计划、有步骤地进行，从而建立起一支高水平的现代商务队伍。

四　打造品牌，培育支点，走多元化发展的路子

国内外市场经济的发展史告诉我们，要在激烈的市场竞争中立于不败之地，就必须有自己的品牌。西南地区商贸中心体系要发展好，就必须有自己的品牌。（1）加大对西南地区商贸中心体系本土连锁商贸企业集团的支持力度，将之培育成为名列国内同行业前列的跨地区、跨行业、跨所有制和跨国经营的商贸流通企业集团，培育本土商贸企业的国际知名品牌。（2）加大招商引资的力度，从东部沿海和国外引进大型的知名的商贸企业、金融企业进驻西南地区商贸中心，从而构成引进知名品牌。（3）加紧培育地方特色产品，构成另一大品牌——地方特色产品品牌。这三类品牌的打造就形成西南地区商贸中心发展的三大支点，以此为核心，走多元化发展的路子。所谓多元化，具有多层含义：商品多元化，商业业态多元化，经济成分多元化，市场多元化等。

五　加强市场监管，营造诚信消费环境

诚信与品牌是西南地区商贸中心体系的软环境基础，加强诚信与品牌建设是建设商贸中心文化、打造商贸中心核心竞争力的重要

手段。为此，建议做好以下工作：一是加强市场监管与调控，为消费者提供一个"安全、方便、公平、放心"的消费市场环境；二是切实加强商贸企业的培训，提升商业中心区附加服务质量与服务效率；三是通过各种渠道，围绕"诚信""时尚""文明"等元素开展各种宣传，有效提高西南地区商贸中心体系的知名度与美誉度。

六　西南地区商贸中心体系构建和发展的具体措施

（一）联合宣传，树立特色商贸形象

（1）强化特色商贸概念。西南地区商贸中心体系各级、各地区商贸中心在宣传中要找准自己的定位和特色。如重庆市中心区商贸中心要突出自己大都市、巴文化、水陆商埠特色，成都商贸中心要突出自己的休闲、蜀文化特色，昆明商贸中心要突出自己的民族、旅游、边贸特色，贵阳商贸中心要突出自己的民族、高原风光特色，南宁商贸中心要突出自己的出海口、海岸风光、民族特色。

（2）西南地区各省市政府，尤其是商贸中心所在地地方政府的各机关、新闻媒体、工商企业统一口径形成合力，通过奋斗目标、宣传口号、街头广告以及节庆、会展等全区性活动等多种方式对外宣传西南地区商贸中心体系优良经商、购物环境和别具一格的商贸风貌。

（二）转变政府职能，建立与市场经济相适应的监督机制和调控机制

（1）加强西南地区各商贸中心所在城市的交通、节庆组织、统计、治安、工商、城管立法等相关部门的协调与配合，建立由市场准入标准、年度检查、商品储备、信息发布、领头示范、行业组织等方式组成的调控体系。

（2）严厉打击制售假冒伪劣产品、价格欺诈行为。定期发布商业设施运行质量、商业设施及业态调整信息，引导业主正确选择配置地点和优势商业业态，避免盲目发展、恶性竞争。要加强对重要商品的市场监管，建立特种行业、特种商品准入审批制度。监督企业和业主有序竞争，制定行业竞争规则，如行业公约、行业服务规范、行业交易规则、行业质量标准、行业规范经营示范条例、商业

争议处理规则等。设立调解处，充当经营户和经营户之间、经营户和客户之间的调解人。

（3）成立西南地区商业联合会和各种行业协会，充分发挥它们组织、联络的功能，开展市场调研，发挥桥梁纽带作用，推动行业交流，改进市场服务，倡导行业自律，增进会员团结，争创文明市场，共促商贸经济发展。

（三）加强协调，贯彻功能分区、错位经营的原则

（1）西南地区商贸中心体系的各级、各地区商贸中心要逐步形成基本生活品采购区域、一般消费品采购区域、高档消费品区域、旅游品采购区域和免税商品区域等。

（2）加大整治力度，设立定点定时的市场，如星期天市场、阳光夜市、跳蚤市场等，清除购物中心区占道经营、随地摆摊设点的现象。

（3）举办政企协调会、同业恳谈会、专家研讨会等活动，引导业主自我调整，逐步形成综合性与专业化相结合、大中小搭配合理，灵活多样的商贸结构。

（4）协调各业态之间的竞争关系。购物中心应注意跨行业经营，尤其是与餐饮、娱乐业的合作，以应对无店铺销售的挑战。独立零售商通过了解自己的顾客对商品和服务的需要，提供安装、维修和送货等服务，同时大力发展电子商务，实施线上线下整合经营。

（四）突出休闲娱乐特色，改善购物环境

第一，西南地区商贸中心要举办系列化群众性文体活动，通过群众性表演、竞赛、娱乐活动，突出各商贸中心的地方风情和民族文化特色，吸引游客和顾客。第二，塑造城市旅游景观，加快旅游定点认证工作。第三，设立接受顾客咨询、投诉、调解的机构。

（五）大力培育和发展专业市场，改善购物环境、服务环境

（1）推进市场管理创新、组织创新和贸易方式创新，强化批发中心和物流中心的信息功能，适时地增加加工、储运设施，支持领头厂商上规模、上档次，扩大交易规模，增强辐射功能。

（2）完善基础设施，提高商贸中心的服务水平。商贸中心基础

设施的建设重点有两个方面：一是加快交通网络体系建设，包括两个方面的内容：商贸中心内部要形成便捷的交通网络体系和完善的附属设施；各层级商贸中心之间，在干线通道建设的同时，要注重网络化配套通道体系建设，提高西南地区商贸中心体系的一、二级商贸中心与三、四级商贸中心的通达性。二是对具备一定商务功能的三级商贸中心，要加快信息平台的建设，并形成网络，同时建设智能化多功能的办公楼宇，以满足商务功能的需要。

（3）科学规划，统筹建设批发市场。合理布局批发市场的交易区、仓储区、商户生活区、生活娱乐区、城市绿地等，在实现市场规模扩张的同时，努力提高市场的环境质量与管理服务档次和水平。同时，在现有要素市场相继开设审计、保险、民政、司法、公证、法律、土地、城建、房产等行政事业集约化办公服务和劳务人才、商务信息中介服务等生产要素配套服务的基础上，继续加强工商、税收服务和证券产权交易中介等全方位要素服务，努力拓展服务渠道，扩大服务范围。

（六）步行街和商业街实行"特区管理模式"

（1）建立一元式管理网络：建立步行街和商业街管理办公室，作为西南地区商贸中心体系各级商贸中心城市地方政府派出机构并对步行街实行日常管理的机构，负责综合管理，承担相关的组织协调工作，督促各部门各司其职。建立步行街和商业街交巡警小组和步行街、商业街监察队，对步行街和商业街范围内实行综合执法。通过招投标方式建立一支环境作业队伍负责环卫保洁、园林绿化、车辆停放、市政维修和设施监控。

（2）创建文明示范标志街，树立城市名街形象。加强街区的市容环境管理，加强街区的治安管理，完善街区的文化休闲功能，举办特色广场音乐会、舞蹈会，展示文化品位；定期推出散落在街头的文化风景线，提高知名度和吸引力；组织商业文化活动，推出步行街和商业街企业的知名品牌；结合商店橱窗透亮工程，使步行街和商业街成为不夜城。此外，还可以借鉴日本著名购物中心——六本木新城模式，打造"一步一自然景观"的商业峡谷步行街，打造集购物、旅游和休闲为一体的特色步行街。

第七章

西南地区商贸中心体系与其他
"五中心"的相互关系分析

西南地区商贸中心体系与交通物流中心、工业中心、金融中心、旅游服务中心、科教文化中心之间存在着相互依存、相互影响和相互促进的关系。建设西南地区交通物流中心是建成西南地区其他"五中心"的前提条件和必备条件之一。西南地区工业中心建设发展，为其他"五中心"的建成奠定基本的物质基础，为商贸中心的建成提供必要的物流、商流和资金流。金融中心则是从资金融通、信息传递、促进资源优化配置及分散实体经济经营风险和降低交易成本等方面服务于其他中心的。旅游服务中心则是建设和发展西南地区商贸中心体系的支撑条件之一，以旅游服务业的发展带动商贸业的发展，进而建设旅游购物型商贸中心。建设西南地区科教文化中心，为西南地区商贸中心信息化建设提供技术支撑和智力支持，推进西南地区商贸中心的 CBD 提升为 E-CBD。反之，西南地区商贸中心的建成也会促进其他五个中心的建设和发展。总之，只有实现"六中心"的良性互动，才能使"六中心"建设互相促进，也才能将"六中心"聚合优化为"经济中心"，从而推动西南地区经济中心体系的建设和西南地区区域经济协同发展。

第一节　西南地区商贸中心体系与交通物流中心的相互关系分析

一　西南地区交通中心发展状况分析

建设西南地区交通物流中心是建成西南地区其他"五中心"的

前提条件和必备条件之一。

（一）西南地区的交通状况

西南地区已建成了五省市区之间及其出海和出边、出境的良好的对外联系交通网络。

1. 铁路方面

川、滇、黔、桂之间由成昆线或内昆线—南昆线—黔桂线接湘桂线，构成了快速、便捷的铁路交通网络；还可通过内（河内）昆（昆明）铁路、南宁经凭祥到河内铁路，以及成昆线、贵昆线、湘黔线、枝柳线、南防线、黎钦线、黎湛线等进行开放式的外联。川渝之间可经成渝线和渝遂高速铁路线联系起来，渝黔线将重庆与贵州联系起来。当然，重庆还可通过渝怀线到达湘西，然后再经怀化南下两广出海，或转到长沙由沪长高速公路出海。在高速铁路建设方面，西南地区也取得了较多的成果。四川全长 318 公里的成绵乐城际高铁已于 2014 年 12 月 20 日开通；渝利高铁于 2013 年 12 月 28 日开通；全长 308 公里的成渝高铁于 2015 年 10 月 1 日开通；全长 650 公里的贵广高铁于 2014 年 12 月 26 日开通；在建的高铁有云桂高铁、沪昆高铁等。随着中老铁路云南玉溪—磨憨段开工和 2014 年 12 月 20 日中国投资泰国铁路合作项目的达成，西南地区出境铁路将成为中国货物避开纷争升级的南海航线进出口到西亚、中东、欧洲和非洲的战略通道。

2. 公路方面

西南地区各省会之间有国道公路和高速公路相连。2012 年，重庆、四川、云南、贵州和广西通车公路里程分别为 120728 公里、293499 公里、219052 公里、164542 公里和 107906 公里，其中高速公路分别为 1909 公里、4334 公里、2943 公里、2630 公里和 2883 公里。2001 年 12 月 4 日，我国西部地区建设等级最高的西南地区出海通道全线建成通车，这是我国继京沈、京沪高速公路之后建成的第三条具有区域商贸通道意义的交通主干线。川、渝之间有成渝高速公路和在建的第二条成渝高速公路：成都—遂宁—重庆高速公路。重庆与贵州之间有渝黔高速公路。贵阳—南宁—北海的高等级公路已建成并全部通车，贵阳—安顺—昆明—大理高速公路已建成，昆明—百色—南宁高速公路已建成。南宁至广州的高速公路已建成。四川出境高速公路成都—雅安—西昌—攀枝花于 2012 年 4 月通车。2013 年 10 月云南昆明—河口高速公路通车，其将成为亚洲公路网 A14 越南河内—昆明—缅甸曼德勒组成部分，加之昆明—老挝会晒—曼谷的昆曼高速公路于 2013 年贯通，西南地区出境通道网络更加完善。此外，通过"通县油路""村村通"公路的建设，大大改善了西南地区的广大城乡之间和乡村之间的交通状况。

3. 航空方面

随着重庆江北国际机场、成都双流国际机场、昆明长水国际机场及南宁吴圩国际机场和贵阳龙洞堡国际机场这五个国际机场的改建、扩建，同时四川的九寨沟、西昌、南充、宜宾、绵阳、广元、达州、广汉、攀枝花和重庆市的万州、黔江和云南的大理、景洪、腾冲、昭通、文山、普洱、临沧、芒市、大理、丽东、香格里拉及广西的桂林、北海、柳州、梧州、百色、桂平、贺州及贵州的铜仁、兴义、黎平、荔波等机场建成，西南五省市区已经拥有 40 多个营运机场和数百条国内外航线。值得强调的是，重庆江北国际机场新航站楼的建成，使其成为我国西南地区的航空枢纽。新航站楼面积 8.4 万平方米，具备了开辟直飞澳洲、美洲和欧洲各大城市的中远程国际航线的能力，设计年旅客吞吐量 700 万人次。

4. 水运方面

西南地区的长江、嘉陵江、沱江、乌江、珠江上游，内河航运总里程达 9438.5 公里。在内河航运方面，坐拥长江黄金水道的重庆最具优势的交通资源是水上运输。重庆市正在建设完善以重庆主城、万州两个枢纽港为中心，集合涪陵、江津、奉节、合川、彭水 5 个重要港口为一体的港口群。而在远洋航运方面，拥有防城港、钦州、北海三大海港，贯通广西和广东珠江水系的广西则独占鳌头。云南则拥有东方多瑙河之称的澜沧江—湄公河国际航运通道、中越红河航线、中缅伊洛瓦底江陆水联运等水运通道。

5. 西南地区出海通道

（1）西南地区出海通道建设的意义有以下三点：其一，出海通道建设可为西南地区的区域商贸开放式协同发展提供支撑作用。西南地区可由"港口（口岸）—通道—腹地"的特殊地缘关系联系成为一个商贸经济区域整体。其二，增加西南地区区域商贸经济协同发展和"互补性因素"优化组合的耦合空间与机会。区域之间的整体协同发展，实质上的内涵之一就是资源及其他生产要素、管理等"互补性因素"的优化组合。通过出海通道商贸经济区域体系建设，使通道商贸经济区域体系成为这些"互补性因素"优化组合的载体和机制，从而增加西南地区各种"互补性因素"优化组合与配置的耦合空间和机会。其三，以新的方式有效地培植西南地区新的经济增长源地。目前，西南地区主要的经济增长源地是城市（镇）体系所构成的"节点"（城镇）和资源分布点、交通枢纽等"优区位"地区。[①] 有了出海通道商贸经济区域体系的建设与发展，西南地区就增加了一批具有活力的商贸业和经济增长源地。通过出海通道商贸经济区域的经济增长推动西南地区的经济增长。

（2）西南地区出海（出境）通道包括：其一，东去通道——由重庆沿长江经上海港出海，或由贵阳走湘黔线、浙赣线从上海出海。其二，西去通道——由昆明经大理、瑞丽或畹町等进入缅甸，或由成都经宝鸡、兰州、乌鲁木齐从阿拉山口出境和始于重庆的第三条欧亚大陆桥，进入中亚、东欧等地。其三，南下通道——由贵阳经柳州、南宁从防城港、北海或钦州出海，或以柳州由贵港后经西江通广州或港澳出海，或由昆明经河口进入越南，或由南宁经凭祥进入越南。在这些通道中，最主要的是东去通道、西去通道和南下通道。

（二）西南地区交通中心

1. 重庆交通中心

重庆建设长江上游经济中心的内涵概括为"三中心、两枢纽、一基地"。所谓"两枢纽"，就是要建成辐射西南，汇接全国的交通、通信两大枢纽，打造成为西南地区的交通中心之一。为此，重庆的交通枢纽：一是成为铁路枢纽，2010 年形成"一环八射"，分

---

① 黎鹏：《区域经济协同发展研究》，经济管理出版社 2003 年版，第 279、278—288 页。

别到湘、粤、黔、成都、遂宁、兰州、万州、宜昌、西安方向。2014 年，重庆已建成渝利高铁；2015 年，建成通车高铁有成渝高铁，在建高铁有兰渝铁路、渝黔、渝万等铁路线。二是成为公路枢纽，重庆已于 2010 年 12 月建成"二环八射"高速公路 2000 公里，实现"4 小时重庆，8 小时周边"。2013 年，重庆又建成南涪、涪丰、丰石、南万、渝蓉、奉溪高速，高速公路通车里程达 2312 公里。三是成为长江上游航运中心。四是建设航空客货运输中心，将重庆江北国际机场新航站楼建成我国西南地区的航空枢纽。

2. 成都交通中心

成都市是西南地区的交通枢纽。宝成、成渝、成昆、达成四条铁路线交会于此，形成以成都为中心的西南最大的铁路客货运输枢纽，成都火车北站日发送旅客 12 万人次以上，成都东站是西南地区最大的货运编组站和成都第二大客运站。2014 年 12 月成绵乐高铁开通，在建高铁有西成高铁等。截至 2014 年 11 月 15 日，成都地铁运营线路有 1 号线和 2 号线共 65 公里。双流国际机场是全国六大航空港之一，2013 年实现旅客吞吐量 3340 万次，年客流量居全国第四位、西部第一位，现有国内航线 167 条，并开通 71 条国际（地区）航线。成都公路网是全国密度最大的地区之一。北京—昆明、上海—拉萨和兰州—昆明 3 条国道汇聚成都，成都—重庆、成都—绵阳、成都—乐山、成都—雅安—攀枝花高速公路建成通车，基本形成以城区干道为依托、国道公路为干线、四条铁路为动脉、国际空港为支撑的立体交通格局。成都市建成了三条环路和绕城高速公路等重要干道，形成了环状加放射状城市交通网络，区（市）县 1 小时交通已成现实。

3. 昆明交通中心

昆明市是云南省的交通枢纽，也是西南地区重要的交通中心。昆明公路网构造为"四环十七射"，包括二环、三环、绕城高速内环和外环，及昆曲、昆石、昆玉、昆安、昆海、昆武、机场、嵩昆等高速公路和老昆禄、老昆安、金浑线等 9 条等级公路。泛亚铁路中国部分将形成以昆明铁路枢纽为中心，5 条铁路干线入滇，3 条铁路干线出境。昆明铁路沪昆、成昆、南昆及在建的昆玉铁路、沪昆高铁、云桂高铁及中老铁路云南段。昆明还兴建中缅油气管道节点。2013 年 11 月开建了"一带一路"战略规划中的辐射东南亚的交通枢纽——昆明南站。此外，昆明长水国际机场 2013 年实现旅客吞吐量 2969 万人次，居西部第二位，有 38 条国际航线及通往国内各大中城市的约 281 条航线。昆明的公路四通八达，有 5000 多公里的公路通往省内各地和邻省邻国。

4. 贵阳交通中心

贵阳是贵州省的交通中心，对外交通以铁路为主。贵阳北站是中国特大型铁路枢纽站之一，它汇集了沪昆高铁、渝黔铁路、成贵铁路及贵开城际和贵阳环线多条铁路线。公路方面，以贵阳为中心，湘黔、黔桂、滇黔、川黔 4 条国道及贵阳—安顺—黄果树、贵阳—遵义 2 条高速公路向省内各地、市、州呈辐射状延伸。在航空运输方面，贵阳龙洞堡国际机场 2013 年实现旅客吞吐量 1047 万人次，居西部第 6 位，已开通国际国内航线 110 条。

5. 南宁交通中心

南宁作为广西的首府，毗邻粤、港、澳，背靠大西南，面向东南亚，是连接东南沿海与西南内陆的重要枢纽，是西南地区重要的铁路枢纽和出海通道，也是西部各省区唯一沿海省份的省会城市。南宁是湘桂、南昆、南防、南环线、柳南客专、南广线、云桂线、贵南线、南钦线、南凭线 10 条铁路线的交会点。南宁—凭祥—越南谅山铁路线是我国一条重要的出境铁路通道。南宁拥有规模完善的水陆空立体的交通运输网络。高速公路由南宁可直达桂林、柳州、北海等地。内河航道下行可直达广州、香港和澳门等地，上行可通龙州、百色等地；民用航空已开通多条国际国内航线，通达国内各主要大中城市，国际航班可直达泰国、越南等东盟国家。

二　建设西南地区物流中心的意义

物流成本在 GDP 中所占比重的大小是衡量一个国家物流效率高低的重要标准。根据专家的测算，发达国家物流成本一般占 GDP 的 10%，而发展中国家为 30% 左右。我国物流成本大致占 GDP 的 25%—30%。西南地区距海岸线较远，偏高的运输成本抵消了本地产品制造成本低的优势，建设现代物流中心和发展现代物流是解决瓶颈制约的重大举措。

（一）建设物流中心能够提高经济中心城市的集聚和辐射能量

由于物流是社会经济系统中各种流的最终体现，它负载了丰富的资金流、信息流甚至人流。物流通道实际上是对人流、物流、资金流、信息流的有效整合。在这种情况下，某个城市在物流系统中的位置以及与其他城市之间的联系方式能够在很大程度上决定其在经济系统的支配力量。因此，一个物流发达的城市能够极大地提高其经济社会发展集聚和辐射能量。

（二）现代城市物流中心已成为物流产业的增长点

现在我国正处于加速城市化发展的阶段，在今后30年内我国城市型的现代物流中心将会成为物流产业增长点的核心之一。城市的物流业的发展可以带动周边地区、中小城市和农村的繁荣发展，从而形成一个有机的商品流通体系。因此，现代物流中心建设已成为现代物流产业的新增长点。经济欠发达的西南地区为进一步推动区域经济发展，首先要加快物流中心建设，为繁荣、活跃城乡市场和推动地区经济的快速发展开创良好的物资流通条件。

•（三）物流中心是西南地区商贸中心重要组成部分

西部大开发战略的实施，必将推动西部与中部、东部地区的商务交流以及对外贸易的增加，这将大大扩展我国物流市场的发展空间。作为我国西部重要组成部分的西南地区在建设西南地区商贸中心体系过程中，更应该注重建设物流中心。有关西南地区物流中心的发展状况，在本书的第六章中已做了详细的论述，这里不再赘述。

三　西南地区商贸中心体系与交通物流中心的相互关系

（一）经济持续快速发展为西南地区现代交通物流中心的建设提供了发展空间

现代物流是都市经济发展的支柱产业之一。物流在一定程度上就是商流，是制造业的保障，物流越发达，制造业就越发达，城市化进程就越快。而物流产业的发展和壮大又需要现代交通物流中心来支撑。因此，构建西南地区的现代化交通物流中心是西南地区区域经济进一步发展的现实需要。

现代交通物流中心是现代商贸中心的重要组成部分。在建设和发展西南地区物流中心过程中，西南五省市区必须打破地区封锁和市场分割，通过区域间的分工与合作共同建设西南地区交通物流中心。在西南地区交通物流中心发展过程中，首先要加快西南地区区域经济的整合步伐，通过区域经济的整合和协同发展为交通物流中心的发展提供广阔的发展空间和平台。与此同时，西南地区交通物流中心的发展又反过来推进地区区域经济进一步发展。

（二）建设发展西南地区交通物流中心是西南地区商贸中心发展的基础和前提条件

现代商贸中心的日常运作中会产生大量物资、商品的流转业务，而这些都有赖于通过物流通道来完成。现代物流的运转离不开现代交通物流中心的支持和运营。现代交通物流中心是现代商贸中心的重要组成部分，同时也是其得以发展壮大的基础和前提条件。西南地区商贸中心的发展离不开交通物流中心发展的支持。因此，作为西南地区科技、商贸、金融中心和交通、通信枢纽的重庆、成都、昆明、贵阳和南宁等经济中心城市有经济发展进程，同样需要建设和发展现代交通物流中心。

第二节 西南地区商贸中心体系与工业中心的相互关系分析

一 西南地区工业中心发展状况分析

（一）重庆工业中心

重庆不仅是西南地区最大的工业中心，而且也是我国西部最大的工业中心和经济中心城市之一。重庆工业有汽车、化工、冶金、旅游四大支柱产业。重庆汽车工业已在中国汽车工业中占据重要地位，重庆长安汽车集团公司已跻身于我国第四大汽车公司。重庆是中国最大的摩托车生产基地。重庆还有亚洲最大铝材加工企业——中国西南铝加工厂、重钢、太极集团、嘉陵和力帆等知名工业企业。2013 年，重庆全年实现地区生产总值 12656.69 亿元，第二产业实现增加值 6397.92 亿元，实现工业增加值 5249.65 亿元，占全市地区生产总值的 41.5%。2013 年，全市规模以上工业增加值增长 13.6%；规模以上工业企业实现总产值 15824.86 亿元，其中汽车制造制造业、电子信息产品制造业、装备制造业分别实现总产值 2969.3 亿元、2934.67 亿元和 1498.13 亿元，分别占全市规模以上工业企业总产值的 18.8%、18.5% 和 9.5%。2013 年，全市规模以上工业企业经济效益综合指数达 257.8，实现利润达 878.43 亿元，产品销售率达 97.9%。

重庆工业中心有七大发展优势。一是区位条件优越。重庆处在中国中西部的交点，承东启西。二是优势资源突出。境内拥有丰富的天然气、铝土矿、盐矿等矿产资源，淡水和水能资源，还背靠中国资源最富集的大西南。三是市场潜力巨大。国家级新区——两江新区开发、大规模的基础设施建设、支柱产业发展将产生巨大的投资需求。四是劳动力资源充裕，劳动力成本低廉。五是科技教育力量雄厚。重庆拥有 28 个专业科研机构、81 个高校科研机构和 546 家企业科研机构，7.2609 万科研人员，67 所高等院校。六是工业物质技术基础较好。2013 年完成工业固定资产投资 3529.9 亿元，居全国大城市前列。七是政策优势。重庆既有西部大开发、老工业基地优惠支持政策，也有国家级新区和两路—寸滩和西永保税区的出口加工区政策。

（二）成都工业中心

成都是西部重要的工业基地，建成了以机械、电子、医药等工业为主的 38 个行业大类、184 个行业细类的综合性工业体系。目前，成都已初步形成以电子信息、机械、汽车、石化、食品饮料及烟草、建材、轻工业八大特色优势产业。2013 年，成都实现地区生产总值 9108.9 亿元，其中第二产业增加值为 4181.5 亿元，工业增加值为 3493.1 亿元，规模以上工业企业实现增加值 2917.6 亿元，均居西南地区工业中心第二位；工业企业产品销售率 98.4%，规模以上工业企业实现利润 617.4 亿元。2014 年 3 月，为提升工业实力，成都市制订了《成都工业"1313"发展战略（2014—2017

实施计划》，提出：（1）构建"层次分明、优势突出、生态高效"的现代工业体系。（2）重点推进 13 个产业发展：突出发展电子信息、轨道交通、汽车、石化产业；加快发展航空航天、生物制药、新能源、新材料、节能环保产业；优化冶金、食品、建材、轻工业。[①]（3）优化工业布局：大力发展国家级新区——天府新区工业总部和新材料、电子信息产业；构建市、县、镇三级工业布局体系，形成"大园区承载大产业""小园区发展特色产业"格局。

（三）昆明工业中心

昆明是云南省的工业中心，也是西南地区的工业中心。2013年，昆明实现地区生产总值 3415.31 亿元，第二产业实现增加值 1537.11 亿元，均居西南地区中心城市第三位。2013 年，昆明规模以上工业企业实现销售产值 3102.46 亿元，实现利润 164.04 亿元；昆明工业增加值为 1106 亿元。2013 年，昆明工业产业结构逐步优化，形成了以烟草及配套、装备制造、冶金、生物医药、能源、化工、建材、食品八大产业为主导的工业体系。

（四）贵阳工业中心

贵阳是贵州的重要工业基地和西南地区重要的工业中心。2013年，贵阳实现地区生产总值 2085.42 亿元，第二产业实现增加值 848.64 亿元，分别居西南地区中心城市第五位和第六位。2013 年，贵阳市全部工业增加值为 608.32 亿元，占全市地区生产总值的 34.28%；全市规模以上企业工业增加值为 550.98 亿元，实现利润总额为 113.07 亿元。贵阳工业产业结构在不断优化，形成了以装备制造、磷煤化工、铝及铝加工、现代药业、特色食品和烟草为主的六大特色支柱产业。随着 2014 年 1 月 6 日国家级新区——贵安新区的设立和 2014 年 12 月 26 日贵广高铁通车，贵阳工业中心迎来发展的新机遇，贵阳将加快发展电子信息、新材料、光电和云计算等新兴产业。

（五）南宁工业中心

南宁是广西的工业中心之一和西南地区重要的工业中心。2013

---

① 叶燕：《成都工业"1313"发展战略（2014—2017）实施计划》，《成都晚报》2014 年 3 月 13 日第 3 版。

年，南宁实现地区生产总值2803.54亿元，第二产业实现增加值1110.89亿元，分别居西南地区中心城市第四位和第五位。2013年，南宁市实现工业总产值为2611.97亿元，规模以上工业企业工业总产值为2554.75亿元。南宁形成了农副食品加工业、电子信息产业、化工、非金属矿制品、造纸、机械及器材制造六大支柱产业。南宁市为做强工业，规划大力发展生物制药、新一代电子信息产业和先进装备制造业。当然，广西第一大工业中心城市为柳州。2013年，广西柳州第三产业增加值为1274.98亿元，全市工业总产值为4014.18亿元，均高于南宁市。柳州的三大工业支柱产业为汽车、冶金和机械。今后，南宁应加强与柳州的工业合作，共同打造广西的工业带和工业中心。

二　西南地区商贸中心体系与工业中心相互关系

西南地区商贸中心与工业中心是相互依存、相互促进的。具体而言，只有大力发展西南地区工业中心，才能为其他"五中心"的建成奠定基本的物质基础，也才能为西南地区商贸中心体系的建成提供必要的物流、商流和资金流。当然，发展西南地区工业中心，除了继续发展现有的骨干企业外，要加大发展电子信息产业、环保节能业、现代装备制造业和绿色食品加工业。西南地区工业中心与西南地区商贸中心体系的具体关系如下。

（一）西南地区工业中心体系中的各级工业中心基本上都是在商贸业城镇的基础上发展起来的

重庆地处长江、嘉陵江交汇处，有舟楫和陆路交通之利，自古以来就是西南地区的物资集散地和繁荣的商业都市。而重庆的工业也正是得益于繁荣的商业和依托商业而聚集衍生的人口和市场空间，重庆工业中心也正是在其水陆商埠码头商业都市基地上发展起来的。南宁工业中心则也是在水陆商贸都市的基础上发展起来的。至于成都、昆明和贵阳工业中心，则是在陆路交通枢纽和商贸重镇的基础上发展起来的。西南地区的其他各地、各级工业中心基本上都是在商贸城镇和交通枢纽的基础上发展起来的。当然，也有例外。西南地区的攀枝花、六盘水工业中心则是在我国20世纪六七十年代的三线建设中发展起来的。三线建设战略的实施，国家的倾力投资，把现代化的工业嵌入经济方式毫不同质的攀枝花、六盘水等地区生长发展，使这里的居民不得不接受工业文明的巨大辐射穿透力的影响和熏染，使这里的居民从生活到生产乃至思想观念发生变化，使该地区从传统生产方式到教育、科技、文化、卫生等各方面实现变革，最终使该地区落后的少数民族进入中华民族国家工业化的时代步伐中。然而，即使是这两个工业中心城市，也要通过大力发展商贸业来满足城市生产需要，同时推进城市的发展壮大。

（二）西南地区工业中心建设发展支撑着西南地区商贸中心的发展

作为第二产业的工业，是国民经济发展的基础。工业发展和工业中心建设不仅为第一产业的剩余劳动力提供了转移就业的渠道，而且还带动了以商贸业为主体的第三产业的发展。据研究，每增加一个第二产业的就业岗位，就能带动三个第三产业的就业岗位的增加。因此，西南地区的各地、各级工业中心建设支撑着其商贸中心的建设发展。西南地区商贸中心体系中的重庆市中心区、成都、昆明、贵阳和南宁商贸中心得以发展的背后都有强大的工业中心作为支撑。西南地区的其他各级商贸中心建设也基本上是靠工业中心来支撑着的。当然，桂林三级商贸中心则主要是由其旅游业支撑起来的，因而桂林商贸中心属于旅游商贸中心。但是，这并不是说桂林不发展工业，而只是工业相对于旅游业来说其竞争力和知名度要低一些。

第三节　西南地区商贸中心体系与金融中心的相互关系分析

一　西南地区金融中心发展状况分析

金融是现代经济的中心。金融中心是指那些在市场经济进一步发展的基础上建立起来的，金融机构集中、金融市场发达、金融信息灵敏、金融设施先进、金融服务高效、金融影响面较大的融资枢纽。它通常以某一个经济发达的中心城市为依托。金融中心是从资金融通、信息传递、促进资源优化配置及分散实体经济经营风险和降低交易成本等方面服务于其他中心的。西南地区具备建设区域金融中心城市的只有重庆市和成都市，其他省会城市如昆明、贵阳和南宁则是本省区金融业聚集地。

（一）重庆市金融中心

1994 年重庆就提出，用 20 年时间建成长江上游的经济中心。10 年过去了，重庆终于认识到：没有强大的金融支撑，这个目标变为现实就没有保证。于是，重庆提出：打造长江上游的金融中心奋斗目标。其间，重庆金融也步上正轨，其代表事件是 1999 年 12 月 23 日重庆组建了全国性证券公司——西南证券在重庆的成立。目前，重庆市已初步形成了以银行、证券、保险为主体，其他多种类型金融机构并存，结构合理、功能较为完备的现代金融体系。其综合实力和竞争力位居西部省市前列。截至 2013 年年底，重庆市已有法人银行金融机构及在渝分支机构 84 家。其中，外资金融机构 28 家；证券法人机构 1 家，证券公司营业部 141 家；保险法人机构 3 家，保险分公司 41 家；基金公司 1 家，期货公司 4 家；在全球各大交易所挂牌上市公司 52 家，境内上市公司新增融资 144 亿元；区域要素市场 12 家。2013 年，重庆金融实现增加值 1068.35 亿元，占全市生产总值的 8.4%。2013 年年末，全市金融机构本外币存款余额达 22789.17 亿元，居西南地区中心城市第二位，金融机构本外币贷款余额为 18005.69 亿元，居西南地区第一位。2013 年 1 月，重庆市通过《重庆市加快金融中心建设的意见》，提出到 2017 年，把重庆建成以金融结算为特征的长江上游区域性金融中心。

随着 2014 年 5 月 23 日泰国盘谷银行重庆分行在渝中区开业、2014 年 9 月 19 日新加坡大华银行重庆分行在渝中区开业及韩国亚富路小贷及阿拉丁小贷 4 家外资金融机构落户重庆渝中区；7 家要素市场集中渝中区；拥有 247 亿元资产的创新金融机构，渝中区及江北嘴已发展成为重庆金融核心区。随着国家新区——两江新区的设立和发展，加之直辖市优势，重庆金融中心有发展成为我国西部地区金融中心的潜力。

（二）成都市金融中心

成都是正在崛起的中国区域性金融中心，是西部地区金融机构种类最齐全、数量最多的城市。人民银行、证监会、保监会在成都设立了区域性的管理总部；中国人民银行和中国工商银行、中国农业银行、中国银行、中国建设银行四大国有银行等 12 家国内银行的大区分行和国家证监委大区证监办设在成都。成都市的金融比较发达，金融中心辐射力较强。其表现为：（1）成都是我国西部重要的金融机构聚居地。中国人民银行下设的 5 个大区支行之一的西南大区分行——人民银行四川分行设立于成都，其职责覆盖整个西南：除了重庆以外，云、贵、川、藏的所有金融机构。（2）国家证监委西南大区证监办设在成都。（3）入驻成都的外资银行的数量和规模较大。新加坡华侨银行和华联银行，英国渣打银行，泰国盘谷银行，日本东京银行，香港汇丰银行，巴黎国民银行，苏格兰皇家、摩根大通、友利、澳新银行等银行纷纷在成都设立分行。（4）成都市金融业发达，金融业对地区经济增长贡献大。2013 年，成都市实现地区生产总值 9108.9 亿元，而金融业实现增加值为 892.67 亿元，占 GDP 的 8.9%。2013 年年末，成都市全部金融机构人民币存款余额为 23662 亿元，贷款余额为 17618 亿元；证券营业部有 120 个，证券从业人员 3935 人。2013 年，成都市有保险公司 69 家，全年保费收入 400.1 亿元。2010 年 10 月推出的《中国重点城市金融发展水平评价报告》表明，成都市的金融发展水平在全国排第 7 位（重庆市为第 9 位），紧随北京、上海、深圳、广州、杭州和南京，居中西部省区城市第一位。

2014 年，成都提出建设集西部金融机构集聚中心、金融创新和交易中心、金融服务中心为一体的西部金融中心[①]。为此，四川省将"省级金融服务业集聚区"定点于成都市青羊区骡马市，该区已聚集了 315 家传统金融机构、138 家新兴金融机构、近 800 家金融服务及商务机构，其金融产业已占成都市的 20.6%。成都市规划重

----

① 尹婷婷：《成都 2014 年金融增加值将超千亿元》，《成都日报》2014 年 5 月 26 日。

点发展青羊区金融业，力争将其打造为"西部金融第一区"。

（三）昆明市金融业的发展状况

昆明市是云南省各大银行、保险公司和其他金融机构的分支机构的集中地。2013 年，昆明市金融机构存款余额和贷款余额分别为 1085.36 亿元和 9148.63 亿元，均居西南地区中心城市第三位。截至 2014 年 9 月，昆明市已有 47 家银行机构。为推动昆明市金融业发展，昆明市已在 2014 年提出"建设泛亚金融产业园区，打造区域性国际金融中心"发展战略规划，并付诸实践。

（四）南宁市金融业的发展状况

南宁市集中了广西重要的银行、保险公司、证券公司、投资公司和其他金融机构，是广西资金融通的中心。2013 年年末，南宁市共有金融机构 30 家，营业网点 1080 个；全市金融机构各项存款余额和贷款余额分别为 6483.53 亿元和 6115.88 亿元，均居西南地区中心城市第四位；全市共有保险公司 34 家，全年保费收入为 100.85 亿元。2012 年 2 月，南宁出台《关于加快发展金融业的实施意见》，提出构建南宁区域性国际金融中心发展规划，采取加快五象新区金融集聚区建设、构建多层次金融服务体系、发展互联网金融等举措，进而推进南宁建设面向东盟的区域性国际金融中心步伐。

（五）贵阳市金融业的发展状况

贵阳是贵州省金融中心，形成了以人民银行为核心，各商业银行为主体，信托投资公司、证券公司等非银行金融机构并存的金融体系。2013 年年末，贵阳市金融机构各项存款余额和贷款余额分别为 5766.05 亿元和 4205.10 亿元，均居西南地区中心城市第五位；2013 年贵阳市全年保费收入为 69.55 亿元；共有上市公司 14 家，总市值 660.39 亿元；证券公司 1 家，证券营业部 29 家，年成交额 2890.07 亿元；期货营业部 9 家，成交金额 551.88 亿元。为了促进"引银入黔"，贵阳市规划建设了占地 1998 亩、总投资 300 亿元的国际金融中心项目。该项目位于贵阳市金阳新区中心地段，紧邻贵阳国际会展中心。截止到 2013 年，已有 12 家金融机构签约入驻。该项目建设对打造金融中心硬件平台、促进贵州经济发展和贵阳市区域金融中心建设起着重要推动作用。

二　西南地区商贸中心体系与金融中心相互关系

（一）金融中心的支持可促进西南地区商贸中心体系的交通物流中心建设

要建设西南地区商贸中心，必须首先建设西南地区交通枢纽和物流配送中心。然而，建设西南地区交通、商贸基础设施需要大量的资金。这对于经济欠发达的西南地区而言，资金短缺是制约交通商贸基础设施建设的瓶颈之一。为此，西南地区必须加快地区金融中心建设和投融资体制改革。

在组建交通设施建设投资公司方面做得比较成功的是重庆市高等级公路建设投资公司。为解决重庆交通滞后问题，由重庆市委、市政府出资组建的国有独资企业——重庆高速公路集团有限公司，于 2002 年 12 月应运而生。在该公司管理运作中，形成了统筹资金、统一负责对重庆范围内的高速公路实施投资，集组织、建设、经营、养护和管理为一体的"高投模式"。这是重庆率先在全国交通系统中启用的公路建设和融资运作机制。截至 2013 年 12 月底，重庆高速公路集团有限公司注册资本达 20 亿元，总资产达 1387 亿元。在筹措到充足资金的基础上，重庆高速公路集团有限公司到 2013 年年底已建成高速公路 2312 公里，全面实现"1 小时主城，4 小时重庆"目标。

总结重庆市成立投融资集团公司推动交通运输基础设施建设的经验可以得出，通过金融创新和构建西南地区金融中心，大力发展交通建设投融资集团公司，改革投融资体制，建立高效的交通设施建设融资市场，改善交通设施建设资金的筹措、运营和管理，是一条推进西南地区建设交通枢纽和物流中心的新的有效途径，同时也是一条加快西南地区商贸中心体系基础设施建设的有效途径。

（二）金融中心与贸易中心的结合催生西南地区商贸中心体系的 CBD

1. 金融中心是构建 CBD 的基本条件

CBD 是指一个现代都市集中拥有大量金融、商业、贸易、信息及中介服务机构，拥有大量商务办公楼、酒店、会展中心、文化娱乐等配套服务设施，具备完善的市政交通条件与通信条件，市场机会最多、运作成本最低、最便于开展现代商务活动的中心区域。世界上著名的 CBD 都是所在国或地区金融中心所在地，都集聚了大量的银行和其他金融机构。这方面的例子如纽约 CBD、香港 CBD 和上海 CBD。

2. CBD 金融中心建设是西南地区商贸中心体系建设的重要内容

过去，西南地区花大力气把一些投资机构引进来，不仅没给地方带来多少收益，反而带走当地的资金。而创建金融中心，引入金融机构就不存在这样的问题，外地金融机构本身有充足的资金来应付风险和进行投资。因而，能够吸收银行、保险、投资银行都各类金融资金在西南地区投资，这是最好的引资方式。金融中心是 CBD 的重要组成部分。西南地区的重庆市、成都市、昆明市、贵阳市和南宁市都已规划和建设 CBD，并着力在 CBD 区域内建设金融中心区。

（1）重庆市 CBD 的金融中心建设。重庆 CBD 在解放碑—江北嘴—弹子石的"金三角"地区，主要由解放碑 CBD、江北嘴 CBD 和弹子石 CBD 构成，总面积达 10 平方公里。解放碑 CBD 所在的渝中区目前是重庆的金融中心区。2013 年，渝中区金融业增加值达 254 亿元，占重庆市的 24%；金融业资产达 1.2 万亿元，占全市的 36%。截至 2014 年年底，渝中区拥有证监会、保监会和银监会三大监管机构重庆分会、省级以下金融机构 160 家；占据了全市金融机构存款余额的 1/5；有全市 13 家要素市场中的 7 家；全年保费收入 129 亿元，占全市的 32%。2014 年，渝中区已连续 5 年与北京朝阳区和上海浦东新区一起荣获中国最佳金融生态区。重庆 CBD 未来重点发展的金融中心区位于江北嘴。2014 年年底，江北嘴 CBD 已成功引进 200 多家金融总部相关单位入驻，江北嘴金融核心区初步建成。

（2）成都市 CBD 的金融中心建设。随着成都市 CBD 的金融中心建在青羊区的骡马市，青羊区已成为成都市的金融核心区。2013 年，青羊区的金融产业占全市的 20.6%，金融产业增加值达 183.7

亿元。为了建设落户骡马市的四川省唯一的"金融服务集聚区"，青羊区从 2014 年起，在全区分片打造金融商务核心区、金融产业集聚区，重点发展包括小微金融机构、特色金融机构、特色金融服务组织在内的金融产业、咨询服务业于一体的特色金融示范区，力争将青羊区打造成为"西部金融第一区"。

第四节　西南地区商贸中心体系与旅游服务中心的相互关系分析

一　西南地区旅游服务中心发展状况分析

（一）重庆旅游服务中心发展状况分析

重庆市境内旅游资源十分丰富，自然景观和人文景观俱佳。截至 2013 年年底，重庆市拥有以长江三峡、大足石刻、山城夜景、缙云山为代表的 20 多个景区、300 多个景点，其中世界文化遗产 1 个，国家级风景名胜区 6 个，世界自然遗产 1 个，国家级文物保护单位 20 个；共有 153 个 A 级风景区，其中 5A 级 7 个，4A 级 53 个。重庆市主城区是一座由长江和嘉陵江环抱的美丽的山水园林城市，迄今已有 3000 多年的历史。2013 年，重庆市全年共接待海内外游客 3.08 亿人次，实现旅游总收入 1771.02 亿元。其中，接待国际游客 242.26 万人次，实现旅游外汇收入 12.68 亿美元。截至 2013 年年末，重庆市有旅行社 514 家，其出境旅行社 50 家，赴台旅行社 8 家，旅游星级饭店 257 家。

（二）成都旅游服务中心发展状况分析

成都自古为西南重镇，三国时为蜀汉国都，五代十国时为前蜀、后蜀都城，文化遗存丰富，1982 年被国务院公布为国家历史文化名城。成都有 3200 多年建城史。成都全市现有人文景观 172 处，其中尤以武侯祠、杜甫草堂、王建墓、都江堰、二王庙、青城山最具特色。成都有全国重点文物保护单位 38 处和四川省文物保护单位 36 处。成都拥有 2 项世界文化遗产，2 项世界预备遗产。成都地处四川旅游环和全国旅游环的联络点上，是内地前往西藏的主要通道，旅游地理位置十分优越。

2014 年年末，成都拥有三星级以上饭店 116 家，旅行社 364 家。2014 年，成都全年共接待国内游客 18423 万人次，国内旅游收入 1617 亿元；全年接待入境游客 197.8 万人次，旅游外汇收入 7.4 亿美元。

（三）昆明旅游服务中心发展状况分析

昆明是我国的历史文化名城，是面向东南亚、南亚的国际性商贸旅游城市，是极负盛名的"春城"。昆明具有 2200 多年历史，是自然景观和人文景观的荟萃之地。昆明是中国十大旅游热点城市和中国首批优秀旅游城市。截至 2013 年，昆明市共有各级文物保护单位 532 处，其中国家级文物保护单位 19 处，有石林世界地质公园、滇池、安宁温泉、九乡、阳宗海等国家级和省级风景区，还有世界园艺博览园和云南民族村等 100 多处重点风景名胜和 10 多条国际旅游线路，形成以昆明为中心，辐射云南全省，连接东南亚，集旅游、观光、度假、娱乐为一体的旅游体系。2013 年，昆明市拥有星级酒店 66 家，其中五星级酒店 11 家，拥有 100 多家知名旅行社。2014 年，昆明市共接待国内旅客 6149.45 多万人次，国内旅游总收入 590.34 亿元；接待海外游客 119.21 多万人次，旅游外汇收入 3.97 亿美元。

（四）贵阳旅游服务中心发展状况分析

贵阳市是我国西南地区重要的交通通信枢纽，国家内陆开放城市之一和全国林园绿化先进城市、中国优秀旅游城市。贵阳市是贵州"金三角"旅游区的依托点，拥有著名的喀斯特自然景观和人文景观。2013 年，贵阳有全国重点文物保护单位 6 处，国家级风景名胜区 1 处，4A 级风景区 9 处，3A 级风景区 5 处。2014 年，贵阳市全年接待游客 7240.1 万人次，接待海外游客 14.59 万人次，全年旅游总收入 874.39 亿元，其中旅游外汇收入 5661.94 万美元。2012 年年底，贵阳市拥有星级酒店 77 家，旅行社 144 家。

（五）南宁旅游服务中心发展状况分析

南宁市是著名的历史文化名城，已有 1600 多年历史，是我国优秀旅游城市。2013 年，南宁有自然景观和人文景观 50 多处，有国家级文物保护单位 1 处，4A 级风景区 15 处。2013 年年末，南宁拥有星级宾馆62家，旅行社68家，其中出境旅行社21家。随着中国—东盟博览会永久落户南宁，南广高铁和贵广高铁的开通，南宁市的区位、交通客源优势更加凸显，加之遍布每年的旅游节庆活动，进一步推动了南宁区域性国际旅游目的地和旅游集散中心建设。2014年，南宁共接待国内游客6905万人次，接待境外游客43.3万人次，国内旅游收入达585.74亿元，国际旅游外汇收入1.84亿美元，增长33.77%。

二　西南地区商贸中心体系与旅游服务中心相互关系

（一）旅游功能是西南地区商贸中心的主要功能之一

旅游文化功能不仅是西南地区商贸中心的主要功能之一，而且也是西南地区商贸中心CBD的核心功能之一。CBD是国际经济活动的舞台，也是人类文化交流融会的园地。CBD中体现着世界各国不同建筑流派艺术风格的楼宇馆所，本身就是一曲"凝固的交响乐"。在这些建筑物中，本国金融贸易机构展示的是本土文化和民族文化，境外投资者和外国公司、外籍员工带来的是形形色色的境外管理机制、经营理念与企业文化。不少CBD还在配套的教育和社区等领域中存在或淡或浓的移民文化，如旧金山、纽约城市的"唐人街"就在CBD内。还有各国习俗的餐饮文化，使不同民族的从业人员来CBD后都有"宾至如归"的感觉。

会展和旅游是CBD文化功能另一个不可缺少的内涵。不少城市的CBD同时又是国际性的会议展览中心。北京、悉尼、温哥华等城市的国际性会议中心就建在中心区内。曼哈顿则更为集中。著名的百老汇、华尔街、帝国大厦、格林尼治村、中央公园、联合国总部、洛克菲勒总部、林肯艺术中心、大都会艺术博物馆、大都会歌剧院等名胜都集中在此。香港的中环则发挥"自由港"的优势，更多地体现商业文化，它与周边的湾仔、铜锣湾、尖沙咀一起，构成了著名的东方"购物天堂"和"美食天堂"，2013年有5430万人次游客在这里旅游购物，旅游收入320亿美元。

因此，在西南地区商贸中心城市建设和发展旅游服务中心与建设商贸中心是互相促进的。西南地区的重庆、成都、昆明、贵阳和南宁等商贸中心城市在建设商贸中心时，要注意建设和发展好城市旅游服务中心，为商贸中心添彩增色，在商贸中心区内创造良好的自然人文环境，促进商贸中心的 CBD 建设升级，争取向国外著名商贸中心的 CBD 靠近。

（二）服务功能是西南地区商贸中心的主要功能之一

在知识经济时代，商贸中心的 CBD 应以第三产业为主导，而且不是传统的第三产业，而应是新兴的现代服务业，如金融服务、保险服务、证券基金、会计评估、资信认证、咨询中介等。如香港中环内外，就吸引了数以千计的国际顶级会计师事务所、评估行和咨询公司拓展服务。当然，商贸中心的 CBD 服务功能与所在城市及地区对它的支撑之间，是相辅相成的辩证关系。

西南地区的重庆、成都、昆明、贵阳、南宁等商贸中心建设发展中，应注意大力发展服务业，特别是新兴服务业，从而为提升商贸中心的商务功能打下坚实的基础。西南地区在打造旅游服务中心时应注意自己的特色，应注重多发展为国内外生产企业、贸易公司和金融机构服务的服务业，同时开发以服务国内员工和游客为主的兼顾境外旅客的旅游服务中心。

（三）西南地区可着力建设旅游服务型特色商贸中心

旅游服务中心则是建设和发展西南地区商贸中心体系的支撑条件之一，以旅游服务业的发展带动商贸业的发展，进而建设旅游购物型商贸中心。西南地区的重庆市、成都市、昆明市、贵阳市和南宁市既是著名的历史文化名城，也是现代旅游文化服务中心。因此，大力发展重庆、成都、昆明、贵阳和南宁的旅游服务业，可起到"以旅游聚人气，以人气聚商气"，进而推动这五个商贸中心的发展。如昆明商贸中心，可凭借世博园和秀美的滇池等风景名胜区开发成旅游服务型商贸中心。南宁市可建设成为面向东南亚市场的壮族文化特色鲜明、城市生态环境优良的区域性商贸旅游中心和旅游集散中心。此外，在西南地区商贸中心体系中可以规划建设旅游商贸中心的有桂林、北海、崇左、遵义、安顺、大理、丽江、景洪、乐山、眉山、雅安、西昌等三级商贸中心。

第五节　西南地区商贸中心体系与科教
文化中心的相互关系分析

一　西南地区科教文化中心发展状况分析

2012年，中国R&D经费支出超过100亿元的有北京、天津、河北、山西、江苏、广东、上海、山东、浙江、安徽、福建、河南、湖南、重庆、四川、辽宁、陕西和湖北，共支出6638.7252亿元，占全国的92.2%。2012年，西南地区的重庆、四川、云南、贵州和广西R&D经费分别为117.1045亿元、142.231亿元、38.443亿元、31.5079亿元和70.2225亿元，分别增长38.4%、28.3%、12.3%、29.3%和24.9%。由此可以看出，西南地区五省市区中四川的科技实力最为雄厚，重庆次之，云南和广西处于中间水平，贵州最低。

（一）成都科教文化中心发展状况

成都市的科教文化事业发达，不但是西南地区的科教文化中心，而且也是中国西部科教文化中心。

1. 成都市的教育发展概况

截至2013年年末，成都市拥有普通高校57所，其中教育部直属高校4所，国家民委所属高校1所，进入"211工程"的有四川大学、电子科技大学、西南交通大学、西南财经大学，是西部入"211工程"高校最多的城市之一。2013年，成都市高校在校生70.2万人，中小学校1032所，在校学生130.8万人，小学学龄儿童入学率达100%，初中学龄儿童入学率达99.9%。

2. 中国西南的科技中心

2013年年末，成都有国家重点实验室12个，国家工程技术研究中心16个。2013年，成都组织实施了3054项科技计划项目，其中国家级项目240项，科研项目投入资金46.7亿元，完成科技攻关279项，新认定高新技术企业310家；共授权专利33256件，其中发明3196件，实用新型16423件。2013年，成都高新技术产业实现产值5000亿元，同比增长20%；新增高新技术企业、创新型企业 603 家；新建产学研联合实验室、工程技术研究中心、产业技术创新联盟等研发平台 40 个；成为国家首批智慧城市试点示范城市。面向新一代信息技术、高端装备制造业组织实施了 10 个产业集群协同创新项目，并在 2013 年突破 200 项关键核心技术。依托雄厚的科技力量和优势科技资源，成都已成为西部地区发展高新技术产业的基地和科技创新的基地，支撑西部地区的经济发展和结构升级。

（二）重庆科教文化中心发展状况

1. 重庆市教育发展概况

重庆市是我国西南地区和西部地区重要的教育文化中心之一。重庆市在发展教育方面，制定了建设长江上游教育文化中心、"科教兴渝"和"人才强市"战略。2013 年，重庆市共有普通高校 67 所，中等职业学校 221 所，普通中学 1200 所，小学 4728 所。2013 年，重庆市全年共招收研究生 1.63 万人；普通高校本专科招生 19.2 万人；高中阶段招生 22.1 万人。2013 年年末，全市共有普通高校在校学生（含研究生）70.76 万人，普通中学在校学生 167.9 万人，小学在校学生 198.91 万人。学龄儿童入学率达 99.98%。重庆高校中进入"211 工程"的高校有重庆大学、西南大学。

2. 重庆市的科技发展概况

重庆市是我国西南地区和西部地区重要的高科技产业基地之一。重庆市建设长江上游经济中心的内涵概括为"三中心、两枢纽、一基地"，其中"三中心"是指长江上游商贸中心、金融中心和科教文化中心，"一基地"则是以高新技术产业为基础的现代产业基地。长江上游科教文化中心则是以区域科技创新体系、现代教育体系、文化弘扬创新基地、信息资源开发集散基地为核心内容。2013 年，重庆全市 R&D 经费支出 192 亿元，占全市 GDP 的 1.5%；共有市级及以上重点实验室 85 个，其中国家重点实验室 8 个；工程技术研究中心 313 个，其中国家级工程技术研究中心 10 个；技术市场签订成交合同 5071 项，成交金额 167.98 亿元；全年共获专利授权 2.48 万件。2013 年，重庆共有国家级创新企业 16 家，市场创新型企业 75 家。2013 年，重庆高新技术产业实现产值 4200 亿元，占规模以上工业总产值的 29%，其中电子信息产品制造业实现总产值 2332.15 亿元；全年新增重点技术产品 1595 个，专利产品种类 2900 类，加快推进"重庆制造"向"重庆创造"的战略转变。

（三）昆明科教文化中心发展状况

昆明是云南全省的教育、科技中心。昆明市现有各类科技人员 20 余万人，科技对国民经济增长的贡献率达 56%。2013 年年末，昆明市有普通高校 60 所，在校生 56.54 万人；中等专业学校 89 所，在校生 16.82 万人；普通中学 274 所，在校生 31.37 万人；普通小学 956 所，在校生 48.38 万人。

为推进科技进步，昆明市 2013 年实施科技计划项目 304 项，其中重大科技计划项目 20 项；2013 年获专利授权 4321 件。2011 年，昆明全市经认定的高新技术企业达 325 家。截至 2013 年年底，昆明经认定的高新技术企业达 467 家，其中昆明台工精密机械有限公司 2013 年销售额超过 12 亿元。为推进高新技术产业发展，昆明从 1992 年起规划面积达 11.5 平方公里的昆明高新技术产业开发区——昆明高新区，新区在集中发展装备制造和生物制药两大主导产业，到 2013 年新区营业收入达 1403 亿元。为推进科教文化中心发展，昆明市大力扶持文化产业发展。2013 年，昆明规划重点发展新闻出版、影视动漫、民族演艺、文化旅游、休闲娱乐、节庆会展、珠宝玉石、民族民间工艺、茶文化和体育产业十大特色文化产业；建设泛亚文化传媒中心、昆明老街等 50 个重大文化产业项目。截至 2012 年，昆明市所在的云南省文化产业增加值达 635 亿元，占 GDP 的 6.1%。

（四）贵阳科教文化中心发展状况

1. 贵阳市的教育发展概况

贵阳市是贵州的教育中心和文化中心，也是西南地区重要的科教基地之一。2013 年，贵阳研究生教育招生 4381 人，在学研究生 12521 人；普通高校招生 11.03 万人，在校生 33.41 万人；中等职业教育招生 6.83 万人，在校生 15.35 万人；普通高中招生 2.92 万人，在校生 8.34 万人。截至 2013 年，贵阳市有高等院校 25 所。

2013 年，贵阳市文化事业稳步发展。全市共有艺术表演团体

10 个、群众艺术馆 2 个、文化馆 10 个、公共图书馆 10 个，图书馆藏书量 285.89 万册。全市有广播电台 2 座、电视台 2 座，广播人口覆盖率达 100%，电视人口覆盖率达 99.48%。2013 年，贵阳市出版图书 1537 种、杂志 74 种。

2. 贵阳市的科技发展和高新技术产业

贵阳是贵州省的科技中心和高科技产业基地，也是西南地区重要的高科技产业基地之一，实力雄厚的中国科学院地球化学研究所设在贵阳城区。为推进科技发展，贵阳市在 2013 年开展了以下工作：（1）设立中小企业创新基金 600 万元支持小微企业 23 家。（2）设立工程技术研究中心、重点实验室和产业技术创新战略联盟 107 个。（3）实施重点科技专项 7 个。（4）培养和引进科技人才 106 名。（5）2013 年，贵阳市获得专利授权 3531 个，其中发明专利 535 件；获得高新技术企业认定企业 136 家，建立首都科技条件平台——贵阳合作站。为推进高新技术产业发展，2013 年 9 月 8 日贵阳市与中关村科技园合作建设了"中关村贵阳科技园"。截至 2013 年年底，贵阳创立 208 户高新技术企业。2013 年，贵阳高新技术企业实现工业产值 583.89 亿元，获得专业授权 1611 件，实施重大项目 432 个，进一步夯实了贵阳科教文化中心发展的物质技术基础。

（五）南宁科教文化中心发展状况

1. 南宁市的教育发展概况

南宁市是广西的教育基地和文化中心，也是西南地区重要的科教基地。2012 年，南宁市拥有研究生培养单位 7 个，全年招收研究生 4990 人，在校研究生 13955 人；全市共有普通高等院校 31 所，在校学生 31.8 万人；全市共有中等职业学校 66 所，在校学生 20.38 万人；全市共有普通中学 338 所，在校学生 37.6 万人；小学 1479 所，在校生 53.44 万人，全市小学学龄儿童入学率达 100%。

2. 南宁市的科技发展概况

南宁市是广西的科技中心，也是西南地区重要的科技产业基地之一。2012 年，南宁市全市国有企事业单位有各类专业技术人员 7.83 万人；组织实施国家级火炬项目 50 项、国家级星火项目 2 项；

安排市组成科研项目 39 项，总项目资金 13.6 亿元；全年签订各类
技术合同 285 项，合同金额 1.5883 亿元；授权专利 1682 件，其中
发明专利 339 件。2012 年，南宁市国家级高新技术企业达 130 家，
高新技术产业总收入 780 亿元。为培育高新技术新兴产业，南宁市
投资 8356 万元，实施 10 个科技项目。截至 2012 年年底，南宁市
已形成以生物制药及食品加工业、电子信息制造业、洗车配件及机
电产品制造业为主的高新技术产业结构，规模以上高新技术企业达
126 家。南宁市通过开办高新技术产业园区、搭建高新技术发展融
资平台、引进国内外高新技术企业等举措，加快了南宁市高新技术
产业发展，推进了南宁科教文化中心的建设与发展。

二　西南地区商贸中心体系与科教文化中心相互关系

（一）西南地区商贸中心城市都是在历史文化名城的基础上发
展起来的

西南地区的重庆、成都、昆明、贵阳、南宁都是著名的历史文
化名城，都具有深厚的文化积淀和丰富的文化底蕴。这些城市的现
代商贸中心都是在悠久的历史文化基础上发展起来的，历代的文化
传承和浓郁的文化氛围使这些城市的商贸中心一开始兴起就打上了
具备文化功能的烙印。

重庆具有 3000 多年悠久历史。城市因水而起，因商而兴，因
工而强。重庆古称"渝州"。公元 1189 年改名为重庆。明清时代成
为中国西南地区的物资集散地。1891 年被辟为对外通商口岸。抗日
战争时期，1940 年定为中华民国政府的"陪都"。新中国成立后为
中央直辖市，是西南地区政治、经济、文化中心，后改为四川省辖
市。经过长期的发展，特别是经过抗日战争和"三线"建设时期大
规模的迁建、扩建，奠定了现代工业的基础。改革开放以来，经济
得到进一步发展，成为全国重要的工业基地和西部地区最大的工商
业城市。1997 年 3 月 14 日成为中国第四个中央直辖市，也是中国
中西部内陆地区唯一的直辖市。巴渝文化、"陪都"风貌，塑造了
重庆历史文化名城的地位，重庆市中心区商贸中心也正是在重庆历
史文化名城的基础上发展起来的。

　　成都有 3200 多年建城史。古蜀文明、三国古迹、金沙遗址、战国船棺、茶文化、大熊猫、川剧艺术、成都美食，塑造了成都历史文化名城。成都市人文景观多达 172 处，有全国重点文物保护单位 38 处。成都自古代以来就是我国重要的商业重镇，成都商贸中心是在历史文化名城市的基础上形成的。秦汉以来，成都就以农业、手工业兴盛和文化发达著称，历代都是中国西南地区的政治、经济、文化中心。汉代成都与洛阳等并列为五大都会之一。唐代商贸繁荣，与扬州齐名，称为"扬一益（成都）二"。宋代成都印刷的"交子"是世界上最早使用的纸币。南方丝绸之路的起点城市就是成都。成都地势平坦，特产丰富，自古享有"天府之国"美誉，加之巴蜀文化，人文荟萃，由此催生了繁荣的商贸业，造就了成都商贸中心的文化底蕴。

　　昆明有 2200 多年历史，是中国历史文化名城。公元前 3 世纪（战国时期），楚将庄开滇在今晋宁一带筑城置都，建滇王国，昆明为较早的古都。2000 多年前，昆明就以著名的南方陆上丝绸之路——连通四川、云南、缅甸、印度的"蜀身毒道"和连通四川、云南、越南的"蜀安南道"而闻名于世，成为当时重要的物资集散地。自 1275 年元代设云南行省起，昆明就一直是云南的省会。1928 年，昆明建市。抗日战争时期，滇缅、中印公路的修建，进一步巩固了昆明作为国际交往重镇的地位。改革开放以来，昆明的对外开放、经济建设和社会发展取得了显著的成就。昆明是面向东南亚、南亚的国际商贸旅游城市。昆明现代商贸中心是在昆明历史文化名城和古代商贸业集散地基础上发展起来的。

　　"贵阳"因城区位于境内贵山之南而得名。贵阳建城至今有 700 多年历史。贵阳历史韵味足、悬念多、人才辈出，古今文人有王阳明、赵以炯、黄齐生等。贵阳以山水园林为主的建筑（规划）特色，古朴原始的民俗风格而闻名。市区内有红枫湖、百花湖、黔灵山、花溪风光、青岩古镇、乌当香纸沟、开阳南江大峡谷、修文阳明洞、六广河、息烽集中营旧址等知名旅游景观，甲秀楼、文昌阁等历史文化遗迹。贵阳的商贸中心地位也是在历史文化名城的基础上发展起来的。

　　南宁，简称"邕"，城市历史悠久。在古代，南宁属于百越领地。从东晋大兴元年（318 年），置大兴郡，以南宁为郡治所在地，南宁建制从此开始，至今已有 1600 多年。唐朝贞观八年（634 年），该地被命名为邕州，元朝泰定元年（1324 年），中央政府取南疆安宁之意，"南宁"由此得名。南宁的商贸业也正是在历史上的政治、经济和文化中心的基础上发展起来的。

　　（二）科教文化中心建设促进西南地区商贸中心的 CBD 提升为 E-CBD

　　1. E-CBD 概念及其教育培训功能

　　（1）E-CBD 概念。E-CBD 即电子化国际金融贸易中心，它是指在经济全球化和知识经济时代的背景下，以电子数据交换（EDI）、电子商务（EB）、电子金融（EF）等信息技术为基础支撑，以电子货币（EM）为主要媒介，以国别人文为地缘标志，具有实体 CBD 和虚拟 CBD 双重结构，面向世界的现代化金融贸易中心区。现代化的金融和电子商务是 E-CBD 的功能核心。借助电子金融（EF）和电子商务（EB）两大支撑，E-CBD 具备了集约交易、资源配置、教育培训、开发创新和发展标志五项功能。

　　（2）E-CBD 的教育培训功能。教育培训功能是指 E-CBD 运用各类专业培训教育及远程网络教育手段，使区内金融、贸易及中介服务产业各领域广大白领人员及时掌握世界经济发展动态和技能，实现知识更新，这也是对传统 CBD 功能的一个重要提升。知识经济时代的一个重要特征是人力资源上升成为最重要的战略资源之一，E-CBD 的内涵决定它必须同时是一个国际一流人才的会聚和培育中心。

　　（3）E-CBD 的开发创新功能。开发创新功能是指通过对全球市场、技术动态、资本流量及本国本区优势的分析，以风险投资为助推器，调集各种有效资源，推进科技竞争力和社会生产力，这是 E-CBD 功能创新的重中之重，也是 E-CBD 与传统 CBD 在功能上的本质区别之一。这使 E-CBD 不仅是金融和贸易方式创新的重要基地，而且也为"知本"时代生产力创新的源头之一和面向全球的风险投资中心。

（4）E-CBD 虚拟结构。E-CBD 虚拟结构即 E-CBD 的"信息建筑集群"（Integrated Information-installation），由基础信息、交易服务与开发创新三个功能梯次升级的子平台构成。这里所提的"信息建筑集群"与一般意义上的"信息建筑物"有显著区别。后者是 20 世纪 80 年代后用来指那些装备了现代通信、信息处理及办公自动化设施的商务楼宇；而前者为 E-CBD 功能所构筑的虚拟建筑体系。

2. 建设科教文化中心，推进重庆、成都、昆明、贵阳和南宁 CBD 提升为 E-CBD

从上面的分析可以看出，要将现在的 CBD 提升为 E-CBD 离不开科教中心的支持，离不开现代信息技术和通信技术的支持。为此，要使西南地区商贸中心体系的 CBD 提升为 E-CBD，必须加大商贸中心所在地的科教文化中心建设发展，为 E-CBD 的建设发展提供技术支撑和智力支持。西南地区商贸中心体系 CBD 主要有重庆市中心区商贸中心 CBD、成都商贸中心 CBD、昆明商贸中心 CBD、贵阳商贸中心 CBD 和南宁商贸中心 CBD。这五个商贸中心，可通过建设科教文化中心，加大商贸中心信息化建设力度，发挥后发优势，将其 CBD 一次性提升建设成为 E-CBD。

第八章

西南地区商贸中心体系
信息化建设分析

信息化是当今世界科技、经济与社会发展的重要趋势，是推动生产力实现新跨越的重要手段。现代信息技术在商贸流通领域的广泛使用，促进了商贸流通产业的快速发展和结构调整，提高了全社会的流通效率。信息化作为商贸流通产业发展的重要战略，是提高西南地区商贸中心体系整体竞争力和实现西南地区商贸中心体系流通现代化的必由之路。

第一节　西南地区商贸中心体系的
信息化建设概况

在数字化时代，信息的储存形式和光速的传递速度将深刻地影响商业生活的每一个领域，一切物质生产信息和消费信息在时间、空间上的阻隔，都将被计算机网络的连接所打破。物质生产与销售方面的竞争，会随着信息作用的提高而被信息竞争所替代，信息将成为未来世界中最重要的资源。为适应数字化时代发展，西南地区商贸中心体系必须加强信息化建设，推动西南地区商贸中心由单一的实体商贸中心向由实体商贸中心和虚拟商贸中心共同体转化。开展好信息化建设是建设现代商贸中心的基础和前提，是增强商贸中心聚合辐射功能、实现流通现代化的根本途径。

一　信息社会经济特征与西南地区商贸中心体系信息化建设的主要内容

（一）信息社会经济特征

信息化起源于信息技术革命。在我国提出了"用高新技术改造传统产业，以信息化带动工业化，走新型工业化的发展道路"的经济发展战略的情况下，笔者认为信息化是一个国家在经济和社会生活方面利用现代信息技术，实现信息资源高度共享，推动技术进步和加速现代化的过程。信息化的核心是资源共享，信息化的主要特征是数字化和网络化。与工业化相比，信息化是经济和社会形态从物质生产为主向信息资源开发利用和创造价值为主的转变过程，这是人类社会发展过程中一个极其重大的转折。工业化社会和信息化社会的经济特征的差别如表8—1所示。

表8—1　　　　　　**工业化社会与信息化社会经济特征对比**

要素	内容	
	工业化社会	信息化社会
经济环境	工业经济 规模经济 范围经济	信息经济 速度经济 经济全球一体化
资源使用、配置方式及范围	资源消耗，不再生 内部积累	可持续发展 内部积累与外部并、重组
市场环境	国内市场 卖方市场→买市场 单一的同质市场 稳定、简单、变化小 可预测，风险小	全球市场 完全的买方市场 细分的异质市场 不稳定、复杂、变化大 不可预测，风险大
顾客需求	长期稳定 产品基本功能 量的满足 解决有/无问题	变化快 多样化、个性化、多附加值 质的追求 解决好/坏问题
产业特征	演化慢，生命周期长 产业分离，界限清晰	演化快，生命周期短 产业融合，界限模糊

续表

要素	内容	
	工业化社会	信息化社会
竞争定位	竞争对抗	竞争合作
竞争焦点	产品价格	产品特征
技术特征	创新慢，技术生命周期长	创新快，技术生命周期短
经营目标	市场占有率、利润最大化	市场占有率、利润最大化
主要经营要素	土地、资本、劳动力、技术设备	知识、人力资本、能力及其他战略资源
成功关键要素	大比量、低成本	核心能力

资料来源：刘经贤：《信息化对汽车产业的影响及发展思考》，中国电子产业信息发展研究院规划研究所内部资料。

发达国家凭借先进的信息技术和强大的信息资源与信息基础设施引领世界商贸业信息化浪潮。美国拥有全世界 3/4 以上互联网资源，多年始终占据 B2B 全球交易额的 50% 以上，其 2008 年 B2B 电子商务交易额达 7.1 万亿美元。欧洲 50% 的企业进行网上采购，17% 的企业在线销售商品和服务。日本 2008 年在线购物市场达 6590 亿美元，增长 22%。韩国 2008 年在线交易额达 4155 亿美元。商贸信息化和电子商务已成为发达国家牵引新经济发展的战略制高点。

（二）西南地区商贸中心体系信息化建设的主要内容

1. 信息化的内涵

日本学者梅棹忠夫在 1963 年发表的《信息产业论》一书中首次提出了信息化问题。信息科技界的专家认为，信息化是指信息技术和信息产业在经济与社会发展中的作用日益加强并发挥主导作用的过程。与工业化相比，信息化（Informatization）是经济和社会形态从物质生产为主向信息资源开发利用和创造价值为主的转变过程，这是人类社会发展过程中一个重大的转折。工业化社会和信息化社会的经济特征对比可详见表 8—1。笔者认为，信息化是一个国

家在经济和社会生活方面利用现代信息技术，实现信息资源共享，
推动技术进步和加速现代化的过程。信息化的核心是资源共享，其
主要特征是数字化和网络化。

2. 西南地区商贸中心体系信息化建设的主要内容

开展好信息化建设是现代商贸中心的前提。对于经济欠发达的
西南地区而言，要摆脱不发达状态，迅速发展生产力，一个重要的
战略就是在实现新型工业化、市场化的同时，推进信息化进程，实
现跨越式发展。信息技术对商业流通现代化起着加速器作用，信息
化为西南地区商贸中心商贸流通产业①的跨越式发展带来了巨大的
机遇，为西南地区商贸中心流通创新提供了不竭动力。根据商贸中
心信息化建设的需要，西南地区商贸中心体系信息化建设的主要内
容包括：流通业技术创新、流通管理手段创新、信息服务中心、物
流信息中心、电子商务发展、第三方物流和第四方物流发展、商贸
信息网站、E-CBD 建设。此外，西南地区商贸中心体系信息化建设
内容还包括信息系统和信息技术的开发应用。西南地区商贸中心的
信息系统包括实时收银系统（POS）、商业管理信息系统（MIS）、
顾客关系管理（CRM）、电子订货系统（EOS）、商业企业资源计划
（ERP）、商业智能（BI）、供应链管理（SCM）、快速反应系统
（QR）、地理信息系统（GIS）、全球定位系统（GPS）和自动分拣
系统（ASS）等信息系统。② 西南地区商贸中心体系信息化建设涉
及的信息技术有电子数据交换技术（EDI）、电子商务技术、现代物
流配送技术、多种银行卡互通互联技术、POS 机、自动识别与收集
技术（包括条形码、色码、扫描等技术）、射频技术（RF）、财务
管理软件和以光纤通信、局域网、广域网、互联网为载体的现代通
信技术、网络技术、数据管理技术等。

二　西南地区商贸中心体系信息化建设状况

西南地区地理位置偏远，信息化水平比较低，信息化建设任务

---

①　本书所讲的商贸流通产业和流通产业在内涵上是一致的，流通产业就是商贸流
通产业的简称。

②　刘斌：《物流配送营运与管理》，立信会计出版社 2002 年版，第 238—240 页。

艰巨。西南地区商贸中心体系主要由重庆市中心区、成都、昆明、贵阳和南宁商贸中心构成。有鉴于此，这里通过阐述这五个商贸中心的信息化建设情况来反映西南地区商贸中心信息化建设状况。

（一）重庆市中心区商贸中心信息化建设状况

重庆市中心区商贸中心的信息化水平在西南地区商贸中心体系中位居前列。为加快电子商务发展，重庆市中心区商贸中心组建了重庆市电子商务发展股份有限公司，开通了"重庆网上大市场"公共电子商务平台。截至 2012 年 12 月，重庆电子商务网上交易额达 1500 亿元，占社会消费品零售总额的 37.19%。2013 年，重庆信息基础设施进一步完善，全市光纤到户（FTTH）达 250 万户，和 4G 基站总数达 2.9 万个，实现渝中区解放碑步行街免费无线上网，3G 信号覆盖全市，WiFi 覆盖重点区。重庆市中心区商贸中心的信息化建设基本状况如下：第一，电子商务稳步推进。截至 2013 年 6 月，重庆电子商务经营总量达 9.3 万户，网站、网店 12.5 万个。2013 年，重庆的电子商务交易额达 2000 亿元。第二，信息安全日益重视，组建了国家信息安全产品评测认证中心重庆分中心；出台实施了《重庆互联网新技术业务信息安全评估细则》，建成电子缔约安全保障平台。2012 年，重庆市实现邮电业务总量 276.99 亿元。其中电信业务总量 245.72 亿元。全年电话用户达 2645.3 万户，电话普及率达 90.6 部/百人；互联网接入用户达 2099.9 万户。

（二）成都商贸中心信息化建设状况

成都商贸中心的信息化水平在西南地区商贸中心体系中位居前列。随着信息应用基础设施的不断完善，成都市在商业、金融、教育、税务等方面的信息化应用水平有明显的提升。（1）邮政电信业务发展迅速。2012 年，成都完成邮电业务总量 213.2 亿元；固定电话用户 375.2 万户，移动电话用户 2136.1 万户，互联网注册上网用户 267.6 万户。（2）信息产业的发展。2012 年成都软件和信息技术服务业完成主营业务收入 1701.5 亿元，占西部地区的 47.7%，产业规模居全国 15 个副省级城市第四位，居中西部之首。（3）电子商务发展迅速。2013 年成都电子商务额达 4000 亿元。

（三）昆明商贸中心信息化建设状况

为把昆明建成西南地区面向东南亚、南亚的国际信息产业基地的要求，昆明商贸中心正积极推进信息化建设。（1）2012年，昆明开始建设区域性国际信息枢纽，形成中国与东南亚、南亚各国间通信汇接中心、国际语言交换中心、中国—东盟自由贸易区区域呼叫中心，最终建成高水平电子商务基础设施。（2）电子商务发展迅速。2013年，云南电子商务交易额达425亿美元。（3）昆明电子信息产业已发展成为当地支柱产业。2012年，昆明电子信息产业实现销售额320亿元。2012年投资64亿元的昆明呈贡信息产业园区开建，为昆明商贸中心信息化建设提供了物质和技术支撑。

（四）贵阳商贸中心信息化建设状况

贵阳商贸中心的信息化水平在西南地区商贸中心体系的五大商贸中心中处于较低水平。[①]

（1）信息化基础设施建设。2013年，"智慧贵阳"建设全面启动；"两化融合""三网融合"启动实施；完成贵阳与遵义、安顺通信同城化工作；全市信息化指数达0.804。

（2）信息产业发展。2013年，全市信息产业增加值达301亿元，全市规模以上电子信息企业有53家。2012年，贵阳市实现邮电业务总量66.05亿元，其中电信业务总量62.77亿元；年末固定电话总用户101.97万户，移动电话用户640.85万户，互联网用户451.94万户。

（3）电子商务发展。2012年，贵阳电子商务交易额达76.68亿元，占贵州全省的56%，电子商务从业人员1600人，带动就业1.5万人。电子商务发展有力推动了贵阳商贸中心信息化建设。

（五）南宁商贸中心信息化建设状况

南宁商贸中心的信息化水平在西南地区商贸中心处于中上水平。2012年，南宁市完成邮电业务总量93.39亿元，其中电信业务总量89.77亿元。2012年年末，南宁固定电话用户95.34万户；移

---

① 李春：《打造跨越发展新平台——贵阳市加速推进电子信息产业发展纪实》，《贵州日报》2014年3月21日。

动电话用户 729.38 万户，互联网用户 504.85 万户。

（1）南宁市信息化建设水平不断提高。南宁市已建成电子政务统一网络平台，不断推进南宁区域信息交流中心建设。

（2）信息产业发展迅速。2012 年，南宁市电子信息产业产值为160.5 亿元；信息制造业工业产值占全市规模以下工业的 7.64%。

（3）南宁市电子商务逐步应用于工业企业营销。2013 年，南宁市有 500 家企业通过企业网站销售产品，工业企业诚信信息公共服务平台、产权交易平台、农产品网上超市、建材超市、建设工程电子招标信息平台等投入使用，为南宁商贸中心信息化建设提供了载体。

第二节　西南地区商贸中心体系电子商务发展

20 世纪 90 年代以来，随着经济全球化、贸易自由化和信息现代化步伐的加快，由信息技术、商务技术和管理技术相结合而创生的现代生产力——电子商务正以其空前无比的生命力推动着区域经济、国民经济和世界经济跃上一个新台阶。西南地区商贸中心电子商务发展将会进一步推动西南地区区域经济发展。

一　西南地区电子商务发展概况

（一）中国电子商务发展概况

1. 我国电子商务发展现状分析

电子商务早期的形式是 EDI。EDI 最初的想法来自美国运输业。1968 年，美国运输业的许多公司联合成立了一个运输数据协调委员会，研究开发电子通信标准的可行性。这个委员会提出的方案形成了今天 EDI 的基础。1990 年 3 月正式推出了 UN／EDIFACT 标准，并被国际标准化组织正式接受为国际标准 ISO9735。联合国为此成立了联合国贸易网络组织。1996 年 12 月 18 日，联合国贸易网络组织中国发展中心（CNTPDC）在北京成立，同年 12 月 24 日北京海关与中国银行北京分行在我国首次开通 EDI 通关电子划款业务，并成为联合国贸易网络组织的成员。1998 年 3 月 6 日，国内第一笔互联网网上电子商务交易成功，这标志着我国电子商务已经开始进入实用阶段。

（1）中国电子商务发展迅速。据中国电子商务研究中心监测数据显示，2009—2013 年，中国电子商务市场交易额从 3.7 万亿元增加到 10.2 万亿元，年平均环比增长 18.85%。2012 年，中国电子商务交易额达 7.85 万亿元，其中 B2B 电子商务交易额达 6.25 万亿元；网络零售市场交易规模达 1.3205 万亿元，占社会消费品零售总额的 6.3%。

（2）中国电子商务服务企业集中分布于长三角、珠三角及北京、上海等经济较为发达省市。2012 年，中国电子商务服务企业区域分布在浙江、广东、上海、北京、江苏、山东、四川、河北、河南和福建，其占比分别为 15.2%、14.4%、11.9%、8.5%、6.0%、5.6%、5.1%、4.3%、3.2%和 2.2%。北京、上海、浙江、广东等沿海地区经济发达，人们易于接受新事物，为电子商务企业发展奠定了良好的基础。

（3）电子商务发展创造出大量的就业岗位。2012 年和 2013 年，电子商务直接从业人员和间接带动就业人数分别为 200 万人、235 万人和 1500 万人、1680 万人。电子商务创造新的经济增长点、新的市场和新的就业方式。电子商务衍生出了如服务商、快递人员、网络模特等依托电商新兴就业群体。

2. 我国电子商务发展存在的问题

（1）电子商务发展区域分布不均，东西部电子商务发展差距巨大。[①] 中国电子商务企业集中分布于东部沿海经济发达地区，如北京、上海、浙江和广东等长三角和珠三角地区。如浙江省的阿里巴巴集团、网盛生意宝、5173 等知名电商企业继续在同行业领先，阿里巴巴、中国化工网、淘宝网、天猫、聚划算等位居同类平台首位。

（2）B2B 电子商务网站众多，但存在业务模式雷同、核心竞争

---

① 中国电子商务研究中心：《2012 年中国电子商务市场监测报告》，中国电子商务研究中心《调查研究报告》，2013 年 3 月 20 日。

力不强问题。我国电子商务可分为 B2B、B2C、C2B、C2C、O2O
五大类型。受经济不景气、人力成本急剧上升等因素影响，B2B 服
务企业裁员、转型、倒闭现象不时出现，如老牌 B2B 企业 "万国商
网" 的倒闭、环球资源裁员等。

（3）电子商务服务企业营收份额集中。2012 年，我国 B2B 电
商服务企业达 11350 家，营收规模为 160 亿元，其中阿里巴巴占据
45% 份额；我国 B2C、C2C 与其他电商模式企业有 24875 家，在
B2C 市场上，天猫商城、京东商城、苏宁易购和腾讯 B2C 所占市场
份额分别为 52.1%、22.3%、3.6% 和 3.3%。在 C2C 市场上，淘宝
集市、拍拍网、易趣网所占市场份额分别为 96.4%、3.4% 和 0.2%。

（4）电商投诉增多，且投诉集中于电子商务类网络购物。2012
年网络购物投诉中电子商务类、团购、移动电子商务领域和 B2B 网
络贸易领域投诉比例分别占 55.4%、21.32%、5.36% 和 2.53%。
其中网络购物已连续三年位于电子商务投诉的榜首。

（5）网店竞争激烈，个人网店数量不断下降。2008—2011 年，
我国个人网店数从 760 万个增加到 1620 万个；但从 2011 年起不断
下降，2012 年减少到 1365 万个，2013 年减少到 1122 万个。机构
数据显示，淘宝现有职业卖家 600 万人，每天停运或倒闭网店近
万家。

（二）西南地区商贸中心体系电子商务发展概述

2005 年伊始，全球制造网宣布进军成都市场，到四川最大的
ICP/ISP 天府热线改版，再到 2005 年电子商务会议的接踵而来，种
种迹象说明西南地区商贸中心体系电子商务市场已经提前启动。①

1. 西南地区商贸中心体系电子商务发展概况

相对于东部沿海经济发达地区的浙江、广东、上海、北京、山
东等地区电子商务快速发展，西南地区电子商务发展相对滞后。西
南地区电子商务企业纵向比发展较快，但横向比在国家电子商务产
业发展中地位相对下降。2012 年，西南地区电子商务发展最好的四
川省电子商务服务企业占全国的 5.4%，居全国第 7 位。但是，

---

① 李琳：《2005：西南电子商务市场升温》，《计算机世界》2005 年 2 月 21 日。

2013 年四川的电子商务企业占全国的比重下降为 3.6%，排名也下降到第 9 位。2012 年，中国电子商务城市十强名单中，重庆和成都分别居第 7 位和第 8 位，2013 年重庆居第 8 位，而成都居第 7 位。

2004 年以来，从阿里巴巴、当当网、全球制造网、卓越亚马逊网，无论是 B2B、B2C 还是 C2C 电商巨头纷纷聚集到西南地区。[①]作为西部特大中心城市，成都市电子商务交易额突破 3000 亿元。截至 2011 年，成都本地电子商务企业累计超过 7000 家，拥有的平台占 45%，个人网店与企业网店分别占 13.75% 与 12.5%，成都现有仓储总量超过 300 万平方米。2012 年，重庆电子商务交易额达 1500 亿元，仅次于成都，居西部地区第二位。广西全区 2012 年的电子商务交易额为 500 亿元，贵阳的电子商务交易额为 91.4 亿元，成为我国网商发展指数百强城市。

2. 地方政府推动电子商务发展

西南地区商贸中心在发展电子商务过程中，政府起到了推波助澜的作用。据悉，重庆、成都、昆明、贵阳和南宁的政府都已经有了发展电子商务的规划。而重庆将在近期建立企业信息化 ASP 服务方式共享平台，以及制造业信息化技术支持与服务体系。它将为企业提供信息化服务，实现制造资源、人力资源及市场资源信息的共享，将加快企业信息化建设。这些都为重庆电子商务发展提供了硬件、政策和推广上的支持。2005 年 3 月 1 日，首届"中国西部电子商务应用峰会"在重庆隆重举行。该峰会一个重要议题是为西部中小企业应用电子商务指明了方向。

二　西南地区商贸中心体系电子商务发展规划

西南地区商贸中心体系主要由重庆市中心区、成都、昆明、贵阳和南宁商贸中心构成。有鉴于此，这里着重介绍西南地区商贸中心体系的这五个商贸中心电子商务发展规划情况。

（一）重庆市中心区商贸中心的电子商务发展规划

2013 年，重庆电子商务实现突破性发展，电子商务交易额突破

---

① 王伟华：《电子商务新引擎　四川领跑西南地区》，《华西都市报》2010 年 10 月 14 日第 12 版。

3000 亿元，网络零售市场规模超过 350 亿元，其中网络零售额（重庆销售）超过 150 亿元。为推进重庆市中心区商贸中心电子商务发展，重庆实施了电子商务发展规划和政策举措。

第一，做好电子商务产业发展规划。重庆出台了全国第一个专门针对网络零售产业发展的政府文件——《重庆市人民政府关于促进网络零售产业加快发展的意见》，文件明确了实施"十百千"工程，打造千亿级网络零售产业目标，工作重点定位为引进龙头企业、鼓励传统企业开拓网上市场、发展壮大网商、提升物流配送服务功能，配套提出了宽松发展环境、加强财政资金引导、支持人才引进和培训等 15 条措施。第二，配套编制了《重庆网络零售产业发展规划》和《重庆电子商务应用推广规划》。第三，加大招商引资力度。编制了《网络产业招商引资指南》。

（二）成都商贸中心的电子商务发展规划

2011 年，成都被国家发改委、商务部等八部委批准为全国首批"国际电子商务示范城市"。为此，成都市制定了《成都市电子商务发展规划（2012—2015）》。①

1. 规划目标

成都市成为西部地区吸引电子商务企业落户最多的城市，这标志着以成都为中心、覆盖整个西部市场的电子商务战略轮廓初步形成。未来成都将以建设区域性商贸中心为导向，以建设西部电子商务中心城市为目标，以发展第三方电子商务平台为重点，培育一批与地方优势产业和特色产业相匹配、辐射全国的电子商务大宗交易、商品零售与服务平台、创建西部电子商务运营中心。

2. 电子商务企业发展现状及趋势

2012 年，成都电子商务交易额超过 3500 亿元，约占全国的 5%，其中网络零售总额超过 240 亿元，占社会消费品零售总额的 7.5%。成都电子商务应用企业累计超过 8000 多家，中小企业电子商务应用普及率达 50%。截至 2012 年，在成都设立区域总部以及

---

① 成都旺惠网络营销顾问有限公司：《成都市电子商务发展规划（2012—2015）》，成都市商务局，2013 年。

运营中心的电子商务领军企业近 30 家，其中注册资金在 1000 万元以上的超过 10 家。

规划未来三年内，成都移动电子商务本土用户超过 500 万户；规划成都电子商务 2015 年交易额突破 6000 亿元；培育 50 家行业龙头企业。在电子商务普及方面，成都市中小企业普及率达 70%、规模以上企业普及率达 90%；大型企业网络化供应链协同能力基本建立。

（三）昆明商贸中心的电子商务发展规划

随着云南省"桥头堡"建设实施和现代新昆明的建设，构建城市电子商务体系成为昆明未来 5 年发展的重点。2011 年，国家发改委、商务部等八部委下发《关于同意北京市等 21 个城市建设国家电子商务示范城市的复函》，正式批复昆明创建国家电子商务示范城市。昆明电子商务发展可做出以下规划：（1）着力建设区域国际信息枢纽，形成中国与东南亚、南亚各国间通信汇接中心、国际互联网交换中心与数据中心、国际语音交换中心、中国—东盟自由贸易区区域呼叫中心，从而建成高水平的电子商务基础设施。（2）在新媒体数据库方面，建立商务、金融、税收、海关、边检、口岸信息共享机制。（3）搭建现代物流公共服务平台，规划改造昆明国际港、五大核心物流基地，推动区域性物流公共服务平台建设。（4）探索建立有利于电子商务发展的行政管理体制。昆明市制定电子商务发展优惠政策；制订电子商务专业人才培养计划，保证发展电子商务的人才需求。

（四）贵阳商贸中心的电子商务发展规划

贵阳市是西南地区重要交通枢纽、南（宁）贵（阳）昆（明）经济区三个重要中心城市之一。根据 2012 年 5 月贵阳经济开发区被商务部列为全国首批 35 个"国家电子商务示范基地"之一。2014 年 3 月，国家发改委、商务部等八部委同意贵阳成为全国 30 个创建国家电子商务示范城市之一。[①] 贵阳的电子商务发展规划如

---

① 姜晓琨：《全力打造西南电子商务中心城市——写在 2014 年中国电子商务创新发展峰会召开之际》，《贵阳日报》2014 年 9 月 4 日第 3 版。

下：（1）推进移动电子商务金融服务创新。2004 年 6 月，贵阳市出台《贵阳市科技金融和互联网金融发展规划（2014—2017）》。贵阳市引进国内知名电商服务企业、第三方支付和移动支付等电子支付服务龙头企业，依托京东集团，打造西南地区商务结算中心。（2）发展贵州特色产品电商服务平台。贵阳市要发展壮大一批在特色制造业、旅游业、酒类、茶叶、民族文化工业品、特色农产品等优势产业领域的电商平台。（3）构建和发展电商产业园。如规划在 2014 年开建总投资为 10 亿元的贵阳京东电商产业园和深圳福达投资控股公司投资 50 亿元建设的"贵阳电子商务产业园"。（4）加强电子商务与物流配送协同发展。

（五）南宁商贸中心的电子商务发展规划

1. 规划目标

围绕把南宁市建设成为主要面向东盟的区域信息交流中心契机，围绕推进"中国—东盟国际贸易中心"建设、发展现代化"特色农业大宗产品交易市场"和"国际化物流基地"，将电子商务发展成为中国与东盟间经济、信息、科技、文化交流重要纽带。

2. 规划内容

第一，推动电子商务在商贸流通业、旅游业、对外贸易业、制造业和农业中的普及和应用。第二，完善包括仓储物流配送体系、安全认证体系、电子商务支付体系、电子商务信用服务体系的电子商务服务体系。第三，优化包括政策环境、电子商务法律环境、网络基础设施体系的电子商务发展环境。第四，建设包括跨境交易平台、国际物流基地、跨境支付体系的中国—东盟网上自贸区工程。

三　西南地区商贸中心体系电子商务公司发展

电子商务公司是推进西南地区商贸中心电子商务发展的主力军。因此，大力发展电子商务公司是推进西南地区商贸中心电子商务发展的根本途径。西南地区商贸中心的电子商务公司主要分布在重庆市中心区、成都、昆明、贵阳和南宁等商贸中心内。

（一）重庆市中心区商贸中心电子商务公司发展

重庆市中心区商贸中心的电子商务发展水平较高，著名的电子商务公司有重庆市电子商务发展股份有限公司、全球制造网、京东、易讯、齐家网和菜鸟科技等。

（1）2013年，重庆电子商务公司发展迅速。电商主体规模不断壮大。电商市场主体累计达11万户，各平台活跃网商达1万多家。（2）给予电商商业发展资金扶持。加大对12家重点电商企业、10家规模网商扶持力度。（3）加大电商重点企业培育。培育年交易额10亿元以上电商企业8家，其中猪八戒网、维普资讯网、每日鲜网被评为2013—2014年度全国示范企业。（4）推进电子商务园区建设。推进重庆渝中区国家电子商务示范基地、南岸区国际电子商务产业园、九龙坡区阿里巴巴产业带、渝北区临空电商产业园的建设和发展。（5）加大电商招商引资力度。引进全国知名的B2C平台——京东集团，建设占地1000亩的"重庆京东电商产业园"；菜鸟科技智能骨干网落户重庆两江新区投资40亿元建设集仓储设施、物流配送基地、电子商务数据处理和金融服务等功能为一体的智能骨干网枢纽节点。（6）推进电子商务跨境贸易、农产品流通、创意服务交易、智慧商圈建设等方面应用。（7）加强政府职能部门对电商企业服务。重庆工商局研发的网店标识应用系统在重庆奇易网正式投入使用。

（二）成都商贸中心电子商务公司发展

2005年1月12日，全球制造网在北京向媒体正式宣布：定位于全球制造业的门户和制造业企业间的智能网上交易平台的重量级电子商务公司——全球制造网从即日起正式进军西部IT重镇——成都，进一步完善其在西部的B2B电子商务战略布局。全球制造网将通过在成都的本地化市场运作，将其整合的企业间电子商务产业链资源带给成都本地广大中小企业，并为它们提供领先的电子商务服务。据相关统计显示，2013年成都电子商务交易额超过3000亿元，已成为我国重要的电商基地。以成都为结算中心的电子商务交易规模超过1000亿元，移动电子商务本土用户数量累计超过500万户。目前，包括阿里巴巴、京东商城、当当网、亚马逊等国内十多家电商平台已经落户成都，仓储面积每年以30%的速度增长。此外，成都还诞生了中药材天地网、九正建材网、中国厨房设备网、米兰网、新华文轩网等全国性电商平台。

（三）昆明商贸中心电子商务公司发展

昆明商贸中心的电子商务公司发展水平在西南地区五大商贸中心中处于中间水平。昆明电子商务公司经营的类别主要集中在茶叶、洗护用品、保健品、珠宝等方面。（1）网络平台企业发展情况。2010 年开通了中国—东盟自由贸易商务门户网站。2006 年开通新农村商网。2012 年诚商网在昆明开通了"昆明国际电子商务应用平台"。此外，2012—2013 年，东盟资源网、东盟采购网、东盟商务港、东盟商汇等专门定位于东盟市场的电子商务平台先后涌现。（2）规划建设"云南电商谷"电子商务产业基地。与国内领先内贸 B2B 电子商务服务公司——中国网库合建的云南首个实体企业电子商务产业基地——"云南电商谷"以品类网为实施，大力发展云南特色单品为主导的产业集群电子商务。

（四）贵阳商贸中心电子商务公司发展

贵阳商贸中心的电子商务公司发展水平在西南地区商贸中心体系中处于最低水平。贵阳电子商务虽然起步晚，但发展迅速。2012年，贵阳电子商务交易额达 145.97 亿元，占贵州全省的 64%，成为全国电商指数发展百强城市。2013 年，贵阳电子商务交易额达 244.48 亿元，同比增长 167.48%。2014 年 9 月初，贵阳已形成以京东贵州宾馆、中国特色淘宝、贵州馆等第三方电商平台为龙头，规模达 500 余家的电商企业集群，营销产品涵盖白酒、特色农产品、二手车、汽配、钢铁等领域。

（五）南宁商贸中心电子商务公司发展

近年来，南宁市电子商务应用水平逐步提升。据统计，南宁市利用互联网开展电子商务相关业务的企业比例达 18.3%。2012 年，全市有 50% 以上的规模以上企业通过企业网站或第三方电子商务平台开展商务谈判、销售管理等业务。全市淘宝网店总数达 4 万家，2012 年全市网店在淘宝销售额达 20 亿元，占广西的 1/3，据不完全统计，2012 年全市电子商务交易额近 200 亿元。网上商城、B2B交易平台、团购网站、移动电商等各类型的电商相继涌现。南宁时空网、众品网为市民喜爱的电子商务网站；试客联网是中国最大的试客门户网站。此外，南宁市电商企业还有南宁百货美美购物网上商城、西团网、券券网和广西特产网等及中国—东盟贸易门户——南博网与南宁（中国—东盟）大宗商品交易平台。

第三节　西南地区商贸中心体系信息化建设影响因素与对策分析

在西南地区商贸中心发展过程中，推进商贸中心信息化建设和提高商贸中心信息化水平，是提高西南地区商贸中心竞争力的重要途径。采取有效的对策措施推进西南地区商贸中心体系信息化建设，可以促进西南地区商贸中心向现代商贸中心转变。

一　西南地区商贸中心体系信息化建设影响因素分析

地区性商贸中心的信息化建设受制于区内外各种因素的影响，这些因素的差异及变化影响着商贸中心信息化建设的过程和结果，造成不同地区商贸中心的发展差距。西南地区存在着以下影响西南地区商贸中心体系信息化建设与发展的因素。

（一）信息化基础水平分析

西南地区都比较重视信息化基础设施建设。2010年，昆明开通了中国—东盟自由贸易商务门户网站；2012年开通了"昆明国际电子商务应用平台"。重庆则创建了猪八戒网、维普资讯网、每日鲜网等电子商务网站。截至2013年年底，阿里巴巴、京东商城、当当网、亚马逊网电商平台已落户成都。2014年，贵阳开工建设了深圳福达投资控股公司投资50亿元的"贵阳国际电子商务产业园"。南宁市则在2014年重点打造中国—东盟网上自贸区工程。此外，西南地区的长安汽车、成都飞机工业公司和重庆商社集团等企业也比较重视信息化建设。但是，西南地区商贸中心地处我国经济欠发达的西部，信息化基础水平较低，信息化水平良莠不齐，主要表现在：（1）信息基础设施建设薄弱。缺乏统一标准和规划，网络互联程度低；各商贸中心城市信息基础设施发展不平衡，既有信息化水平较高的成都、重庆、昆明、贵阳和南宁等都市，又有信息化水平低下的民族地区城市。（2）信息资源开发利用程度低。数据库建设缺乏统一的技术标准；已建成数据库的维护、更新、市场开发工作较滞后；信息资源的开发利用缺乏有效的激励机制。（3）信息技术的开发应用水平低。信息技术自主开发能力薄弱，企业电子商务应用普及率处于中等水平。2012 年，成都市电子商务应用企业累计超过 8000 家，中小企业电子商务普及率为 50%。（4）信息产业发展滞后。信息产业在地区经济中所占的比重较低；整个西南地区仅成都市有托普集团、国腾集团、汇源科技和迈普数据等几家年销售收入上亿元的软件企业；信息咨询业未形成规模，信息商品化、社会化程度较低，信息市场发展处于初级阶段。（5）环境建设力度不够。信息化知识的普及程度低，社会信息意识不强；信息化建设体制不健全；高素质信息化人才匮乏；信息化安全体系尚未建立和完善；信息化建设投融资机制尚未形成。（6）电子商务发展滞后。电子商务还处于初期发展阶段，主要的商务模式为信息发布、业务咨询和洽谈购销货物，而售后服务体系建设滞后。同时，西南地区商贸中心的网上支付、实物配送和信用等电子商务系统工程重要环节的"瓶颈"问题没有得到有效解决。

（二）缺乏技术创新意识和创新型企业家

长期以来，流通业一直被视为劳动密集型行业，从而人为地忽视了其技术创新。为缓减就业压力，西南地区商贸中心在发展中遵循"就业优先原则"，担心技术创新会引致结构性失业，对信息技术创新的积极性不高。实践表明，高速成长的企业无不是在创新型企业家的推动下发展的，企业家是技术创新机会的发现者和技术创新的发动者。然而，西南地区拥有专业技术背景的企业家很少，许多流通企业管理者没有技术创新的欲望和动力。

（三）地方政府对流通企业技术创新和信息化建设的支持力度不够

由于我国市场经济体制尚未完全建立，商贸企业还不能完全成为技术创新的主体，这就需要政府加大科技投入来推动其技术创新。然而，西南地区地方政府财力有限，拿不出更多资金来支持商贸企业的技术创新和商贸中心的信息化建设。另外，在西南地区存在"重生产，轻流通"的观念，这种传统观念导致了当地政府忽视对流通业的技术创新和信息化建设的资金支持。

（四）专业技术人才匮乏

推进商贸中心信息化建设和流通技术创新的根本保障是人才。但长期以来，商业部门人员素质偏低，技术人才短缺。经济发展水平低，工资待遇低，致使许多流通业专业技术人才跳槽到其他行业或外流到东部沿海经济发达地区，这就更加剧了西南地区商贸中心流通专业技术人才的短缺。

（五）市场结构分析

西南地区市场结构不完善的本质在于企业缺乏具有市场力的垄断或仅有低层次的较大规模，缺乏有效竞争或仅有分散经营的小规模，这种市场结构既不能实现资源的优化配置，也不能推动信息化建设和技术创新。一是商贸产业市场集中度过低。一般而言，企业规模越大，市场力（Market Power）越大，创新努力程度越强。而西南地区商贸中心体系"大而全，小而全"的市场结构不利于信息化建设和技术创新。2012年，中国连锁企业百强中西南地区仅有4家，其中规模最大、全国排名第7位的重庆商社的销售额为544.927亿元，仅为排名第一位的苏宁云商集团股份有限公司的43.95%。二是商贸企业产品差别化程度较低。

（六）市场中介组织不完善

西南地区商贸中心体系中介组织运作不规范、人员素质较低、机构设置不合理、技术设备落后等使其不能充分发挥在技术创新供需方面的桥梁作用，企业的技术创新服务体系、高新技术创业服务中心和其他中介服务机构尚未建立健全，这既不利于商贸中心为商贸企业技术创新和信息化建设提供相关信息，也不利于流通技术创新的扩散、传播，从而阻碍了其商品化、产业化进程。

以上因素造成了西南地区商贸中心体系流通产业信息化水平低于该区其他行业和我国其他地区商贸中心。如果不尽快改变这种现状，流通产业与西南地区经济社会发展不相适应的矛盾将更加突出。

二　加快西南地区商贸中心体系信息化建设的对策措施

西南地区商贸中心体系地处我国经济发展相对落后的西部地区，属于后发型地区级商贸中心，其信息化建设受制于以上种种不利因素。为消除西南地区商贸中心和我国发达地区商贸中心、国家级商贸中心和国际商贸中心信息化建设方面的差距，应采取相应的对策措施推进西南地区商贸中心体系信息化建设，加快西南地区商贸中心向现代商贸中心发展转化的步伐。

（一）树立"大网络"概念，加强信息化建设的统一规划和调控

西南地区商贸中心体系信息化建设应突破条块体制的束缚，树立"大网络"的概念，采取联合共建的方式。西南地区商贸中心体系信息化建设应贯彻重点推进、协同发展的原则，可率先在重庆市中心区、成都、昆明、贵阳和南宁商贸中心城市建立起第三方物流和第四方物流为基础的信息网络，带动该区其他中小城市和广大农村地区的信息化建设。同时，还应建立网络物流公共信息平台，整合第三方物流企业的资源，发展电子商务物流，培育第四方物流。此外，西南地区商贸中心要改善电子商务发展的外部环境，拓展电信网络，建立和完善现代金融支付系统、物流配送系统，加强信息安全保障体系、认证体系、信用体系的统一规划和建设，提高电子商务的可靠性和安全性。[1]

（二）建设西南地区商贸中心体系信息服务中心

信息服务中心是指运用现代电子信息技术和网络通信技术为商贸中心提供商贸流通信息服务的信息系统平台和技术服务平台。信息服务中心的主要组成部分是商贸物流信息服务中心，其是物流系统的中枢神经，也是进行物流过程调控的前提与基础。西南地区商贸中心体系的信息服务中心可设在其下属重庆市中心区、成都、昆明、贵阳和南宁商贸中心内。其功能是指导并服务于商贸中心用信息技术改造传统商贸流通业，通过信息化带动商贸流通产业的现代

---

① 宋则：《中国流通创新前沿报告》，中国人民大学出版社 2004 年版，第 84 页。

化。西南地区商贸中心体系信息服务中心建设举措有：（1）建立和完善流通基础信息平台。重点建设好商业情报中心数据库和商业门户网站——西南地区商业信息网，逐步完善"商贸信息"网上直报系统，并与各大型商贸企业、物流园区、批发市场联网，与西南地区的电信、有线电视、邮政等公共信息平台和全国相关信息网络对接。（2）商贸企业加快供应链管理的信息系统和信息技术的开发应用。（3）制定新兴商业业态的技术服务标准和其他商贸流通标准。

（三）大力发展电子商务

信息化水平的高低决定着商业企业核心竞争力的高低，信息化水平高的商业企业可以降低其业务开展的交易成本和运输成本，获得成本领先优势。借助自己的商业卫星，沃尔玛实现了信息系统的全球联网，通过这个网络，全球 6000 多家门店可在 1 小时之内对每种商品的库存、上架和销售量全部盘点一遍，并实现了公司总部与各分店及配送中心之间的快速直接通信。高效的信息系统配合高度自动化的物流系统，帮助沃尔玛最大限度地降低了商品库存和在途时间，压缩了营运成本，从而使其成为业内的成本领先型竞争者。据统计，我国连锁商业企业投在信息系统中的资金占销售额的 0.1%—0.3%，而国外一般为 1.2%—2%，投入硬件与软件之比一般是 5∶1，国外一般是 1∶1 或 1∶2[1]。当前，西南地区商贸中心体系可通过发展电子商务来提高其商贸企业信息化水平，为此，可采取以下举措：（1）扶持生产资料市场、大宗消费品生活资料专业市场以及交互式信息网络系统建设及网络贸易（Network Trade）。（2）开发具有自主知识产权的电子商务信息管理系统。（3）大力推动网上身份认证和网上支付系统建设。（4）加强西南地区内外贸公共信息服务体系建设。建立以提供内外贸商情信息、政策法规信息和经济环境服务为主要内容的内外贸信息服务体系，建立政策、法规、案例、标准、企业、人才、国际动态、技术支持、解决方案等资源库，为商贸企业开展电子商务提供完善的信息服务。[2]（5）加

---

① 顾国建：《2003 年中国商业发展的九大特点》，《中国经营报》2002 年 12 月 30 日。
② 万丽娟、徐孝勇：《我国企业跨国经营存在的问题与发展战略研究》，《国际贸易问题》2004 年第 10 期，第 58 页。

强电子商务相关法规及标准建设。(6)开展电子商务应用的宣传与培训工作。

(四)增加投入和拓宽融资渠道,加大信息化建设和技术创新的支持力度

西南地区地方政府应加强流通业信息化建设和技术创新的示范和引导,在商业信息化、流通标准化、现代物流建设中的共性技术研发等方面给予经费支持。加强现代流通软科学专题研究,积极开展国际合作,全面提高流通现代化和信息化管理水平。鼓励流通企业申报国家科技型中小企业技术创新基金,对列入计划的项目,地方各级政府的技术创新、创业基金要给予匹配的资金支持。

现代市场经济是以金融为核心运行和发展的,资金是保持经济顺畅运行的重要条件,是实现流通技术创新不可或缺的生产要素。从长期来看,能够满足技术投资风险和长期性要求的主要是资本市场。因此,西南地区商贸中心当前除了大力推进资本市场的发展外,还应鼓励银行贷款支持流通企业技术创新和信息化建设。同时,拓宽融资渠道,积极吸收社会资本,培育风险投资机构,培育风险投资经营管理人才,逐步建成以社会资本为主体的商贸企业信息化建设和技术创新风险投资体系。

(五)建立商贸中心专业技术人才的培养体系和从业人员的培训机制

随着商贸流通领域技术进步的加快,信息技术在流通领域的广泛应用,流通业从业人员的知识水平和技能水平也应随之提高。而加强流通产业技术人才的培养和从业人员的技能的培训,是改变流通领域技术水平落后的关键。因此,西南地区商贸中心城市政府应当拓宽教育和培训渠道,鼓励和支持企业、行业协会和大专院校开展多方面、多层次的人才培养和在职培训工作,特别是要加快培养流通领域信息技术的研发人才。同时,可借鉴美国、日本等国家的做法,建立强化流通业从业人员培训的机制,将参加职业培训及获得资格证书作为职工上岗的基本条件。此外,有关部门应制定电子商务应用考核制度,建立相关认证体系。

（六）建立和完善商贸中心信息化建设中介服务体系

信息化建设中介服务体系是信息化建设体系的重要组成部分。西南地区应逐步将政府承担的社会服务职能转向中介服务组织，发挥已有信息化建设服务机构和中介机构的作用。同时，积极培育和发展流通协会、连锁经营协会、电子商务协会等中介组织，引导中介机构发挥桥梁作用，通过强化服务意识和规范行为，积极为西南地区商贸中心体系商贸企业提供信息技术咨询、风险融资与担保、人才培养与交流等全方位服务。

（七）消除不利于商贸中心流通业技术创新的体制性障碍

流通技术创新的动力来自市场的拉力。但是，流通技术创新市场机制的形成不是自发的，它还需要政府和法律的支持。流通技术创新的市场机制涉及利益主体机制、激励机制、政策机制和法律机制等支撑机制。要推动流通技术创新，就必须发挥市场机制的作用，打破地方保护、行业垄断，使流通企业更多地依靠技术创新和管理创新来获取竞争优势。因此，应加强西南地区地方政府的调控职能，通过诱导性和鼓励性财政、税收和产业政策来推动流通技术创新，并切实加强知识产权保护，使流通企业成为技术创新的获益主体。

（八）积极引导IT厂商加大对流通业信息化技术与产品的研发

商贸中心流通业信息化是信息技术与产品推广应用的结果。美、法、日、德、英等发达国家在信息化发展过程中，IT厂商起了重要的推动作用。西南地区商贸中心体系要加快信息化进程，离不开IT厂商的支持。因此，西南地区地方政府应在财政、税收、融资等方面加大向IT厂商，尤其是向流通业IT厂商倾斜，鼓励和引导它们不断地为流通业信息化提供先进的解决方案，进行系统集成，开发应用软件，研制生产硬件设备，与流通企业密切合作，推出有自主知识产权和品牌的流通信息化应用系统。由于成都和重庆的IT业比较发达，因此可将成都和重庆规划为西南地区商贸中心体系的流通业IT厂商汇集地、流通业信息化系统和设备生产中心，加大对这些厂商的支持，促进它们多开发适合当地的流通业信息化建设软硬件设备，推进西南地区商贸中心体系信息化建设。

（九）构建西南地区商贸中心体系 E-CBD

E-CBD（Electronic Central Business District），即电子化国际金融贸易中心。E-CBD 是信息经济时代国际金融贸易中心的创新模式，以电子数据交换（EDI）、电子商务（EB）、电子金融（EF）等为基础支撑，以电子货币（EM）为主要媒介，以国别人文为地缘标志，具有实体 CBD 和虚拟 CBD 双重结构，面向世界的现代化金融贸易中心。

在西南地区商贸中心体系中，目前已基本建成的 CBD 有重庆市中心区的解放碑—江北嘴—弹子石 CBD、成都人民南路 CBD、昆明盘龙—东风广场 CBD，规划建设的有南宁安吉 CBD 和贵阳花果园 CBD。因此，西南地区商贸中心的 E-CBD 建设可先在重庆市中心区商贸中心的解放碑—江北嘴—弹子石 CBD、成都人民南路 CBD 和昆明盘龙—东风广场 CBD 的基础上进行。

第九章

西南地区商贸中心体系与西北地区
协同构建西三角商贸中心体系

西南地区商贸中心体系作为西部和全国商贸体系中的一个重要组成部分，其必然要与国内其他地区发生商贸往来。因此，在建设西南地区商贸中心体系过程中，除了西南五省市区相互开放以形成统一的区域共同市场外，还必须考虑到西南地区商贸中心与我国其他地区和其他国家的商贸交流与合作，推进彼此间货物与服务贸易和商业投资活动。西南地区在构建西南地区商贸中心体系的基础上，通过构建西三角商贸中心体系，旨在推进我国西部地区商贸产业协同发展和西部区域共同市场的形成，进而推进全国统一市场的形成。西三角商贸中心体系以西南地区商贸中心体系中的重庆、成都两个一级商贸中心和西北地区的商贸中心城市西安为"三角"支撑点，以重庆市中心区商贸中心为一级商贸中心、西安和成都为二级商贸中心与西三角地区若干商贸城镇为三级、国级商贸中心的商贸中心体系。

第一节　西南三角经济区与西三角
商贸中心体系的内涵

"西三角"区域范围包括成渝经济区与关中—天水经济区的所有市县和介于二者之间的川北、陕南的全部市县以及渝东北的部分县区。西三角地区地理位置偏远、交通落后、市场化程度较低、经济不发达、商贸业发展落后，但西三角地区具有建设地区商贸中心和面向东南亚、南亚、中亚、西亚开展商贸活动的得天独厚的区位条件。作为我国西部地区①经济发展水平最高的城市群的结合和西部地区经济发展增长极，西三角经济无疑也是西部商贸业发展最具能力与潜力的地区。2010 年 6 月 18 日重庆两江新区设立与 2014 年 1 月 6 日西咸新区和贵安新区的设立及 2014 年 10 月 2 日天府新区的设立，为西三角商贸产业与西三角商贸中心体系构建创造了良好的物质技术条件和社会环境条件。因此，构建西三角商贸中心体系不仅有利于推进西三角资源优化配置和商贸产业协同发展，而且有利于带动整个西部地区乃至全国经济协同发展和可持续发展。

一　西三角经济区的内涵

界定西三角经济区、商贸中心和西三角商贸中心的内涵，是西三角商贸中心体系构建研究的基础和前提。

（一）西三角经济区提出背景

商贸业是国民经济发展的先导产业，是生产与消费之间的桥梁与纽带，是不断启动市场和促进消费需求增长的推进器，是反映一个国家或地区经济发展程度的重要窗口。改革开放 30 多年来，我国商贸业取得了巨大的成绩。2013 年，我国社会消费品零售总额为237809.9 亿元，不考虑价格因素，是 1978 年（1558.6 亿元）的152.6 倍。在后金融危机时代，我国经济增长方式开始了由出口拉动方式向内需拉动方式转变，但现有的长三角、珠三角、环渤海经济区三个出口导向型经济增长极均位于东部沿海地区，受空间距离阻隔，难以带动西部地区内需型经济发展，广阔的西部迫切需要一个新经济增长极来带动地区经济发展。

在这样宏观大背景下，我国理论界和政界提出了"西三角"经济区构想与规划（王涵，2005；李杰，2007；黄奇帆，2009；吴颖等，2009；张宝通，2009）。提出了以西安—成都—重庆三大城市为核心的"西三角"经济区（圈）概念，并探讨了西三角经济区市场一体化问题。王涵（2005）认为西三角是一个跨成、陕、渝三地

---

①　按国务院西部地区开发领导小组办公室的划分，我国西部地区包括重庆市、四川省、贵州省、云南省、西藏自治区、陕西省、甘肃省、青海省、宁夏回族自治区、新疆维吾尔自治区、广西壮族自治区、内蒙古自治区 12 省区市。

的复合型经济区域区。2009 年全国"两会"期间，时任重庆市常务副市长黄奇帆提出了"西三角经济区"概念，其核心内容是重庆经济圈、成都经济圈和以西安为中心的关中—天水城市群相联合，大西南与大西北联手，共同打造西部新兴增长极。吴颖等（2009）提出发展重庆总部经济以带动"西三角"经济圈，打造中国第四增长极。①2011 年年初，川、陕、渝、甘四省市发改委签署合作协议，形成工作机制，并委托国家发改委编制"西三角"发展规划。重庆两路寸滩保税港区、西永保税区和两江新区、成渝经济区和关中—天水经济区、西咸新区规划、贵安新区和天府新区的设立为"西三角"经济区商品市场一体化和现代商品市场体系构建开创了良好的外部环境条件。西三角经济区是西部经济发展水平最高的城市群的结合，是西部商贸业发展最具潜力的地区。因此，西三角商贸中心体系构建研究已成为学界和政界关注的热点课题。

（二）西三角经济区范围界定

"西三角经济区"，又称"西部川陕渝金三角"，简称西三角。西三角区域范围包括成渝经济区与关中—天水经济区的所有市县和介于二者之间的川北、陕南的全部市县和渝东北、渝东南的部分县，具体包括：四川省的成都、绵阳、德阳、内江、资阳、遂宁、广元、巴中、南充、广安、达州、自贡、泸州、宜宾、眉山、乐山、雅安 17 市；重庆市一小时经济圈、渝东北与渝东南的部分区县，即一小时经济圈的主城九区与涪陵、江津、合川、永川、长寿、南川、綦江区、大足、璧山区 9 区及潼南、铜梁、荣昌 3 县，共 21 个区县，渝东北的生态涵养发展区万州区和梁平、城口、丰都、垫江、忠县、开县、云阳、奉节、巫山、巫溪 11 县区及渝东南生态保护发展区的石柱县和武隆县；陕西省的西安、铜川、宝鸡、咸阳、渭南、杨凌、汉中、安康、商洛区 8 市 1 区，共 60 座区县市，区域总面积 37.78 万平方千米，分别占西部和全国国土面积的 5.51% 和 3.92%。2008 年年末，西三角经济区总人口 14026 万

---

① 吴颖、王旭、苏红：《重庆总部经济助力打造西三角增长极》，《重庆大学学报（社会科学版）》2009 年第 4 期，第 7 页。

人，其中城镇人口 3958 万人，城镇化率为 26.9%；地区生产总值 21504.64 亿元，分别占西部和全国的 36.9% 和 7.1%；第三产业增加值 8148.7 亿元。预计到 2020 年，西三角地区生产总值达 9 万亿元，占西部的 50%，与长三角、珠三角、环渤海经济区共同支撑全国 60% 的经济总量。①

二　西三角商贸中心体系的内涵

（一）商贸中心的概念

20 世纪 90 年代，英国购物中心专家纳丁·贝丁顿（Nadine Beddington）认为购物中心是在统一管理之下规划建设的商业综合体。② 商贸中心曾以大量的商品流通、商业信息流通及货币流通为主要活动内容，其凭借较雄厚的物质基础、较强的经济实力，以及各类信息特别是商业信息等优势，发挥其组织一定区域范围内的商品、资金、信息的大量流通的主要功能，形成区域经济活动的核心，对周边地区产生较强的带动力和影响力。③ 商贸中心按层级（规模和影响力）划分为国际商贸中心（如纽约、伦敦、东京、新加坡、中国香港）、国家级商贸中心（上海、北京）和地区商贸中心。西三角商贸中心属于地区级商贸中心。

（二）西三角商贸中心体系的内涵

西三角商贸中心是西三角商贸中心体系的简称，是地区性商贸中心体系。从表 9—1 可以看出，重庆市中心区（"一小时经济圈"）商贸中心的竞争力分值最大，成都和西安次之。因此，可选择重庆市中心区作为西三角商贸中心体系的一级商贸中心（主商贸中心），西安和成都为二级商贸中心（副商贸中心）。比这三个商贸中心小的中小商贸城镇建成西三角商贸中心体系的三级商贸中心（辅商贸中心）和四级商贸中心。因此，西三角商贸中心体系是指

---

① 沈阳辉：《西三角经济圈浮现》，《宁波经济》2009 年第 7 期，第 29 页。

② Beddington, Nadine, *Shopping Centres*, *Retail Development*, *Design and Management*, Oxford: Butterworth Architecture, 1991.

③ 徐孝勇：《西南地区商贸中心信息化建设的影响因素分析》，《人大报刊复印资料·商贸经济》2007 年第 10 期，第 88 页。

通过选择西三角地区的一级、二级、三级商贸中心为大节点，以联系这些节点的铁路、公路、河运通道和油气管道为干线及这些干线上的中小商贸城镇为小节点，按照"点轴"理论的要求构成大、中、小商贸节点结合、空间结构合理、功能完备的由点线结合交织而成的商贸中心网络体系。西三角商贸中心体系中的三级商贸中心有重庆的万州、涪陵、江津、合川、永川、长寿、綦江和开县；四川的绵阳、德阳、内江、资阳、遂宁、自贡、泸州、宜宾、南充、广安、达州、眉山、乐山、雅安、广元、巴中；陕西的咸阳、铜川、宝鸡、渭南、汉中、安康、商洛。

表 9—1　　　　重庆市中心区、成都、西安商贸中心
商贸竞争力分值排序

城市名称	商贸竞争力分值
重庆市中心区	0.71886
成都	0.20835
西安	− 0.92721

　　资料来源：徐孝勇、徐今瑾：《西三角商贸中心构建研究》，《城市观察》2011 年第 4 期，第 76 页。

第二节　西三角商贸中心体系构建的
影响因素分析

　　地区性商贸中心体系的构建受制于区内外各种因素的影响，这些因素影响着商贸中心构建过程和结果。

一　西三角商贸中心构建的动力分析
（一）西三角地区资源、功能互补性强

1. 资源互补

西三角资源呈现种类繁多、储量大的特性。在能源矿产上，陕西矿产资源富集，全省矿产资源潜在经济价值超过 42 万亿元，居

全国之首。川渝缺油少煤，陕西的煤炭资源能够为川渝提供强大的能源支持。四川水能资源丰富，水能蕴藏量占全国的1/5，可开发量为9200多万千瓦，居于全国首位。重庆经济发展迅速，电能消耗极大，可接纳和消化四川的水电产能。① 在人力资源上，三地都集中了一大批高校和科研单位，人才储备丰富，人才的流动与交流可使西三角形成内生发展动力。在旅游资源上，川渝以自然风光为主，陕西以人文景观为主，三地可联手开发"西三角游"。在高新技术资源上，以西安为首的陕西研发能力较强，航空航天领域水平较高；而重庆是全国重要的重工业基地，装备、机械业很强大，制造业发达，在一定程度上能够承接成都、西安的研发成果，并迅速转化为生产力。

2. 产业和城市功能互补

重庆有雄厚的工业基础，制造业相对较发达；加之是直辖市，中央给予重庆很多优惠政策，在体制创新方面走在西三角前列，其经济总量和吸引投资等方面也优于成都和西安。西安是文化古都，西北最大的中心城市，航空航天、科技资源雄厚，研发能力较强。成都是偏消费型的城市，其创意业、服务业和娱乐业较发达，电子信息、商业和科研优势明显。如果三个城市联合，重庆发挥两江新区和长江航行优势、成都扩散在文化生活和环境上的吸引力、西安抓住科研和资源方面的强项，将强有力地推动西三角经济区整体实力的提高。在城市功能定位上，重庆应定位为西三角的制造中心、交通中心和金融商贸中心，着力打造工业、金融和商贸业；成都应定位为西三角的商贸中心、旅游文化中心和交通通信枢纽；西安应定位为西三角的科研教育中心和西北交通枢纽。

（二）区域内交流合作日益密切

川、陕、渝三地由于地理位置相邻，文化语言相近，加上重庆直辖之前川渝本为一体，人缘、业缘深厚，属于典型的地缘经济区。这种地缘关系有利于推进三地经济交流与合作。2004年2月，

---

① 王涵、刘晓鹰：《"西三角"城市经济圈的开发建设研究》，《阴山学刊》2005年第6期，第97—101页。

川渝两地签署了"1+6"协议，决定在交通建设、旅游发展、城乡统筹、文化等方面开展无障碍交流与合作。2007年4月，川渝再次签署《关于推进川渝合作共建成渝经济区的协议》，为两地经济共同发展提供支持。2009年4月，三地发改委签署了《关于共同打造"西三角"经济区的工作协议》。2009年9月，川、陕、渝三地《构建"西三角"经济区基本思路》出炉。这些无疑都促进了川、陕、渝三地商贸业共同发展。

（三）政策优势分析

2011年年初出台的国家"十二五"规划纲要中提到"坚持以线串点，以点带面，推进重庆、成都、西安区域战略合作"。2010年6月18日，西三角设立重庆两江新区更是集国家级新区政策、西部大开发政策、国家级高新技术开发区政策、内陆保税港区政策和老工业基地政策于一体，对区内所有企业授予在综合配套改革和国际接轨方面的先行先试权利。此外，2014年1月6日设立的西咸新区和2014年10月2日设立的天府新区两个国家级新区也分别给西安市和成都市带来国家级新区的优惠政策。

二　西三角商贸中心体系构建的阻力分析

（一）地方保护与市场分割

西三角包括60座城市，分属于川、陕、渝三省市，由于行政性分权的存在，西三角既是地缘经济区，也是行政经济区。西三角各地方政府为追求本地经济利益，保护本地企业，通过行政管制手段，限制外地资源进入本地市场或限制本地资源流向外地市场，导致"地区保护"和"市场细碎化"等现象盛行，进而导致生产要素难以跨区域自由流动和区域市场分割。

（二）地区间发展差距较大

西三角内部经济发展差距较大，主要表现为城市间经济发展差距与城乡居民收入差距较大。首先，西三角主要城市经济发展水平差异明显。2009年，西三角的重庆、成都、西安三市经济总量都超过2500亿元。除此之外，500亿元以上的城市有12座，200亿—500亿元之间的有10座，而铜川、杨凌不足200亿元。其次，西三

角的重庆、成都、西安三地城乡居民收入差异巨大。1998—2009
年，重庆、成都和西安城乡收入比分别从 3.02、2.45 和 2.76 增加
到 3.84、2.51 和 3.02，距离国际经验城乡居民收入比 1.5 的目标
十分遥远。西三角内部经济发展差距较大阻碍其商贸业协同发展。

（三）龙头地位之争

西三角的重庆、成都和西安三座城市都是区域中心城市，彼此
之间存在争当"地区中心城市"现象，尤以成渝之争突出。例如，
重庆长安集团近 300 家配套企业中，一半来自重庆本地，另一半来
自江浙地区，极少来自四川。而在信息、金融、教育、商贸、旅游
等服务业方面，成渝两地为争夺西南地区"龙头"地位展开了激烈
的竞争。这种"龙头之争"不利于西三角商贸中心构建和商贸业的
协同发展。西三角经济区的核心价值在于，消除"龙头之争"、整
合西部"三雄"、加强三市之间的分工与合作、构建西部经济发展支
点，打造我国第四经济增长极，进而推进西部区域经济快速协同发展。

第三节　西三角商贸中心体系的空间布局、功能与结构要素

一　西三角商贸中心体系的空间布局

据图 9—1 所示，西三角商贸中心按西三角的重庆、成都、西安
三中心城市及其他中小商贸城镇所处的地理位置来进行空间布局，
三中心城市分处三角，重庆市为一级商贸中心，成都、西安为二级
商贸中心，一、二级商贸中心下属众多三级商贸中心和四级商贸中心。

在西三角商贸中心体系中，一级商贸中心——重庆应着力发挥
商贸核心作用，通过长江航道、陆路和空中通道把西三角的物资输
送到中东部地区。利用重庆主城区商贸布局"多中心、组团式"的
特征，以交通枢纽、交通干线、城市组团等为依托，多点辐射。二
级商贸中心——成都市利用其商贸重镇、集散中心、周转中心的功
能，向西南、西北地区分散转运物资。西安利用在亚欧大陆桥独有
的区位优势，把西三角的商贸业扩展到中亚和欧洲。作为一、二级
商贸中心与广大中小城镇和农村的联结纽带与桥梁的三级商贸中心

城市，是上级商贸中心的扩散中心，也是西三角的商贸窗口，通过网络式布局，传输西三角商贸中心的人流、物流、资金流与信息流。

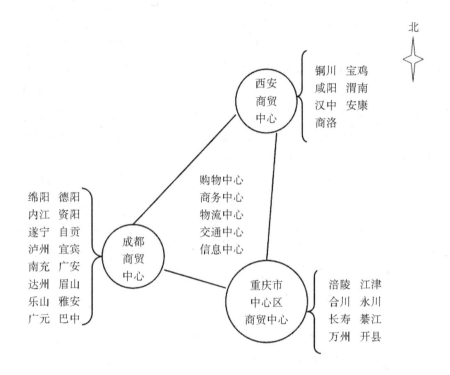

图 9—1 西三角商贸中心体系图

二 西三角商贸中心体系的功能

西三角商贸中心功能定位为重点突出、特色显著的区域性综合商贸中心。

（一）西三角商贸中心体系的一般功能

（1）购物功能。购物功能是现代商贸中心的首要功能。西三角商贸中心的建设要便于选购商品，以优美的购物环境、质优价廉的商品、优质的服务吸引和留住客商。

（2）物流功能。商贸中心通过建设发展物流中心和物流配送中心，节约流通成本，加速商贸流通，使受商贸中心辐射的区域接受先进物流技术强大推动，加快产业结构优化升级，促进区域经济的市场化、产业化发展。为此，西三角商贸中心体系要加强物流中心、配送中心和采购中心建设，确保商贸中心物流功能的正常发挥。

（3）商务功能。商务功能是商贸中心的高级功能。西三角商贸中心的商务功能主要体现在其所属的CBD。作为西三角商贸中心体系的重庆"解放碑—江北嘴—弹子石"CBD、成都"新华大道—红星路—东城根街"CBD和西安"南关正街—长安北路"CBD，由于其辐射和集聚半径大、金融信息业等现代服务业发达、集约化程度高、现代化装备和信息技术手段完善，因此其要为发展总部经济、开展国内国际商务奠定相应的物质技术和管理基础。

（4）会展功能。商贸中心区是客流、商家、业态、商品和信息汇聚的场所，也是各商家推广企业形象、商品和服务的最佳展示场所。西三角商贸中心体系的一、二级商贸中心通过建立会展场馆及高规格会议场所，发展会展经济和会议经济，加强西三角与周边及外界交流，扩大西三角商贸中心的影响力和辐射力。

（5）信息功能。商业信息化是建设商贸中心的基础，是提升商贸中心质量，增强商贸中心聚合辐射功能，实现流通现代化的根本途径。在西三角商贸中心建设发展过程中，要注重发挥信息技术对商业流通现代化的加速器作用，加快信息化带动传统商业的改造步伐，发挥后发优势和整合效应，实现商业流通业的跨越式发展。

（二）西三角商贸中心体系的核心功能

（1）商品聚合和辐射功能。在上述功能中，商品交易居中心地位，通过商品交易功能的实现，发挥西三角商贸中心体系商品聚合和辐射功能。第一，"承上启下"作用：聚合即启下，就是把西三角的优势特色产品聚合起来，通过西三角商贸中心体系这个窗口向区内外、国外展示和输出；辐射即承上，就是把外地产品通过西三角商贸中心输进来并扩散到西三角各地。第二，"承西启东"作用，是指西三角商贸中心体系作为桥梁把西部的商品资源聚集、转运到我国东中部地区和出口到国外，同时将东中部和国外的商品、资金、信息、先进技术和管理辐射到西部。

（2）带动和促进功能。西三角的重庆市中心区、成都和西安商贸中心的发展带动西三角的三级商贸中心和其他中小商贸城镇产业结构优化升级、第三产业和地区经济发展，进而带动西部经济社会发展。

（3）市场龙头示范功能。建设好西三角商贸中心体系的重庆市中心区、成都和西安商贸中心会对西三角的三级商贸中心城市及中小城镇商贸业的发展起到龙头示范作用，引导这些中小城市通过科学规划、管理来促进商贸产业发展，并在城乡一体化商贸发展的过程中，缩小城乡差距，实现西部城乡之间的经济社会持续、协调发展。

（4）旅游休闲功能。商贸中心区必定是一个城市或一个地区最为繁华的核心区域，具有城市观瞻和旅游功能。西三角商贸中心体系的重庆市中心区、成都和西安商贸中心应加强城市景观建设，着力打造餐饮文化美食街和观光广场。

三 西三角商贸中心体系的结构要素

系统原理表明，系统目标决定系统功能，系统功能决定系统结构。遵循这一系统原理，根据西三角商贸中心体系发展目标和功能定位，西三角商贸中心体系的要素构成是：商品交易市场、购物中心、中央商务区、物流中心、会展中心、信息服务中心、组织管理机构、规章制度等。另外，西三角商贸中心体系作为一个现代的高级形态的市场，运营方式独特，还需制定相应的运行规则，保证其能按照市场规律规范健康运行。

第四节 结论与政策建议

一 研究结论

第一，西三角三地资源、功能互补，交流合作日益密切，加之中央和地方政府政策支持，西三角已具备构建商贸中心的物质条件和社会环境条件。

第二，西三角地方保护与市场分割严重、区域内发展差距较大和商贸产业发展协同度不高决定西三角商贸中心只能是一个地区性、后发型商贸中心。

第三，构建西三角商贸中心体系有利于推进西三角商贸产业和区域经济协同发展。研究发现，西三角商贸业基础配套产业薄弱、产业结构趋同、商贸竞争力不高、协调发展机制不完善，建立西三角商贸中心体系有利于推进西三角商贸产业和区域经济协同发展与可持续发展。

二　政策建议

（一）推进西三角交通协同发展

构建西三角商贸中心体系的前提条件是加快三地间交通协同发展，只有物畅其流，生产要素才能在区域间自由流动与优化配置，三地间区域市场才能相互开放，才能构建一个协调统一的地区性商贸中心。

1. 完善区域内交通运输联络线

西三角交通协同发展首先要解决的是区域内部交通连接不畅问题。因此，西三角交通协同发展的首要任务是完善区域内交通运输联络线，特别是连接两大经济区的南北纵贯联络线。

西三角核心城市重庆、成都、西安三地连线近似一个等腰三角形，南北纵贯联络线正是等腰三角形最长的两边，见图9—2。按规划，

图9—2　西三角经济区核心城市直线连接图

西三角的重庆、成都、西安三座核心城市按照"航空 1 小时，铁路 3 小时，高速公路 4 小时"快速通达的目标，构建西三角高速公路、高速铁路、航空和长江航运组成的立体式综合交通网络，实现各种经济要素在西三角的快速流动。

2. 拓宽西三角与区外联系通道

西三角商贸中心构建必须整合西三角交通资源，拓宽西三角与国内外的联络通道，提升其在全国的交通枢纽地位。按照"航空 2 小时，铁路 6 小时，高速公路 10 小时"的"2610"目标，构建"米"字形对外大通道①（见图 9—3）。此外，西三角还应构建北连蒙古与俄罗斯、东连东北亚与东亚、南连东南亚和南亚、西连中亚和欧洲出境快速大通道。

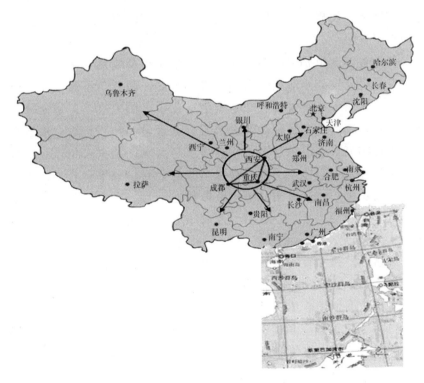

图 9—3　西三角经济区"米"字形对外大通道

---

① 边峰：《"西三角经济圈"雏形乍现》，《中华工商时报》2009 年 6 月 24 日。

（二）加快西三角商贸中心体系一体化物流体系与物联网建设

1. 构建西三角一体化物流体系

在全球化和信息化的推进下，现代物流从及时供货（JIT）到供应链管理，进而进入全新的以网络组织为特征的一体化物流时代。一体化物流体系是供应链管理的网络化拓展，强调在由多个供应链构成的物流网络中，核心企业在网络中的作用和专业化分工在网络中的价值。

（1）物流基础设施建设。一是要加快基础设施建设速度。例如，优化亚欧大陆桥通道铁路建设；加快建设西三角南北向交通大通道等。二是完善相关物流节点的配套功能，提升物流节点的服务能级和物流产业水平，有效发挥区域内机场、港口、铁路中心和高速公路网等交通设施节点的辐射作用。三是进一步整合、拓展和优化运输网络，实现多种运输方式无缝对接，不断提高物流中转能力和物流服务水平。

（2）物流公共信息平台建设。信息化是提高物流效率的重要途径，也是提高物流企业竞争力的关键。为此，西三角可通过发展公共物流信息服务平台带动区域物流信息化水平的提高。一是充分整合现有各类物流信息平台，建设覆盖公路运输、铁路运输、水运和空运各种物流形态、满足多式联运需求与国际同类平台相连接、服务西三角商贸中心体系的各类物流企业的公共信息平台。二是建立西三角商贸中心体系海关一体化虚拟数据平台，在此平台上构建虚拟的审单中心、风险中心和物流监管中心等，实现信息共享、系统配套、运转高效，全面提高企业通关效率。三是建设联系重庆主城、万州、泸州和宜宾等长江航行枢纽的信息网络，构建长江上游港口集装箱多式联运物流信息网络，实现港口间集装箱信息共享，推进西三角商贸中心体系水运物流的发展。

2. 大力推进西三角商贸中心体系物联网建设

物联网是一个将各种信息传感设备（如射频识别装置、红外感应器、全球定位系统、通信装置等）与互联网结合起来而形成的巨大网络。① 2011 年 3 月 14 日，随着"国家物联网产业示范基地"落户西三角的重庆南岸区茶园，标志着西三角商贸中心可借助物联网加快信息化建设和缩小其与东部国家商贸中心和国际商贸中心的发展差距。为此，西三角商贸中心体系可建立基于物联网的信息管理系统，将供应链管理与质量控制进行智能化集成以实现供应链管理的高度敏捷化和集成化，以产品服务化的理念结合更优化的供应链成员、更小的供给库规模和更快的反应速度满足顾客日益个性化的需求，提升商贸中心供应链的价值。

（三）提升商贸中心商贸竞争力

（1）提升中心城市的辐射与带动力。重庆、成都、西安是西三角经济区的经济中心、政治中心和交通物流中心，是西三角的增长极，对于提高西三角总体经济水平和商贸竞争力，具有不可替代的作用。通过把重庆、成都、西安打造成省区级商贸中心，提高城市整体经济实力，树立特色商贸形象，改善商贸环境，加大招商引资等一系列措施，提高西三角中心城市的商贸实力，以更好地发挥中心城市的商品聚合与辐射功能。一方面把区域内的优势特色产品聚合起来输出到东中部地区和国外；另一方面把区域外的产品扩散到西三角各地，以满足西部区域市场需要。

（2）增强民营商贸的活力和动力。提升西三角商贸中心体系商贸竞争力的根本出路之一在于增强民营商贸的活力，加大民间资本投资商贸业的力度，为区域商贸经济发展注入新的动力。

（四）创建西三角商贸经济协同发展的协商合作平台机制

由行政区域壁垒造成的地方保护和市场分割是西三角商贸中心体系构建的刚性约束。因此，能否搭建三地协商共议的平台，创建资源共享、优势互补、利益共享、风险共担的协调机制，是构建西三角商贸中心体系的关键。为此，西三角地方政府可组建负责协调三地区区域商贸经济发展的"西三角政府协调中心"，其成员以西三角各市县区发改委为主体，负责各地各项规划的协调和衔接、政

---

① 杨永志、高建华：《试论物联网及其在我国的科学发展》，《中国流通经济》2010 年第 2 期，第 46 页。

策制定和落实、重大建设项目的布局、财税关系的协调等。协调中心要定期召开会议，谋划西三角重大项目和发展规划；积极创造机会和条件，推进西三角各商贸城镇间的自主合作。在此基础上，创建适应协同发展要求的公共行政管理机制，制定出适合西三角商贸中心体系发展的共同政策与制度，最终实现西三角商贸业和区域经济协同发展。

（五）进行流通技术创新，推进西三角商贸中心的转型升级

流通技术创新的动力来自市场的拉力。要推动流通技术创新，就必须发挥市场机制的作用，打破地方保护、行业垄断，使流通企业更多地依靠技术创新和管理创新来获取竞争优势。因此，加强西三角地方政府的调控职能，通过诱导性和鼓励性财政、税收和产业政策来推动流通技术创新，并切实做好知识产权保护工作，使流通企业成为技术创新的获益主体，通过流通企业的技术创新和产业竞争力的提升推进西三角商贸中心竞争力的提升，进而推进西三角商贸中心向现代商贸中心和国家级商贸中心转变。

第十章

研究结论与政策运用

本书在深入考察加入 WTO 和西部大开发条件下西南地区商贸中心体系发展的客观现实、世界与中国商贸业和商贸中心发展特点、趋势和相关研究的基础上，从理论和实证层面，系统地回顾和借鉴国内外商贸中心发展理论、区域分工理论、协同发展理论、商贸经济发展理论，确立本书的逻辑起点；针对西南地区在商贸中心构建和商贸业发展上存在的问题，从结构系统视角和功能范式上，界定了"西南地区商贸中心""区域商贸"，深化了对"商贸经济发展"的理解，按商贸经济协同发展要求，界定了研究的基本范畴和分析基点，进而通过理论、实证分析得出了如下研究结论和政策建议。

第一节   研究结论

一   西南地区商贸中心体系构建的目标是实现西南地区商贸经济协同发展

西南地区商贸中心体系构建是西南地区在商贸业发展上进行的区域分工与合作，建设结构合理、相互依存、相互促进、功能强大的地区性商贸中心体系。建设西南地区商贸中心体系就是在西南地区五省市区统一构建商贸中心、商贸网点布局和确定各地商贸产业发展方向与重点，充分发挥各自的比较优势，提高区域商贸资源的配置效率，推动西南地区商贸产业和商贸经济的发展。经济区域是一个对立统一的复杂系统，系统的外加和原理表明，只有合理有效的分工，平等双赢合作才能有"1+1>2"的系统功能发挥。西方古典经济学的集大成者大卫·李嘉图的比较优势原理也只提供了如何进行区域分工的原理。但是，完全放任自流不可能形成和谐的分工与合作。和谐的区域分工需要更好地发挥"两只手——市场调节和宏观调控"的功能。市场经济是竞争经济，竞争按其发展过程有三种形态：竞斗、竞争与竞合。竞合是市场经济发展的高级完善形态，是区域经济分工与合作的目标。因此，西南地区在商贸中心发展分工与合作的目标是实现西南地区商贸经济协同发展和竞合多赢，达到"1+1+1+1+1>5"的整合效果，实现西南地区经济协同发展。通过区域经济协同发展，促进"行政区经济"向"经济区经济"转变，获取区域发展的规模经济效益，从而达到缩小西南地区与东部沿海地区经济差距和实现西南地区经济协调发展的战略目标。

二　区域商贸中心构建需要具备相应的自然地理条件和社会经济条件

一个地区中心城市要建设商贸中心必须具备的条件有：（1）自然地理条件，其包括地理区位、土地资源和旅游资源等；（2）社会经济条件，其包括经济条件、城市规模、人口、交通条件、政策因素、文化氛围、传统经商习俗等。经济条件又包括商贸经济发展的初始条件、资金和市场。经济发展初始条件主要指以往遗留的物质基础，如经济发展水平（经济总量、人均收入、第三产业增加值）、商贸经济实力（社会消费总额、进出口贸易额、人均消费支出）、相关产业、基础设施和各种配套设施等。一个地区经济中心城市，只有具备自然地理条件优越、区位优势突出、经济总量大、城市规模大、交通发达、市场规模和发展潜力大、商业氛围淳厚、城市商业基础设施完善、商业网点布局合理等条件，才能构建和发展好商贸中心。

三　西南地区商贸中心体系建设的前提条件是西南五省市区加强商贸业的协同发展

发达的商贸产业，是一个地区构建商贸中心的前提条件。商贸产业竞争力是商贸中心竞争力的主要组成部分。在经济全球化和区域经济一体化的背景下，区域之间的要素流动、产业自身的对外联系与开放式发展、区际产业之间的互补性整合与协同发展既是产业与区域发展的必然要求，也是加强区际联系的必然要求。西南地区五省市区只有打破行政区划限制，加强商贸产业的协同发展，才能提高商贸产业的竞争力，才能应对后 WTO 时代外资商贸业巨头大量进入中国的挑战。西南地区商贸中心体系的健康发展是以其竞争力的不断提高为前提条件，而西南地区商贸中心竞争力的不断提高又是以其商贸产业竞争力的不断提高为前提条件的。因此，西南地区商贸中心健康发展的前提条件是西南地区加强商贸产业的协同发展。同时，西南地区商贸产业的协同发展也会为西南地区区域共同市场的建立奠定产业基础。

四　西南地区商贸中心体系构建和发展的必要条件是建立区域共同市场

区域共同市场，是按照市场经济规划的规律，以促进区域发展和提高区域竞争力为目的，以区域资源共享、共融、多赢为理念，打破区域内部壁垒，使生产要素、商品在区域内得以自由流动和优化配置，最终实现区域内经济结构互补、区域经济一体化良性发展的一种制度框架。建立区域共同市场是西南地区商贸中心体系建设发展的基本目标之一和必要条件，而区域共同市场的建立又会反过来促进西南地区商贸中心的进一步发展。建立西南地区区域共同市场的作用如下：（1）推进西南地区商贸中心网络体系的建成。（2）降低西南地区产业结构调整成本、公共物品配置成本以及资源流动的交易成本。（3）促进西南地区都市商贸经济圈的发展和西南地区城市化水平的提高。（4）作为西南地区区域商贸的协同发展的平台。

五　西南地区商贸中心体系发展的外在条件是加强与我国其他地区和国外的商贸合作

商贸合作是由商贸中心的本质属性所决定的，它的首要功能并不是对商贸中心所在区域的开发建设，而重在通过自身所提供的要

素配置服务，带动周边及辐射地区的经济整体发展。西南地区商贸
中心体系要想获得更大发展空间，须开创良好的外部环境条件。西
南地区同周边地区和国外的商贸合作，可以使西南地区商贸中心内
的区域一体化市场效应得到放大，从而推进西南地区商贸中心的发
展。西南地区毗邻我国西北地区、长江中游地区和珠三角地区，而
西南地区接壤的国家是东盟国家。因此，西南地区商贸中心必然要
与国内其他地区和东盟十国及其他国家发生商贸往来。为了更好地
推进西南地区商贸中心的发展，西南地区必须与以上地区或国家开
展商贸合作，推进彼此间商品货物贸易、商务交流和商业资本投资
活动。因此，西南地区五省市区可以中国—东盟自由贸易区为其与
东盟十国开展商贸合作与交流的平台，努力将西南地区建成中国—
东盟自由贸易区的核心腹地，为西南地区商贸中心发展创造良好的
国际环境。

六　西南地区商贸中心体系发展有利于促进西南地区产业结构
的优化升级

西南地区作为我国经济欠发达的西部地区的组成部分之一，呈
现典型的二元经济结构特征。构建和发展西南地区商贸中心，不仅
可以大力发展商贸业，提高第三产业所占比重，而且还可以带来大
量的就业岗位来容纳从第一、第二产业中释放出的剩余劳动力，从
而达到降低第一、第二产业比重和促进西南地区产业结构和优化升
级的效用。同时，为了逐渐消除西南地区的城乡二元结构，西南地
区在发展商贸业和建设商贸中心时，要实施城乡一体化商贸业和商
贸中心发展战略，在发展农村商贸的基础上，科学规划、合理布局
和发展西南地区的商业网络。

七　西南地区商贸中心体系建设和发展要注重信息化建设

信息化是当今世界科技、经济与社会发展的重要趋势，是推动
生产力实现新跨越的重要手段。现代信息技术在商贸流通领域的广
泛使用，促进了商贸流通产业的快速发展和结构调整，提高了全社
会的流通效率。信息化作为地区商贸中心商贸流通产业发展的重要

战略，是建设现代商贸中心的基础和前提，是提升商贸中心整体竞争力、增强商贸中心聚合和辐射功能、实现商贸中心流通现代化的根本途径。为适应信息化时代发展，商贸中心必须加强信息化建设，推动商贸中心由单一的实体商贸中心向由实体商贸中心和虚拟商贸中心共同体转化。西南地区商贸中心在建设发展过程中，注重发挥信息技术对商业流通现代化的加速器作用，加快信息化带动传统商业的改造步伐，发挥后发优势和整合效应，实现商业流通业的跨越式发展。西南地区商贸中心体系信息化建设的举措有：逐步推进流通企业的信息化，尽快导入客户管理系统、电子订货系统、商业 MIS、商业 ERP、供应链管理等现代经营管理手段；完善商业基础信息平台；大力发展 O2O 等新型电子商务；大力发展互联网+商贸经济。

八　西南地区商贸中心体系建设和发展要注重培育龙头商贸企业和龙头市场

（1）发展西南地区商贸中心体系的商贸龙头企业。第一，商贸企业加大改革的步伐，通过兼并、重组扩大规模，提高核心竞争力，提高组织化程度；第二，吸引东部商贸企业到西南地区商贸中心城市创业，引进东部商贸企业先进的经营模式和管理方式。推进西南地区商贸中心体系本土连锁商贸企业集团化，发展一批以贸易为主，集贸易、工业、科技、金融、信息为一体的跨地区、行业、所有制和跨国经营的商贸流通企业集团。对此，西南地区商贸中心体系可以重点发展重庆百货集团、成商集团等地方骨干商贸企业，努力将之培育成为名列国内同行业前列的跨地区、行业、所有制和跨国经营的商贸企业集团。（2）发展西南地区商贸中心体系的龙头市场。第一，西南地区商贸中心体系内各级商贸中心要根据协同发展的要求，对各省市区不同的商贸市场进行统一规划布置，避免重复建设；第二，各级商贸市场要找准自己的功能定位和特色优势，避免功能定位雷同，实行错位发展；第三，努力引进国内外大型市场业主和先进的市场管理技术开发建设现代化商贸市场；第四，选择具有雄厚基础的商贸市场进行重点扶持。西南地区商贸中心体系要重点发展重庆朝天门国际商贸城、成都荷花池综合批发市场、昆明螺丝湾国际商贸城、贵阳市国际商贸城、南宁中国食糖中心批发市场等龙头市场,努力将之培育成为名列国内行业前列的区域型大型商贸中心市场。

九　构建西三角商贸中心体系可推进我国西部区域商贸协同发展

西三角商贸中心体系是以重庆、成都和西安三个商贸中心城市为"三角"支撑点,以重庆市中心区商贸中心为一级商贸中心、成都和西安为二级商贸中心和西三角地区若干商贸城镇为三级商贸中心的商贸中心体系。在构建西南地区商贸中心体系的基础上构建西三角商贸中心体系可推进我国西部地区区域商贸协同发展和全国统一市场的形成。

第二节　本书的特色与创新之处

一　构造了商贸中心发展理论框架

本书通过借鉴发达国家和我国东部沿海经济发达地区商贸中心发展经验及相关理论研究,从后 WTO 时代和新一轮西部大开发对地区商贸中心发展的战略要求、可行性分析、地区商贸中心与其他中心的相互关系等方面的分析归纳总结出欠发达地区商贸中心发展理论。商贸中心发展的理论框架包括:(1)商贸中心发展与商贸产业发展关系论。(2)商贸中心建设条件论。(3)商贸业协同发展与商贸中心发展条件论。(4)商贸中心竞争力理论。(5)商贸中心要素结构、功能结构及商贸中心规划布局原理。(6)信息化建设支撑商贸中心现代化发展论。(7)地区商贸中心协同发展与区域共同市场构建原理。

二　提出了区域商贸经济协同发展理论

区域商贸经济协同发展是指区域内各地域单元和商贸产业经济

组成部分之间协和共生，自成一体，达到高度整合，实现区域内各地域单元和商贸经济组织的"一体化"运作与共同发展的区域或区域合作组织商贸经济发展方式。协同发展的区域体系有着统一的合作发展目标和统一的规划，区际之间有着高度的协调性和整合性，共同形成统一、开放、规范的区域共同市场，商品及生产要素可以自由流动与优化组合，具有严谨和高效的组织协调与运作机制，内部各区域之间是平等和相互开放的，同时也向外部开放。从而使协同发展的区域商贸经济体系形成一个协调统一的系统，既有利于内部子系统的发展，也有利于与外部系统（如全国性经济系统或全球经济系统）的对接和互动。区域商贸经济协同发展理论是指导西南地区区域商贸发展的理论基础，也是构建西南地区商贸中心体系的理论基础。

三　分析了西南地区商贸中心体系发展与西南地区经济发展的内在机理

消费需求是经济运行全过程的最终需求，不仅直接对经济增长起着拉动作用，而且还会通过其他经济变量的作用间接拉动经济增长。投资需求是经济运行全过程的中间需求，是消费需求引致的、为消费需求服务所引起的各种生产活动价值的实现过程，要取决于各种生产要素经过一系列转化后能否满足人们的某种需要，最终受到消费需求的制约。在生产能力界限内，消费需求的增长所提供的市场空间，对经济增长具有明显的拉动作用。消费结构的变动是经济增长的外部条件。随着人均收入的提高，消费需求的重心会逐步向高层次转移，从人均收入较低水平上的"必需品"向人均收入较高水平上的"高档消费品"和"奢侈品"转移。这一方面对居民的消费支出形成拉力，导致消费支出总量不断扩展，对经济增长产生直接的拉动作用；另一方面还对产业结构的演进产生直接影响。因此，如何启动消费、拉动内需以促进经济持续增长，就成了人们关注的一个重要问题。为了证明消费需求与经济增长的关系，本书利用《中国统计年鉴（1989—2014年）》中的城镇居民人均可支配收入、人均消费支出和农村居民人均纯收入、人均生活消费支出数据对全国、重庆、四川、云南、贵州和广西的城乡居民现期收入对其消费的影响做回归分析，结果表明：（1）城乡消费对收入的弹性都很高，这表明现期收入对消费的解释能力还是很大的。（2）城乡居民的现期收入对现期消费的影响在下降，即除了现期收入以外的其他经济变量（如收入分配结构变化、制度变迁等）的解释力在上升。（3）影响目前中国和西南地区五省市区的消费需求增长的主要因素还是现期收入以及其他经济变量。（4）西南地区五省市区城镇居民的消费收入弹性呈下降趋势，除贵州和广西外的重庆、四川和云南的农村居民的消费收入弹性也呈下降趋势。因此，可推论出今后我国，尤其是经济欠发达的西南地区推动经济发展的重要思路是启动和增加城乡消费。同时，也可推论出中国扩大内需求的一条有效的举措是大力发展以商贸流通业为主的第三产业，通过改变、优化生产结构和产业结构来改变、优化就业结构和收入分配结构，通过收入分配结构的改变、优化来改变、优化消费结构，从而达到公平社会收入分配，减少城乡收入消费差异，刺激和增加国内需求，促进我国经济快速、健康发展和社会的进步。

由此可得出建设发展西南地区商贸中心体系与西南地区经济发展内在的机理：建设发展西南地区商贸中心是发展西南地区商贸业的有效手段，同时也是促进西南地区经济发展的有效途径。由于西南地区呈现典型的二元经济结构特征，建设发展西南地区商贸中心，不仅可以促进商贸业发展，提高第三产业所占比重，而且还可以创造新的就业岗位容纳从第一产业中释放出的剩余劳动力，从而起到优化西南地区的产业结构和就业结构、促进西南地区产业结构的升级的效用，增加城乡居民收入，进而增加城乡居民消费，缩小城乡收入差距，推动西南地区区域经济协同发展。

四 构建了西南地区商贸中心竞争力评价指标体系

本书提出了商贸中心产业竞争力的概念和评价指标体系，并在此基础上归纳总结出评价商贸中心竞争力的定量方法——因子分析评价法。本书认为商贸中心竞争力是指一个商贸中心的区位、结构、功能、管理等要素和商贸资源的配置效率、商贸产业结构层次、技术水平，以及商贸企业发展战略的综合体现。它反映了一个商贸中心在国内贸易、国际贸易、现代物流、商贸中心所在地的经济社会发展以及在全球商贸经济体系中的地位和作用。商贸中心竞争力包括商贸产业竞争力、商贸企业竞争力、商贸环境竞争力。本书提出商贸中心竞争力评价指标体系构成为：3个一级指标：商贸中心商贸经济实力指标、商贸中心特征指标、商贸中心基础环境指标；41个二级指标。本书根据以上商贸中心评价指标体系，采用因子分析评价方法得出了重庆市中心区、成都、昆明、贵阳和南宁商贸中心的竞争实力分值，从而总结出一套评价商贸中心竞争力的定量分析方法。

五　提出了商贸中心建设应实现从"行政区商贸"向"经济区商贸"转变

商贸中心不是通过行政命令规划出来的，商贸中心建设要打破按行政区区划范围，实现从"行政区商贸"向"经济区商贸"转变，按照建设区域共同市场和区域商贸经济协同发展的要求来构建。西南地区商贸中心体系的构建要基于西南地区五省市区各经济中心城市商贸产业实力和发展潜力。西南地区可按照统一规划、合理布局、错位发展、突出特色和优势的原则，建成空间结构合理、功能完备、统一、开放的西南地区商贸中心体系。

六　界定了西南地区商贸中心体系与其他"五中心"的关系

西南地区商贸中心与西南地区的交通物流中心、工业中心、金融中心、旅游服务中心、科教文化中心之间存在着相互依存、相互影响和相互促进的关系。建设西南地区交通物流中心是建成西南地区其他"五中心"的前提条件和必备条件之一。西南地区工业中心建设发展，为其他"五中心"的建成奠定基本的物质基础，为商贸中心的建成提供必要的物流、商流和资金流。金融中心则是从资金融通、信息传递、促进资源优化配置及分散实体经济经营风险和降低交易成本等方面服务于其他中心的。旅游服务中心则是建设和发展西南地区商贸中心的支撑条件之一，以旅游服务业的发展带动商贸业的发展，进而建设旅游购物型商贸中心。建设西南地区科教文化中心，为西南地区商贸中心信息化建设提供技术支撑和智力支持，推进西南地区商贸中心的 CBD 提升为 E-CBD。反之，西南地区商贸中心的建成也会促进其他"五中心"的建设和发展。总之，只有实现"六中心"的良性互动，才能使"六中心"建设互相促进，也才能将"六中心"聚合优化为"经济中心"，从而推动西南地区经济中心的建设和西南地区商贸业和区域经济的协同发展。

第三节　政策运用

一　调整西南地区经济发展战略，将商贸产业培育成经济发展的增长点

商贸业是国民经济的先导产业，是生产与消费之间的桥梁与纽带，是不断启动市场和促进消费需求增长的推进器。调整西南地区经济发展战略，改变"重生产，轻流通"的经济发展思路，通过统一构建西南地区商贸中心体系来推进商贸产业发展，将商贸产业培育发展成为西南地区经济发展的增长点，这不仅是西南地区适应经济全球化、区域一体化的发展趋势和后 WTO 时代的需要，也是启动市场、扩大内需和推动西南地区经济发展的必然要求。西南地区的商贸业发展相对较弱，但有条件实现快速增长。首先是商贸业投资规模小、见效快。其次，西南地区有发展商贸产业的良好区位优势。最后，西南地区有相对的资源优势，如出产大量的农副土特产品，拥有丰富独特的旅游资源和丰富的劳动力资源等。

二　推进西南地区市场化改革，放松商业管制，创造自由开放的商业环境

在市场经济条件下，市场是资源配置的基础性手段。西南地区只有推进市场化改革、改善投资环境和商业环境，才能吸引更多的企业和投资者到西南地区发展，也只有投资者的投资能够获得有效的回报，才会吸引更多的资金和更多的企业，从而为西南地区提供

更多的市场机会。根据西南地区商贸业发展的现状和特点，推进市场化改革，开展制度创新的主要对策有：一是废除和调整不利于商贸业发展的规章制度，政府对商贸业的管理方式由具体管理转变为宏观指导，为商贸业的发展创造宽松的市场环境。二是针对商贸业行业特点，放宽政府审批手续，简化办事程序，将审批制改为备案制。三是积极推进商贸业的全面对外开放，打破所有制、业态经营、批发零售限制等，加大招商引资的力度。四是扶持各种行业协会的发展，将政府部分管理职能转化为行业自律管理。

此外，西南地区商贸中心城市应放松商业管制，创造自由开放的商业环境。西南地区的重庆市、成都市 2013 年的社会消费品零售总额分别为 4511.77 亿元和 3752.9 亿元，已经接近国际商贸中心城市的标准，但从商业发展的质量上看，重庆和成都与国际商贸中心城市和国内沿海区域商贸中心城市相比还存在一定差距。突出的问题在于同是中国生产的商品，重庆和成都等城市的价格高于国外，甚至高于香港、上海、北京、深圳等城市；进口商品的价格高于其他国际城市。产生这类问题的根本原因在于政府的管制过多，造成商业经营成本较高，由此推高了商品的售价。当代的区域商贸中心均是区域消费中心，品牌高地与价格低地是其共有特点。重庆市、成都市、昆明市、南宁市和贵阳市要创造国际品牌的价格洼地，必须建设更加宽松、自由的商业环境，从而降低商业企业的交易成本。对此，西南地区的重庆、成都、昆明、南宁和贵阳等商贸中心城市要加快内陆自贸区的申请和构建工作，同时争取试点汽车、高档家电的平行贸易；推进已建设的重庆两路—寸滩保税港区与西永综合保税区、成都高新综合保税区和钦州保税港区等区域实施离区免税政策，开办免税店，促进城市商贸业和旅游业进一步发展，从而带动西南地区的重庆、成都、昆明、南宁和贵阳等区域商贸中心城市建设。

三　打破西南地区市场封锁，构建西南地区区域共同市场

建立区域共同市场是建设和发展西南地区商贸中心体系的基本目标之一。而要建立西南地区区域共同市场，首先要打破西南地区

的市场封锁和内外贸分割。打破市场封锁和内外贸分割局面的对策措施有：（1）理顺现有管理规章制度的解释权和归属权，防止管理上出现真空。（2）废除有悖于国际惯例的规章制度，建立开放、公平的流通环境。（3）强化对商贸流通秩序的监管，实现政府职能的转变。（4）发挥行业协会在促进内外贸一体化方面的积极作用，健全信息沟通制度。（5）促进原来体制造成的内贸企业和外贸企业之间的合作，培育一批内外贸一体化的集团公司和龙头商贸企业，建设一批能带动西南地区内外贸业协调发展商贸中心和区域市场，这不仅有利于增强西南地区商贸流通产业的凝聚力，而且有利于增强西南地区商贸流通企业应对外国商贸巨头竞争的能力。（6）消除行政壁垒和地方保护，加强西南地区各省市区政府在市场建设和商贸中心建设中的合作。

　　完成上述工作，必须整合实业界、宏观管理部门和理论界的力量，从不同层面打破地区市场封锁、内外贸分割的局面，树立全球化的市场理念，打破地区市场的狭隘观念，构建西南地区区域共同市场。发展统一、开放、规范的西南地区区域共同市场，实现生产要素的自由流动以及产品和服务的彻底开放，是提升西南地区区域竞争力的有效途径。构建西南地区区域共同市场的政策建议有：（1）组建规范的区域协调机构，推进区域共同市场形成。国外经验表明，推进区域商贸发展和区域一体化发展需要有一个各经济体共同组成的组织机构。目前，西南地区也成立了"六省区市经济协调会"之类的组织，但这些组织的运行机制并没有涉及深层次的问题，作用有限，应加以改进，特别是在区域规划及实施、消除行政壁垒、实行公共服务一体化方面要迈开实质性的步伐。对这些工作，可以成立区域共同市场管理委员会来具体办理。（2）正确定位西南地区城市功能，错位发展。在西南地区区域共同市场内，存在着"核心—腹地"的网状或链状经济布局，各城市应充分认识并发挥自己的比较优势，错位发展，避免"大而全""小而全"现象的出现。特别是重庆、成都、昆明、贵阳和南宁等龙头城市要明确各自的功能，着力打造"区域核心"的角色，为区域商贸经济发展创造良好的条件。（3）探寻合理的利益分配机制。利益分配是影响区域共同市场发展的最根本因素。各区域单元可以本着竞合、共赢的原则，以帕累托最优为标准，精诚协商，寻求各种可行的分配方式。如公共服务的有偿转让、税收分成、按要素分配等，这一方面保证了各主体间的公平、合理分配；另一方面，更重要的是调动了各区域单元的加强商贸经济合作的积极性。（4）制定有约束力的公约。这主要是为了约束和规范各区域单元为各自的利益而产生的不利于区域共同市场的行为。对此，可借鉴 WTO 有关准则的执行方式，订立大家共同遵守的公约。目前可以选择一些影响区域商贸经济发展最突出的一些问题，如招商引资、市场准入、公共设施建设和公共服务等方面，共同协商，制定科学的规则，以指导并监督各区域单元执行区域共同市场的行为。

四　在城市商贸中心构建中，要综合考虑城市的现有商贸经济实力和发展潜力

西南地区经济中心城市在构建商贸中心过程中，存在一些城市"只看眼前而不着眼于未来""为地方政府政绩服务"和"盲目扩大商贸中心建设规模"的现象。同时，一些城市在建设商贸中心中缺乏个性，盲目跟风，找不准定位。这些现象和做法不仅不会促进地区商贸产业的发展，而且还有可能给城市的未来发展埋下隐患。为了使西南地区商贸中心体系建设发展具有科学合理性，在西南地区各地、各级城市商贸中心构建中，要综合考虑其商贸经济实力和商贸经济发展力，使西南地区商贸中心体系建设真正起到带动西南地区商贸业发展和推进西南地区经济发展的作用。

五　加强西南地区商贸中心体系出海（出境）通道体系建设

西南地区可由"港口（口岸）—通道—腹地"的特殊地缘关系联系成为一个整体。（1）西南地区商贸中心体系的出海通道商贸经济区域体系，将对西南地区的商贸业和经济社会走整体开放式协同发展道路提供重要的支撑作用；为西南地区的商贸业和经济社会提供对外开放的通道；为西南地区提供对外开放联系渠道与联系机制；出海通道商贸经济区域体系的建设，将直接促进西南地区的横向联系、整合与整体开放。因此，西南地区要加强西南地区商贸中心体系出海通道体系建设，以加快西南地区商贸与经济社会开放与发展的步伐，推进西南地区商贸中心发展和商贸产业协同发展。（2）西南地区商贸中心体系出海（出境）通道体系包括东去、西去、北去和南去通道，其中最主要的是东去、西去和南去通道。因此，西南地区要加强西去、东去和南去通道建设。西去通道——依托丝绸之路经济带，由重庆和成都出发，经西安、兰州、乌鲁木齐，进入中亚五国，再经俄罗斯、白俄罗斯、波兰，最后到达欧洲的德国、荷兰等国；或经中亚五国到南亚的巴基斯坦、印度等国，或经中亚到达西亚的伊朗、土耳其、沙特等国。其东去通道——由重庆沿长江经上海出海，或由成都到宝鸡经陇海线从连云港出海，或由贵阳走湘黔线、湘赣线、浙赣线从上海出海。其南下通道——由贵阳经柳州、南宁从防城港、北海或钦州出海，或从柳州到贵港后经西江通广州或港澳出海，或经黎湛线从湛江出海，或由昆明经河口进入越南，或由南宁经凭祥进入越南。

六　加强西南地区商贸产业的协同发展，构建西南地区商贸中心体系

在进行西南地区商贸中心体系的空间总体布局规划中，可依据对重庆市中心区、成都、昆明、南宁、贵阳五个商贸中心竞争实力实证评价的结果，来确定其一、二级商贸中心选点。在西南地区商贸中心体系构建中，选择重庆市中心区和成都两商贸中心作为一级商贸中心（主商贸中心），昆明、南宁和贵阳三地区性商贸中心作为二级商贸中心（副商贸中心）。比这五个商贸中心城市更小的中小商贸中心城市建设成三级商贸中心（辅商贸中心）和中小商贸网点。通过西南地区商贸产业的协同发展和商贸中心的统一规划布局和发展，从而构建起西南地区商贸中心体系。

七　开展城乡农用物资连锁经营，创建城乡一体化西南地区商贸中心体系

西南地区地处我国西部经济欠发达地区，"三农""城乡差距"

等问题是困扰和阻碍西南地区各省市区经济发展的主要问题，也是阻碍西南地区商贸中心发展的重要因素。为此，在西南地区商贸中心体系建设中应统筹考虑城乡商贸业的协同发展，建设发展城乡一体化的西南地区商贸中心体系，推进西南地区的产业结构调整和优化升级，进而促进西南地区城乡社会经济协调发展。（1）在建设和发展西南地区城乡一体化商贸中心体系过程中，应加大对西南地区乡村商贸业发展的支持力度，利用连锁经营等新的经营方式改造乡村商贸企业。而在这一过程中，发展城乡农用物资连锁经营将是推进西南地区城乡商贸一体化发展和城乡一体化商贸中心建设的一条有效途径。（2）西南地区商贸中心的建设和发展，要使西南地区形成一个大、中、小型相结合，以城市为中心，县（市）区为枢纽，乡村为依托，综合与专业相结合，多层次、多门类的面向全国、辐射西南地区的商贸网络体系。

八　加快反垄断法立法，改变阻碍商贸流通的条块分割体制和政策

条块分割、地方保护和隐形壁垒，违背了商品、要素自由流通和合理配置的要求，阻碍了中国市场化的步伐。致使资本无法重组，本该在现有基础上做大、做强的流通产业，未能及时长大。而地方保护的往往是落后的工商企业，单从这个意义上说，中国工商企业在"加入WTO"后的最大威胁不是来自国外，而是来自我们自己；不是来自对外开放程度太快，而是来自"对内开放"的不足。主管部门的行政干预过大，地方保护和市场分割，束缚了工商企业的横向发展。建议国家要特别注意对现有主管部门责权利的协调规范，改变各行其是、各自为政、政出多门的局面。一方面要改变一些地方政府为彰显"政绩"，在商贸流通业竞相攀比招商引资，急于奉送给外商以"超国民待遇"的状况；另一方面，要在商贸流通业加快落实对国内企业，特别是国内民营企业、中小企业的国民待遇，改变"对内开放"严重滞后于对外开放的局面。

中国国内不公平竞争、限制公平竞争的现象随处可见，许多国内商家特别是个体、私营商贸企业，并未充分享受到国际条款中规

定的"国民待遇"。这首先是由国内普遍存在着的行政化垄断造成的。因此，中国商贸业发展的当务之急是依法反垄断、反歧视，剔除各种习惯成自然的保护主义，加快"对内开放"步伐；大幅度剔除行政管制，改变迄今为止的"大政府、小社会、小市场"局面。要尽快出台反垄断法，反垄断法中要将行政垄断、行业垄断作为重点调节对象。出台反垄断法不仅对国内有利，对促进大、中、小商贸企业发展有利，而且对开放和维权有利，否则，中国很难依法防范、制裁外商或内商可能发生的垄断行为。

九　西南地区商贸中心要大力开拓农村消费品市场

为建立城乡一体化的西南地区商贸中心体系，西南地区商贸中心要大力开拓农村消费品市场。西南地区商贸中心开拓农村消费品市场的措施有：（1）支持发展农村流通组织。大力发展农村专业合作社、农民贩运大户和以供销社为依托的村级综合服务社，大力培养农产品经纪人。（2）加强农村商业网点建设和布局。加大对农村商业服务设施建设的投入，积极引导城市连锁店、专卖店向乡镇延伸网络，创新营销服务方式。对下伸乡村的商业服务网点，在税收方面给予减免支持。（3）改善农村消费环境。改造农村电网；改善通信设施，下伸通信网络、固定互联网、移动互联网和广播电视网，加强农村信息基础设施建设，大力提升农村信息化水平，积极发展农村电子商务；加强农村道路设施建设，实施"通乡油路"和"村村通公路"工程。

十　建立协调、统一的西南地区商贸中心体系组织管理体系

西南地区商贸中心体系是由多要素组成的系统，要发挥系统的"1+1>2"的总体功能，就必须协调各要素之间的关系，构建与之相适应的组织管理运行机制。如果西南地区商贸中心体系中各级商贸中心为各自利益而进行地方保护、市场封锁、条块分割、低水平恶性竞争、重复建设，必将影响西南地区商贸中心作为一个系统的整体性功能的发挥。为此，建议成立西南地区商贸中心的组织管理机构——西南地区商贸中心协调管理委员会和仲裁机构——西南地

区商贸中心商贸纠纷仲裁委员会。

第四节　有待进一步研究的问题

"西南地区商贸中心体系研究"具有深刻的内涵和宽广的外延。本书发现并提出这一问题后，为系统而深入地研究我国经济欠发达地区商贸中心发展问题做了"抛砖引玉"工作，但研究还仅侧重于微观和中观层面。研究结果又进一步提出了向宏观、制度和技术层面深化的要求。

（1）西南地区商贸中心体系发展的理论只是欠发达地区商贸中心发展理论的一个特例，所以本书第一个重要命题是：西南地区商贸中心体系建设理论依据、制度设计。本书通过借鉴发达国家和我国东部沿海经济发达地区商贸中心发展经验及相关理论研究，结合后 WTO 时代和中国实施新一轮西部大开发的宏观背景，从理论借鉴与探讨、构建西南地区商贸中心体系的目标模式与可行性分析、西南地区商贸中心体系与其他"五中心"的相互关系分析等方面来阐述归纳西南地区商贸中心发展理论，进而总结出欠发达地区商贸中心发展理论。但是，这些研究还只是初步的，尚需进一步向理论术语规范、理论体系的构建、制度设计等方面深入研究。

（2）西南地区商贸中心体系发展的实证分析是欠发达地区商贸中心规划发展、对策分析的一个特例，所以本书另一个重要命题是：西南地区商贸中心发展的运作模式、对策分析，为西南地区商贸中心体系的建立和运作提供对策建议。本书从系统的观点和开放的观点出发，不仅把西南地区商贸中心看作一个整体系统，而且将西南地区商贸中心置于更大系统——中国商贸中心体系和世界商贸中心体系之中，从西南地区商贸中心竞争力实证分析、布局与管理运营的对策建议、信息化建设及西南地区商贸中心与我国其他地区和国外的商贸合作与交流等方面来具体总结建设发展西南地区商贸中心体系的对策建议。但是，限于资料收集的困难、笔者知识的局限，这些研究还只是初步的，还需从技术和操作层面进一步深化。

如西南地区商贸中心竞争力指标体系的设计还需进一步完善，对西南地区商贸中心体系的整合与运营机制分析、西南地区商贸中心体系中一级、二级和三级商贸中心之间的相互关系分析等还需进一步深入。所以，这些是今后进一步深入研究应当弥补的内容。

参考文献

1. Beddington, Nadine, *Shopping Centres, Retail Development, Design and Management*, Oxford: Butterworth Architecture, 1991.

2. Dirk Pilat, *Regulation and Performance in the Distribution Sector*, Paris: Organisation for Economic Cooperation and Development, 1997.

3. Frederick Newell, Loyaltycom, *Customer Relationship Management in the New Era of Internet Marketing*, Mc Graw-Hill, 2000.

4. Helleiner, G. K. , *The Political Economy of Canada's Tariff Structure: An Alternative Model*, Canadian Journal of Economics, April 1977.

5. Hoekman, Kostecki, *The Political Economy of the World Trading System-From GATT to WTO*, Oxford University Press, 1995.

6. Laurie Windham, Dead Ahead, *The Web Dilemma and the New Rules of Business*, McGraw Hill, 2000.

7. Mark Tewdwr-Jones, *The Polity: Planning, Government and the Policy Process*, London: Rouletdge of the Taylor & Francis Group, 2002.

8. Park, Albert and Yang Du, *Blunting thd Razor's Edge: Regional Development in Reform China*, Mimeo Hong Kong, 2003.

9. Paul Riethmuller and Joseph Chai, *Japan's Large Scale Retail Store Law: A Cause of Concern for Food Exporters*, 1999.

10. Poncet, Snadra, "A Fragmented China: Measure and Determinants of Chinese Domesic Market Disintegration", *Review of International Economics*, Vol. 13, No. 3, 2005.

11. Towm Centre Vitality & Viability, *A Review of the Health Check Methodology*, London: Centre for Advanced Spatial Analysis University

College，2000.

12. Working Paper Two，*Review of International Experience*，London：Planners and Development Economists，1999.

13. Yong，A.，"The Razor's Edge：Distribution and Incremental Reform in the Pepole's Republic of China"，*Quarterly Journal of Economics*，Vol. 115，No. 4，2000.

14. 边峰：《"西三角经济圈"雏形乍现》，《中华工商时报》2009 年 6 月 24 日。

15. 蔡玉高：《CBD 正在成为中国城市争相上马的"形象工程"》，《经济参考报》2005 年 6 月 20 日。

16. 陈信康：《中国商业现代化》，上海财经大学出版社 2003 年版。

17. 陈瑶：《对重庆核心商圈和副商圈的对比分析》，《生态经济》2005 年第 9 期。

18. 戴维·拉居：《失去安全网的中国人开始节俭》，《国际先驱论坛报》2005 年 6 月 14 日。

19. 高海龚：《重庆商贸大放异彩》，《重庆日报》2004 年 12 月 27 日第 1 版。

20. 高丽敏：《国际商贸中心总部基地建设发展模式研究》，《商业时代》2012 年第 4 期。

21. 顾国建：《2003 年中国商业发展的九大特点》，《中国经营报》2002 年 12 月 30 日。

22. 贵阳商务局：《贵阳市商业网点发展规划（2009—2020）》，《贵阳市商务局计划规划》2011 年 7 月 24 日。

23. 郭冬乐、方虹：《中国流通产业组织结构优化与政策选择》，《财贸经济》2002 年第 3 期。

24. 郭羽诞、兰宜生：《国际贸易学》，上海财经大学出版社 2008 年版。

25. 韩健：《2004 年云南商务数字解读》，《春城晚报》2005 年 2 月 2 日。

26. 何沙州：《交通物流业的西部诱惑》，《厂长经理日报》2005

年 3 月 20 日。

27. 何晓群:《多元统计分析》,中国人民大学出版社 2004 年版。

28. 侯景新、尹卫红:《区域经济分析方法》,商务印书馆 2004 年版。

29. 胡萌、林宝存:《重庆欲成西部物流中心》,《重庆日报》 2004 年 10 月 21 日第 5 版。

30. 姜晓琨:《全力打造西南电子商务中心城市——写在 2014 年中国电子商务创新发展峰会召开之际》,《贵阳日报》2014 年 9 月 4 日第 3 版。

31. 蒋三庚:《香港中环 CBD 产业集聚原因及启示》,《首都经济贸易大学学报》2006 年第 5 期。

32. 赖景生:《入世与西部大开发下西南地区农业结构调整优化问题研究》,中国农业出版社 2005 年版。

33. 黎鹏:《区域经济协同发展研究》,经济管理出版社 2003 年版。

34. 李春:《打造跨越发展新平台——贵阳市加速推进电子信息产业发展纪实》,《贵州日报》2014 年 3 月 21 日。

35. 李华曾:《国务院正式批准设立重庆两江新区今日挂牌成立》,2010 年 6 月 18 日（http://www.cq.xinhuanet.com/）。

36. 李琳:《2005:西南电子商务市场升温》,《计算机世界》 2005 年 2 月 21 日。

37. 李善同、侯永志:《中国（大陆）区域社会经济发展特征分析》,国务院发展研究中心《调查研究报告》,2002 年第 193 号。

38. 李渝、彭超:《成都加快打造商贸物流中心》,《中国日报》 2014 年 5 月 30 日。

39. 李作聚:《国际商贸中心城市建设中的物流业发展研究》, 《中国流通经济》2011 年第 8 期。

40. 梁华:《中国需要这么多中央商务区吗?》,《经济日报》 2003 年 10 月 21 日第 9 版。

41. 刘斌:《物流配送营运与管理》,立信会计出版社 2002

年版。

42. 刘建堤：《西方商业发展趋势对我国零售商业发展的启示》，《科技进步与对策》2001 年第 3 期。

43. 刘念雄：《购物中心开发、设计与管理》，中国建筑工业出版社 2001 年版。

44. 刘文彬：《收入分配差距对消费需求的影响》，《经济学动态》2000 年第 9 期。

45. 刘文勇：《收入因素对中国消费需求的影响的实证分析》，《经济理论与经济管理》2005 年第 2 期。

46. 刘修岩、殷醒民、贺小海：《市场潜能与制造业空间集聚：基于中国地级城市面板数据的经验研究》，《世界经济》2007 年第 11 期。

47. 刘奕、夏杰长、李治构：《建设国际商贸中心的指标体系、重点领域与策略选择》，《中国社科院研究生院学报》2012 年第 6 期。

48. 鲁姣：《挤出 CBD 泡沫，一个国际性城市不可缺坐标》，《中国经济周刊》2005 年 6 月 27 日。

49. 吕一林：《美国现代零售业——历史、现状与未来》，清华大学出版社 2001 年版。

50. 马费成：《信息经济学》，武汉大学出版社 2012 年版。

51. 马克思：《资本论》第 3 卷，人民出版社 2004 年版。

52. 马凌：《成渝双城记》，《南方周末》2003 年 12 月 28 日。

53. 马鹏、李文秀：《广州建设国际商贸中心的基础条件与策略选择》，《广州行政学院学报》2014 年第 2 期。

54. 米锦欣：《国际商贸中心城市的演变路径与特质分析》，《商业时代》2011 年第 17 期。

55. 潘省初、周凌瑶：《计量经济分析软件：EViews、SAS 简明上机指南》，中国人民大学出版社 2005 年版。

56. ［日］林周二：《流通革命：产品、路径及消费者》，华夏出版社 2000 年版。

57. 沈阳辉：《西三角经济圈浮现》，《宁波经济》2009 年第

7 期。

58. 舒基元：《西方零售业发展特色及其借鉴》，2003 年 7 月 2 日（http：//www. jjxj. com. cn/）。

59. 宋则：《中国流通创新前沿报告》，中国人民大学出版社 2004 年版。

60. 涂妍：《南贵昆经济区产业分工与合作研究》，《中国工业经济》2004 年第 11 期。

61. 万丽娟、徐孝勇：《我国企业跨国经营存在的问题与发展战略研究》，《国际贸易问题》2004 年第 10 期。

62. 汪亮：《国际贸易中心城市崛起的经验与教训》，《城市观察》2011 年第 4 期。

63. 王崇举、黄志亮：《东西部开发比较研究及西部大开发战略抉择》，重庆出版社 2003 年版。

64. 王涵、刘晓鹰：《“西三角”城市经济圈的开发建设研究》，《阴山学刊》2005 年第 6 期。

65. 王俊豪：《现代产业经济学》，浙江人民出版社 2003 年版。

66. 王鹏：《西部商贸中心建设的可行性分析》，《经济体制改革》2009 年第 3 期。

67. 王伟华：《电子商务新引擎　四川领跑西南地区》，《华西都市报》2010 年 10 月 14 日第 12 版。

68. 吴晓明、吴栋：《我国城镇居民平均消费倾向与收入分配状况关系的实证分析》，《数量经济技术经济研究》2007 年第 5 期。

69. 吴晓钊、王继祥：《物联网技术在物流业的应用现状与发展前景》，《物流技术与应用》2011 年第 2 期。

70. 吴颖、王旭、苏红：《重庆总部经济助力打造西三角增长极》，《重庆大学学报（社会科学版）》2009 年第 4 期。

71. 谢家智：《区域资金配置的理论及实证研究》，博士学位论文，西南农业大学，2001 年。

72. 谢子远、黄祖辉、钱文荣：《农村居民消费倾向的变参数估计及其演化机理分析》，《数量经济技术经济研究》2007 年第 5 期。

73. 徐丛才：《加入 WTO 后中国流通产业发展的战略思考》，

《财贸经济》2011 年第 8 期。

74. 徐枫、张宇馨：《国际商贸中心定位下国际贸易服务体系的构建与完善——以北京为例》，《江苏商论》2011 年第 6 期。

75. 徐宏源：《商业发展新形势 长三角迎来新机遇》，2004 年 9 月 9 日（http：//www. commerce. sh. cn/）。

76. 徐孝勇、万丽娟：《我国宏观经济形势定位及宏观经济政策问题》，《改革》2003 年第 5 期。

77. 徐孝勇：《西南地区商贸中心信息化建设的影响因素分析》，《人大报刊复印资料·商贸经济》2007 年第 10 期。

78. 许波：《解放碑商圈引领重庆商业未来 剑指全球 打造国际范》，《365 地产家居网》2014 年 8 月 15 日。

79. 薛彦平：《未来二十年印度不可能超过中国》，《参考消息》2004 年 10 月 21 日第 13 版。

80. 晏维龙：《流通革命与我国流通产业的结构变动》，《财贸经济》2002 年第 10 期。

81. 杨生华、吴玫：《我国拟以八大经济区域取代东中西划分方法》，《文汇报》2004 年 6 月 4 日。

82. 杨永志、高建华：《试论物联网及其在我国的科学发展》，《中国流通经济》2010 年第 2 期。

83. 叶燕：《成都工业"1313"发展战略（2014—2017）实施计划》，《成都晚报》2014 年 3 月 13 日第 3 版。

84. 易正兰：《乌鲁木齐国际商贸中心批发市场物流模式探析》，《江苏商论》2011 年第 5 期。

85. 尹婷婷：《成都 2014 年金融增加值超千亿元》，《成都日报》2014 年 5 月 26 日。

86. 张红梅、高海：《"西三角"如何成为"经济洲"》，《重庆日报》2003 年 10 月 19 日。

87. 张慧：《北京国际商贸中心建设中的京商特色文化研究》，《商业时代》2013 年第 27 期。

88. 张强、李江涛：《以国际商贸中心引领广州国家中心城市建设的战略研究》，《城市观察》2011 年第 4 期。

89. 郑盎:《2006 年我国最终消费率下降为 51%　低于世界平均水平》,《中华工商时报》2007 年 3 月 4 日。

90. 曾庆均、干勤、周文兴:《重庆商贸发展研究——重庆商贸中心的历史、现状与前景》,重庆出版社 2001 年版。

91. 中国电子商务研究中心:《2012 年中国电子商务市场数据监测报告》,中国电子商务研究中心《调查研究报告》,2013 年 3 月 20 日。

92. 中国人民大学流通改革研究中心:《我国城市商业规划前瞻》,《人大报刊复印资料·商贸经济》2004 年第 3 期。

93. 仲大军:《2006 年:巨额的贸易顺差说明了什么?》,2006 年 12 月 15 日,北京大军经济观察研究中心网(http://www. dajun. com. cn/shunc. htm)。

94. 周尚斗、彭雪莲:《川渝黔携手打造经济区》,《重庆晚报》2004 年 7 月 27 日。

95. 周万钧、干勤:《城乡一体化与商贸发展战略研究》,重庆出版社 2001 年版。

96. 庄峻、经一平:《E-CBD——21 世纪国际金融贸易中心模式创新》,上海人民出版社 2002 年版。

97. 祖芙:《渝兴区出口货物占全国铁路运输到欧洲货物总量的 73%》,《新华网发展论坛》2014 年 5 月 16 日。

后 记

　　本书是在我的博士学位论文的基础上，经过扩充、更新和修改而成的。时光荏苒，白驹过隙，转眼博士毕业已经十年。几多思量，几经求索，最终选中国社会科学出版社出版这本专著。

　　值此专著出版之际，由衷地感谢关心和帮助过我的每一个人。

　　我首先要向我的导师——赖景生教授表示深深的谢意。我感谢命运，感谢命运之神让我有幸得恩师赖景生教授将我列于门墙之下，让我有机会得以提升自己的知识和修养；能有幸获得恩师的知识、智慧和人格力量；能有幸身临其境地感受恩师严谨的治学态度和执着的科学精神；能有幸在恩师的指点下，跨越通往现代经济管理科学殿堂的一道道门槛，去发现从未所见、体悟从未所悟，去畅写心之所感，去体味心路真谛……今日致谢，难倾心中情怀，难忘恩师循循善诱、殷切教诲和慈父的关爱与帮助……温暖永存，恩情难报，唯有不懈地努力，奉上让恩师满意的成果，实现恩师所期望的事业。我同样要感谢师母朱淑芳教授，师母博学睿智、卓识洞见、干练豁达，师母谆谆教导，令我受益匪浅。本文的选题、构思是在恩师的无数次点化中形成的，论文的写作、修改和定稿，无一不凝聚着恩师的心血。

　　我同样感谢戴思锐教授、王锡桐教授、王钊教授、冉光和教授、段豫川教授、黄小明教授等教授过我课程的老师。我在论文选题、构思和初期写作过程中，得到戴思锐教授、冉光和教授等老师的指导、帮助和启迪。在此，对西南大学经济管理学院的导师群体三年半来对我的培育和指导深表谢意！

　　令我同样庆幸的是命运赐给我亲人般的同学，在学习和生活中关心、支持和帮助我。感谢乔晶、高毅、张应良、王定祥、王冬生、罗倩文、张焕英、王力、韩正清、陈贤银、李强、官永彬等博士对我的关怀和帮助。感谢同门的万丽娟、胡兵、张贵先、曾艳、冯佺光、张秀青、江凌、张晓川、谭崇静等博士对我学习和生活的关怀和帮助。感谢周绍斌硕士在我论文撰写的最后阶段为我提供的帮助和支持。特别令人难忘的是与刘俊浩、熊德平博士谈古论今、纵横捭阖的交流与探讨。我还要衷心感谢经济管理学院的罗太贵书记、王德军主任、龙绪跃老师、王琴老师、聂萍老师给我提供的帮助和方便。

最后，我要衷心感谢我的家人对的关爱和支持。特别需要指出的是，我的母亲对我的成长呕心沥血，在远离家乡学习的日子里，母亲在家辛勤操劳，默默地关爱和支持我的学业。

在我博士毕业后十年的工作时间里，我的家人和同事始终默默地支持、鼓励我，在我懈怠时给予鞭策，激励着我前行。尤其令人欣慰的是我已上小学二年级的七岁女儿——徐雪璟，可爱且知性，带给我无尽的欢乐，爱读书和博闻强记的她也常常成为我努力工作的"楷模"和动力，陪伴她成长是我一生最大的幸福和缘分。感谢师长兼同事的邓正琦教授，她的谆谆教诲给予我工作和生活莫大的帮助。此外，还有许多亲友和同事在工作和生活中给予我很多的帮助，在此一并致以深深谢意。

恩情、友情、亲情，是沁人心脾的暖流，是精神的慰藉，是无时无刻不在的鞭策和鼓励，是人生航程的风帆……永远成为我生活、工作的无尽动力和源泉。

本书最终得以出版，得到了 2012 年度重庆师范大学学术专著出版基金的支持，在此表示感谢。本书的修改过程中，寸家菊参与数据、资料的更新和部分章节的撰写和修改，因此寸家菊列为本书的第二作者。本书虽是我多年思索、沉淀和积累而成的，但是由于在此研究领域的相关理论的缺乏和数据获取的困难，书中难免会有一些差错。对于本书难免的错误和遗漏，恳请各位读者批评与指证。

徐孝勇

2015 年 8 月于重庆·师大苑